谨以此书，献给所有吾爱
和爱吾之亲友师长。

温情的呵护

深圳明德实验学校教学札记

马彦明◎著

中国书籍出版社
China Book Press

光明日报出版社

图书在版编目（CIP）数据

温情的呵护：深圳明德实验学校教学札记/马彦明

著 . —北京：中国书籍出版社：光明日报出版社，

2020. 11

　　ISBN 978－7－5068－8111－1

　　Ⅰ. ①温…　Ⅱ. ①马…　Ⅲ. ①中学语文课—教学研究

Ⅳ. ①G633. 302

　　中国版本图书馆 CIP 数据核字（2020）第 226664 号

温情的呵护：深圳明德实验学校教学札记

马彦明　著

责任编辑	毕　磊
责任印制	孙马飞　马　芝
封面设计	中联华文
出版发行	中国书籍出版社　光明日报出版社
地　　址	北京市丰台区三路居路 97 号（邮编：100073）
电　　话	（010）52257143（总编室）　　（010）52257140（发行部）
电子邮箱	eo@ chinabp. com. cn
经　　销	全国新华书店
印　　刷	三河市华东印刷有限公司
开　　本	710 毫米×1000 毫米　1/16
字　　数	261 千字
印　　张	19
版　　次	2020 年 11 月第 1 版　2020 年 11 月第 1 次印刷
书　　号	ISBN 978－7－5068－8111－1
定　　价	72. 00 元

序：冬天里有一段温暖的记忆

2020年春人们被突如其来的新冠肺炎疫情搞得措手不及，每天看到增长的确诊人数，心情压抑到极点，但也只能蜗居家里，动弹不得。

上网看朋友圈，看到马彦明老师在群里"晒"我的那本《为一所理想学校而来》，画出一些句子，并逐一对号入座，并标注"读至此处，热泪盈眶"。彦明动情地写道："当我们的校长步入老年，退休之后，我们一定会不约而同地去看望他，和他把盏喝茶，把酒言欢。"

看到这些话语，我也是泪流满面。往事历历在目……

2013年夏天，我怀揣着一腔热血，满怀信心南下深圳，去创办深圳明德实验学校，第一年带着一伙年轻人，绝大多数是应届毕业生，基本没有教学经验，硬是开学了。一年下来，艰难困苦，百感交集，遇到的最大困难就是缺有经验的教师，缺干部，尤其是初中年级，幸好深圳市的语文名师罗灿老师侠肝义胆，大力支持，向我推荐了几位骨干教师，这其中就有马彦明。

我和马彦明老师的第一次相见，大概是在2014年的暑假，当时因为组织初二学生的军训，正缺一位有经验的老师担任年级长。热心的罗灿老师向我推荐了马彦明老师，短短10多分钟的相见，我就颇为看好这位当时还不到30岁的年轻人，个子不高，但他朝气蓬勃；体格不壮，但他热情洋溢；从教时间不长，但他讲话干脆利索。记得我们之间没有说几句话，我就领着他赶赴初二学生的军训现场——深圳市国防教育基地走马上任去了。彦明的职务就是班主任兼初二年级长，这是我20年校长生涯当中最快的一次招聘、任命、带人上岗，彦明的关系还没开始调转，人先到位！这当然与当时骨干教师紧缺有关，但也与我的风格有关，性格着急，"决策果断"——有点自夸；也与他的性格有关，为人清爽，不含含糊糊，做事爽快，不拖泥带水。

我以为这样的工作作风才能做出事来，才有效率。

就这样马彦明老师开始了在明德实验学校的"领导生涯"，他领导的是我们明德第一届初中生，也是明德第一批中学生。其时，彦明真的很年轻，在明德之前也没有"领导经验"，我给他配了一位来自上海的经验丰富的老教师王建德做他的分管领导，老少搭配，相得益彰。王老师"老谋深算"，耳提面命，彦明敢打敢冲；王老师出谋划策，面授机宜，彦明冲锋在前。彦明的可贵之处在于他遇事着急，着急的背后我以为就是有责任意识，有成事意识。他有担当，迎着困难上，风风火火，而且遇事肯用脑子，也肯请教他人，愿意和老师们商量。这样下来，学生带得好，老师们也带得好。两年下来，2016年夏，他带领的明德第一届初中毕业生，中考成绩出来，名列深圳市福田区第一名，一炮打响！

明德创办之初，年轻老师居多，不得已，我只好是超常规用人，彦明不但担任班主任、年级长，后来还兼任初中文科教研组组长，跟着我开始了课程改革。明德的课程改革是立体的改革，课程重构、学科重组、课堂重建三个层面齐头并进，这之间有多少具体事情需要彦明领着初中文科老师去具体落实。

学科重组，文史哲不分家，语文、历史、哲学原本就是一家，它们有着十分密切的内在联系，文史互证，这是一种十分常用的研究方法。于是彦明带领着明德的语文老师、历史老师开始组合搭伴，跨学科组合的公开课上了起来。语文课杜甫的《石壕吏》与中国历史课的"安史之乱"合二为一，要理解《石壕吏》，必须搞清楚安史之乱；要理解安史之乱，《石壕吏》是一个形象化的教材。语文课的《木兰诗》与历史课的"府兵制"也是一种文史互证。"阿爷无大儿，木兰无长兄，愿为市鞍马，从此替爷征。"为什么木兰家中无男丁还要出人上战场？"东市买骏马，西市买鞍鞯，南市买辔头，北市买长鞭。"为什么上战场还要自己买武器装备？这就是北朝开始实行的府兵制所规定的。要读懂《木兰诗》必须了解府兵制；要知道府兵制，

《木兰诗》是最形象的说明。语文课的《孙权劝学》与历史课的"北宋恩荫制"也是一个文史互证。把语文课与历史课联系起来上，我们的历史老师和语文老师选择了可以嫁接起来的课题进行组合式教学，一个学期的实验，收到了事半功倍的效果，孩子们因此知道语文与历史有着密切的关联，老师们也打破了传统的学科边界，不再是孤立的学科本位教学，而是以学生为圆心，面向问题，可以自由地跨学科组合教学，其实就是培养学生调动各种资源解决实际问题的能力，这是一种真实的学习，是面向未来的学习方式。

许多学校的课堂教学出现了两种极端现象：一种是教师在课堂上天马行空，教学随心所欲，没有基本原则，没有基本流程，教学效率十分低下；另一种是学校发明一种程序化的教学模式，并把它固化下来，推而广之，导致课堂教学机械、僵化。这两种极端的做法都不可取，我以为所谓课堂的本质特征就是"有规律的自由行动"，我们当然要研究课堂教学的基本规律，这就是课堂教学的科学性所在；我们当然也不能忽略课堂教学的自由属性，这就是课堂教学的艺术性所在。于是我倡导课堂模型重建，学习变异理论、批判性思维理论、国际教育评估理论。结合自己30多年的教育教学实践，我提出了课堂教学的7个要素。要素其实就是规律所在，但要素的组合可以自由，教师根据不同的教学对象、教学内容、教学目标进行不同要素的课堂组合。语文组教学先行先试，我记得马彦明老师、杨金峰老师、李柏老师、王玉东老师等人，十分投入地沉浸在语文课堂模型的研究之中，他们发明了各种课堂教学模型，文言文课堂教学模型，现代文课堂教学模型，诗歌课堂教学模型，写作课堂教学模型，等等，一个个横向展开，百花齐放，又不失规律。那个时候马彦明自己身先士卒，率先开课，率先实验，一次次研讨，一次次磨课，不亦乐乎！

那一年，马彦明获得深圳市优秀教师光荣称号！

课堂重建，学科重组，课程重构，明德学校的课程改革彦明都积极参与其中，选修课开起来，校本课程编起来，当时彦明组织语文老师、历史老师开设了《中国文化原典阅读》。

我们常常说教育要培养具有"中国灵魂，世界眼光"的现代公民，说的是中国的教育首先要培养中国人。何谓中国人，重要的判断标准就是他或她是否具有中国文化基因。我所说的文化基因指的是作为中国人的社会属性的最基本元素，价值观、社会观、伦理观，思维方式，言语方式，生活方式，也就是中国人对天地自然、对社会国家、对民族自我的基本看法及其原因所在。毫无疑问，我们的语文课程、中国历史课程、思想品德课程责无旁贷地要承担培育学生中国文化基因的重要任务。

任何课程改革都是基于问题的，现行的语文课程是文选式教学，选择优秀文章按照一定的标准进行组合，或者是文章主题，或者是文章体裁，或者是语文能力，这些组合方式看上去无可厚非，皆有道理，但是同样存在的问题就是语文教材缺乏时代轴线，没有体现历史脉络，中华文化的发展线索无法在语文课程教材中清晰呈现。中国历史教材毫无疑问是按照历史年代先后顺序编写的，但是这门课程同样存在问题，中国历史教学更多的是中国历史沿革的骨架，类似于大事年表式，几乎没有当时人物的作品阅读，说得极端一点是没有"血肉"的历史教学，历史应该从文学中汲取养料。历史课程更多的是着眼于那些重大历史事件，尤其是政治的、军事的事件，倾向于各种政治力量的博弈，注重前因后果，让学生理解社会变迁，重视事件脉络的梳理，不大关注具体场景和细节描写。语文课程则不然，很多文学作品更多是作家个人经验与体验的表述，注重细节刻画，让学生体验世态人情。思想品德课程教学的出发点很好，旨在培养学生良好的思想品德，但孤立的思想品德教育会导致空洞的说理说教，再好的德育一旦被孤立，必然让处于青少年时期的学生产生逆反心理，思想品德教育应该是在各个学科教学时潜移默化地渗透其中，自然而然地发挥德育的作用。

历史、语文、思想品德三门课程无论是教材编写还是学科教学完全是各自为政，相互割裂。其实，这三门课程有着内在的联系，历史的也是文学的，文学的也是历史的，历史和文学的同时是思想品德的主要课程资源。语文课程、思想品德课程、历史课程背后隐含的深层次的价值思想、思维方式是一致的，具有相同或相近的教育功能，都要培养学生的人文情怀，都要培养学生的健康人格，都要提升学生的思维品质。

就这样，彦明带着语文老师、历史老师编写"中国文化原典阅读"课程教材，经过了一年多时间的努力，逐渐成形，不断修改，不断完善。

在这个过程中，我发现彦明真的一天天成长起来，一天天成熟起来。有一天，他忽然交给了我一篇他写的论文，诚心诚意地请我指导。面对他一脸的真诚，我没有丝毫犹豫，非常认真地拜读了他的大作，真的是一篇言之有物的教研论文，我立刻推荐给我熟悉的一家刊物的主编。从此之后，结合课程改革，彦明写了不少颇具心得的教研论文，一篇篇发表在各级各类刊物上。若论发表论文的数量，我想他一定是明德学校老师中排名前三的，这说明彦明的研究意识和研究习惯已经慢慢建立起来了，这是令人欣慰的。

送走了第一届初中毕业生，明德开始高中招生。毫无疑问，马彦明老师是明德第一届高中领头人的不二人选，我给他加了担子，让他担任高中部的课程处副主任，高中部没有课程处主任，他其实就是高中部的负责人。鉴于他在课程改革当中冲锋陷阵，我让他同时负责协调全校的教师培训和教科研工作，每周五下午的教师教研活动就由他来主持。作为主持人，他的身材不高，音量不大，但他的语音嘹亮而清晰，语文老师的语言功底还是十分突出的。他的话语拿捏得非常到位，充满激情，但又要言不烦，时不时来两句古诗名句，都恰到好处。我常常称赞他：彦明，你是明德的金牌主持！打这以后，明德学校的大型会议、对外的重要接待大都由彦明老师主持。

作为校长，我以为我们的办学者、我们的每一个教师要对历史负责，如何让学校的每位管理者、每位老师都有这样的责任自觉，这的确是非常不易的。在学校管理的实践中，我总是想能否有一个明显的载体，让大家逐渐建立起一种工作习惯，慢慢养成一种历史的意识。我们的工作就是在创造教育的历史，每个人都参与创造历史的过程中，每个人都在推动着历史的前进，每个人都在对历史负责。最后确定用年鉴的方式整理记录下我们的办学思想、改革思路、教育教学研究、办学经验、办学成绩以及所获得的荣誉称号或奖励，包括存在的问题都记录下来；也把老师们逐一记录下来，把老师们的光辉形象、所取得的成绩及所获得的各种奖励、荣誉称号，老师们的研究心得、发表的论文、学生的获奖成绩，都一点点地记录下来，呈现出来。这些都是学校发展过程的第一手历史资料，客观真实，完完整整。我们都以年鉴的形式留存下来，这是对学校负责，这是对学生负责，这是对老师负责，这是对历史负责！编写年度《明德年鉴》，这就成了彦明分管的一项重要任务。一年又一年，每年厚厚的年鉴，都包含着马彦明老师的辛勤劳动。

在繁忙的工作中，难能可贵的是彦明并没有放松学习和研究，这期间，他发表了很多论文，他自己的公开课、校本课程、研究课题也多次获得福田区、深圳市的各种奖励。马彦明在明德的校园里逐渐成长起来，他被提任明德高中部课程处主任。现在又被深圳市教育局领导看中，抽调市局，暂时离开了教学一线，多少有点可惜，但视角更开阔了，在区域教育的层面看问题，这对他的成长依然是有益的。我想，假以时日，他还是会回到学校的，以他的性格、凭他的才能去办出一所好学校是完全可能的，也是值得期待的。

上个学期结束之前，马彦明把一本厚厚的书稿呈现给我，希望我为他的著作写个序。成人之美，这是我十分乐意的事情，更何况我还是他成长过程的见证者。我们一起亲力亲为，共同经历了创建一所优秀的品牌学校——深圳明德实验学校的过程。彦明的书稿是记录，我的序言也是记录，我们一起记录了共同的经历，记录了个性的思想。其情也真，其心也诚。

这个冬天，充满了温暖的记忆……

杏坛芳菲沁园春

2014年至2020年，我有幸加入"一所理想学校"，跟随程校长追寻理想的教育。在明德的那些年，我们为校园里盛开的野花而感动；我们将校门打开，呼唤热心家长和社会贤达；我们面向学生的核心素养，系统化建构多姿多彩的学校拓展课程；我们带着同学们读万卷书，行万里路。我们思考：在信息化的时代浪潮中，学校要迎接和坚守的都有什么……我们在征程上留下了一串深深浅浅的脚印，在杏坛上浇灌出了一个美丽的春天。

那些年，在明德

2014年7月2日，我从教生涯中最值得铭记的一天，我来到了位于福田区香蜜湖路的深圳明德实验学校，见到了我梦寐以求的偶像程红兵校长。也是从这一天起，我成为了一名明德人，当晚，激动不已的我写下了这样的话语：

今年的高考已经落下了帷幕，作为高三班主任的我也长长地松了一口气，北电、中戏、复旦……我带的学生终于没有辜负大家的期望，以"骄人"的成绩迈进了大学的大门。然而，回忆高三一年中我与学生的点滴，我反问自己：经过老师"催熟"的他们，大学的路真的能走好吗？作为老师，我真的为孩子们的未来人生打好基础了吗？

在高中时的一个夜晚，我读到了这样的话语："大学之道，在明明德。"从那时候起，一个关于教育的美丽梦想在我的心中展翅飞翔。在我的梦里，教育是教给孩子认识世界的真善美、让孩子的生命变得澄明，而不是扭曲价值观的传声筒；在我的梦里，教师的教学是为了传授真正的智慧，而不是交给在考场上用一次之后便忘得一干二净的死知识；在我的梦里，学生学习的目的是解答自己生命中的困惑，而不只是考大学；在我的梦里，社会和家长不再总看到学校和孩子的问题，而是发现他们的优点与努力；在我的梦里，题目可以没有标准答案，课堂可以使用现代科技；在我的梦里，学生不用为机械的作业浪费时间到凌晨，在阳光明媚的早晨，他们不用睡眼惺忪地上学，在晚霞满天的傍晚，他们应该开心地在操场上奔驰……

这个梦，我从上学的时候，一直做到了教书的时候。如今，已有五年教龄的我，已然成为了一名"老教师"。然而，我却惊恐地发现，我距离那个美好的梦却越来越远。无数个不眠之夜，我追问自己：我到底要教给学生什么？

今天，我终于找到了答案，在"大学之道，在明明德"的至理名言中，在以"明德正心，自由人格"为校训的学校里，在一位怀揣诗性梦想的校长的眼神里，在一个孜孜以求的团队中。这个团队就是深圳明德实验学校。

如今，我终于踏上了明德的土地，那个梦想，又重新开始点燃。

"大学之道，在明明德"，这句话震撼我的，不是大家要考的那个"大学"，而是"大学问"。人生的大学问是什么？是"明"明德。那老师的价值是什么？是教自己的弟子明明德。何谓"明德"？程子（程颢）曰："明德者，人之所得乎天，而虚灵不昧，以具众理而应万事者也。但为气禀所拘，人欲所蔽，则有时而昏；然其本体之明，则有未尝息者。故学者当因其所发而遂明之，以复其初也。"说得简单一点，"明德"便是人之成为人的根本，是人独有的本性。然而，这一本性却容易被人欲所蔽，所以老师应该宣扬它。

当社会出现了问题，逃跑者有之，怪怨者有之，幸灾乐祸者有之，趁火打劫者有之。可是，作为教育者，当我们想到自己的孩子还要在这样的社会中生活，当我们想到我们所教的孩子便是中国未来的希望的时候，我们能做什么呢？我们只能而且必须寻找"解药"。这个"解药"其实先贤在几千年前就告诉我们了，那就是明明德！

如何明明德？先贤说："止于至善，"如何止于至善？《大学》说："知止而后有定，定而后能静，静而后能安，安而后能虑，虑而后能得，"明德实施学校的校训说："正心。"现今教育所教的知识，就好比一把手枪，而学生则是拿着手枪的"人"。在这个时代，人们走得太快，忘记了灵魂，而教育所要做的，就是把灵魂找回来。在教育这一方净土上，我们要告诉孩子应该遵守的道德、良知与准则。然而，可悲的是，绝大多数的学校还在给手枪加枪药，却浑然不问拿枪的人是谁；可喜的是，深圳明德实验学校，已经开始了探索与尝试。

有人说，教师说得俗一点，就是"教书匠"，但是，程红兵校长，用他深邃的眼神和斩钉截铁的声音告诉我："教师是栖身于世俗社会而梦想着纯净乐土的职业，教育是栖身于功利世界却梦想着理想天堂的行动。"曾经听程校长讲过一个案例：日本的老师给中学生的题目是"历史证明中日之间百年必有一战，假如中日开战，会在何时，我们该如何准备？"可是，前几个月在深圳参加班主任比赛时，我问学生："日本最令你印象深刻的是什么？"学生异口同声回答：动漫！竟然没有学生提到侵略战争……黑格尔说："一个民族有一些仰望星空的人，他们才有希望。"教师是平凡的，但是平凡并不是放弃责任的借口，决定一个民族未来的是教育，是教师。程校长要求明德的老师要站在国家、历史乃至人类文明的角度思考问题。事实上，他自己就是站在国家、历史乃至人类文明的高度思考教育，正因如此，学校才会形成不一定在乎学生是否有高分，更在乎学生是否有道德教养；不一定在乎教师是否高学历，更在乎教师是否有学术修养；不一定在乎是否有现代设备，更在乎学校是否有文化底蕴的价值思想。我从程校长身上，看到的是知识分子"中夜四五叹，常为大国忧"的铮铮铁骨，是教育家"苟利国家生死以，岂因祸福避趋之"的勇敢担当。

从明德实验学校出来的时候，天空乌云密布，狂风大作，等到坐地铁回到罗湖，却已经是云消雨霁，大声唱着"不经历风雨，怎能见彩虹"，歌声飘扬了一路。

校园里的野菊花

有很多教育家都对"教育的目的"做过经典的阐释，在众多的阐释中，我最喜欢诗人泰戈尔的那句：

> 教育的终极目标，是培养学生面对一从野菊花而怦然心动的情怀。

当我阅读这句话时，我已经是一名从教多年的教师；当我阅读这句话时，我正坐在钢筋水泥构筑的现代化的办公室里；当我阅读这句话时，教室里正整齐地坐着一排又一排的学生。那一刻，窗外阳光明媚，世界惠风和畅。

或许，正是因为自己在教育的路上已经走了一段不短的路程，正是因为我们已经习惯了在钢筋水泥的现代化校园里，让孩子们整齐地坐在教室里，当阅读到这句话的时候，我们猛然发现，我们正在丧失或者已经丧失了这种怦然的心动。

（一）

在香蜜的校园里，有一片植物园。在寸土寸金的地段，在略显狭小的校园，学校为同学们开辟一片田园，就是希望孩子们能将求知的视野打开，"过去教科书是学生的世界，现在世界是明德学生的教科书"。知识不仅在书本上，更在广阔天地里。孩子们很喜欢这片天地，下课的时间里总会跑进去观察自己的种子是否长高了；家长们很喜欢这片天地，每天帮助学生辛勤地浇水施肥；老师们也很喜欢这片天地，眼看着小苗长高了、玉米抽穗了、瓜果收获了，这个过程和教育的过程何其相似。

新学期，学校安排新一届学生入读风景优美的大鹏校区。它坐落在大鹏ID艺象园区，群山环抱，古朴自然。设计师巧妙地保留了原有的老旧厂房的外形，古迹斑驳的外墙，凹凸不平的支柱，房前蓬勃的狗尾草，屋后曲折的林荫道，无不体现着一种人与自然和谐相处的理念。这一切在一些家长的眼里，却变成了此起彼伏的各种担忧，甚至有家长为自己的孩子来到这种"艰苦"的环境而伤心落泪。反倒是真正住在校区里，和"自然"亲密接触的同学们，都非常喜欢这一片天地。他们兴奋地向自己的父母介绍自己夜晚在秋虫的鸣叫中做的美梦，早晨在清新的空气中睁开眼睛，在上学路上看到的彩色蜘蛛……在开学之初的家长会上，孩子们大声地向家长宣告：我们喜欢这样的环境！

我为学生们感到欣慰和骄傲，因为他们真的走进了自然，他们开始学会欣赏大自然的别样美景。

我们喜欢花，我们喜欢把它插在花瓶里欣赏，养在花园里欣赏，但是，我们却很少愿意去山野里看那真正盛开的野菊花。

我们是真的想亲近自然吗？

（二）

大鹏的早晨，唤醒美梦的，不是汽车的嘈杂，而是鸟儿清脆的鸣叫。早上6时30分，起床号在校园里响起的时候，学生已经洗漱完毕，陆续来到食堂用餐。早晨和煦的阳光，透过绿叶，透过巨大的拱形落地窗户，洒在食堂里，落在学生的身上，这一幕经常让我想起一个成语："秀色可餐"。用餐完毕，同学们经过曲折的空中连廊，走进朝阳里，仿佛走上一条求知的朝圣之路，桥的此岸是宿舍，桥的彼岸是教室。我站在桥上，看着同学们走向教室的身影，时不时有同学从身边经过，"老师早！"，礼貌而响亮的声音在山间回荡起来，那么清脆，那么美好！

咦，有两个女生似乎走得比别的同学都慢，慢到连我也很快就追上她们了，是不是身体不舒服？我迎上前去关切地问道：

"怎么了？身体不舒服吗？"

"没有，挺好的，老师。"

我看看表，还有一刻钟上课，善意地提醒她们："别迟到了哦！"

"我们在享受清晨的阳光，不会迟到的，慢慢来！"

这个声音，似乎一股电流刺激了我的身心！

在这个膜拜"成功、竞争"的社会环境中，在这个"比赛、赶超"习以为常的教育环境里，"慢慢来！"是一件多么奢侈而宝贵的事情。我想起了吴非老师写过的一段文字：

> 二十多年前的一次校运动会，跑三千米，到了最后两圈，学生、老师站在跑道边，齐声高喊："加油！加油！"我站在跑道另一处，对每个跑过的学生喊的是"慢慢跑，听我的，慢慢跑"。有老师和学生不理解，问："你什么意思啊？"什么意思？什么意思也没有。学生健康重要，明明已经精疲力竭了，当然要放慢速度，"加"什么"油"？难道他是一台机器？

学生是人，不是机器，教育是农业，不是工业。学生应该找到自己的生命节奏，沐浴阳光拔节生长。可是，作为家长，作为老师，我们总是那样着急，那样焦虑，我们总是以"爱"为名做着学生不愿意甚至伤害学生的事。就好像那个渴望自己的禾苗快快长大的农夫，亲自动手去一株一株地拔高一样。其实，生长本来就是慢慢来的，我们何不把脚步慢下来呢？

回头看看这两位女生，在阳光里，在清风里，就好像两棵葱茏的小树，生机盎然！

孩子，祝贺你，在大自然找到了自己生命的节奏！

（三）

这天一早，窗外阴雨绵绵；

教室内，我们马上要开始语文学习。

戴望舒的《雨巷》那样朦胧，那样诗意。孩子们一定喜欢。我这样认为。

——"有没有淋过雨？"

——学生摇头。

——"有没有在雨中散过步？"

——学生又摇头。

——"有没有用心听过雨？"

——学生还是摇头……

是啊，现代的都市生活，孩子们在钢筋水泥的空间兜兜转转，哪里有自然的真实体验？即使外面下了雨，也是匆匆打起伞，避之唯恐不及，哪里会在雨中散步？而诗歌，恰恰是需要用心和自然亲密接触才能感悟的，心和自然隔了厚厚的墙，就不太容易感受到诗之美了。

"孩子们，走，我们去看雨！"

在一片茫然与小兴奋中，孩子们来到了空中走廊，看着漫天的雨幕，我要带学生进入诗人的雨巷，于是，同学们读一遍《雨巷》。

兴奋和激动的声音告诉我，学生们的身体虽然走进了雨景，但是心还没有走进这雨巷。

"给大家一点时间，好好感受一下雨，用眼睛看，用耳朵听，用身体去感受，用心去感悟。"

一片寂静之中，有的同学注目凝视，有的同学将手伸出去感受雨滴，有的同学望着不远处被雨打湿的树林，陷入沉思……

走进自然，让学生解放自己束缚的心灵；

走进自然，让学生感受那一次怦然心动；

走进自然，学生才能真正学会欣赏美。

我相信，少年情怀总是诗，愿孩子们的生命中都能存有一份诗意。

（本文发表于《教育文摘周报》2019年第3期）

现代学校呼唤共同治理

　　利益攸关方是学校的重要组成部分，也是影响学校发展的重要因素。构建合理而高效的学校利益攸关方共同治理结构，是现代学校发展的核心。作为一所公立非公办的体制机制改革学校，深圳明德实验学校在利益攸关方共同治理的视阈下对学校治理结构进行了变革和建模，为基础教育阶段学校利益攸关方共同治理提供了研究模型。

一、应推动利益攸关方共同治理中小学校

　　人们经常说：教育事关千家万户，教育事关城市未来。在管理学中，这个"千家万户"和"城市"就是学校的"利益攸关方"。利益攸关方，或称利益相关者（Stakeholder），是与法人组织治理结构相联系而存在的一个概念。1984年，Freeman在其著作《战略管理：一种利益相关者的方法》中，将利益相关者定义为"能够影响一个组织目标的实现，或者受到一个组织实现其目标过程影响的所有个体和群体"。管理学中的利益相关者不仅针对企业，而且扩大到了社会组织。利益相关者是指该组织为实现其目标必须依赖的人，是指联合创造这个组织的人为过程的参与者。与企业相比，学校是一种更加典型的利益相关者组织，"因为大学作为一种非营利性组织，没有严格意义上的股东（所有权），没有人能够获得大学的剩余利润，每一个人或每一类人（如校长、教师、学生等）都不能对大学行驶独立控制权，大学只能由利益相关者共同控制"[1]。以上提到的各种条件，不仅对大学满足，对于基础教育阶段的中小学同样满足。有学者认为，利益攸关方（利益

1. 洪源渤.共同治理——论大学法人治理结构[M].北京：科学出版社，2010.

相关者）有广义和狭义两个层面的概念。广义上讲，"凡是与学校发生利益关系的人或者集团都可称为利益攸关者（利益攸关方）"；从狭义上讲，"与学校有直接契约利益关系的人或者集团"[2]。对于中小学而言，与学校存在利益关系的人或者集团就是学校的利益攸关方。

实现学校利益攸关方共同治理是解决新时代我国社会主要矛盾的必然要求。党的十九大报告指出：中国特色社会主义新时代的主要矛盾是人民日益增长的美好生活需要和不平衡不充分的发展之间的矛盾。我国基础教育同样存在着"不平衡不充分的发展"。习近平同志强调：教育是对中华民族伟大复兴具有决定性意义的事业，建设教育强国是中华民族伟大复兴的基础工程，必须把教育事业放在优先位置，深化教育改革，加快教育现代化，办好人民满意的教育。面对新的矛盾，站在新的历史起点，全面深化教育改革迫在眉睫。如何解决人民日益增长的对教育的美好需要和不平衡不充分的发展之间的矛盾，这是当前中国教育事业发展的首要课题。作为事业单位的学校，不能再将教育的视野局限在校园内、束缚在分数上，而应该深入研究影响学校发展的各利益攸关方的相互关系，寻求最有效的合作机制，进而从制度层面着眼，"研究形成适应基础教育、职业教育、高等教育以及其他各类教育机构任务和特点的现代学校制度建设方略"[3]。唯有如此，学校才能真正成为充满活力的教育现代化"细胞"。

实现学校利益攸关方共同治理是教育现代化的必然要求。学校是一个开放的系统，在这个系统内，诸要素的协调程度越高，系统就越有效。吸引并组织学校各利益攸关方参与学校治理，构建并优化学校利益攸关方共同治理体系，是实现学校治理体系变革的关键。《中共中央关于全面深化改革若干重大问题的决定》指出："全面深化改革的总目标是完善和发展中国特色

---

2. 洪源渤.共同治理——论大学法人治理结构[M].北京：科学出版社，2010.

3. 陈国良.以新改革谋划新突破，着眼现实问题推进教育现代化[N].人民日报，2016-01-31.

社会主义制度，推进国家治理体系和治理能力现代化。"[4] 如何在教育领域构建现代化治理体系，已经成为当下教育研究的热点。"现代化的教育是政府主导、社会参与、共建共享的教育。"[5] 只有探索构建利益攸关方的合作机制，才能更好地发挥政府的主导作用，才能激发社会力量的热情，组织其参与学校治理，也才能实现教育管理的现代化，进而实现教育现代化。

实现学校利益攸关方共同治理是现代学校发展的必然要求。学校是一个受理性因素与自然因素制约的开放系统，这些理性因素和自然因素随环境力量的变化而变化，忽略理性要素或自然要素都是短视的。[6] 现代学校想要发展，就必须关照到影响其发展的诸要素。当然，学校是一种特殊的系统，它是担负教与学任务的服务型组织，其最终目的是学生的学习，因此，与其他类型的组织相比，学校更应该成为"学习型组织"。学校应该成为参与者如何提高自身创造和实现目标的能力，学会如何共同学习的地方，要实现这一目标，就必须充分兼顾学校组织内外的诸要素对学校的作用，寻找并建构可持续地支持学校健康、和谐、高效运行的治理模式，即探索学校利益攸关方共同治理的模式。

众所周知，新中国成立后的很长时间，我国的学校一直作为教育部门直属的事业单位来承担相应的教育教学功能。事业单位确定"法人"身份，按照法人结构来实施，则是改革开放之后才逐步确立的。相关研究表明，我国事业单位法人治理结构制度的规划和探索经历了一个较长的过程，大体可分为政策准备期、探索期、发展期和升华期四个阶段。[7] 中国的事业单位法人治理结构确立以来，对规范组织内部的管理起了一定的积极作用。然而，

4. 中共中央关于全面深化改革若干重大问题的决定[M].北京：人民出版社2013.

5. 周海涛.激活社会力量助推教育现代化[N].中国教育报.2016-11-10.

6. 韦恩·霍伊，塞西尔·米斯克尔.教育管理学[M].范国睿，译.北京：教学科学出版社，2007：18.

7. 李媛媛.深化文化事业单位法人治理结构改革的政策难点与对策建议[J].国家行政学院学报，2017(6)：125-130.

在各地的改革试点过程中仍然出现了一些问题，使得改革措施的执行遭受阻滞[8]，主要体现为以下几个方面：

一是管得太严太死，学校发展同质化现象严重。政事合一、管办合一，这是我国事业单位的管理体制的显著特点。长期以来，政府主管部门与事业单位之间的定位为管理与被管理关系，政府主管部门据此对所属事业单位进行人事任免、财务分配、组织运行等方面的直接、微观管理甚至干涉，使得学校行政管理的作用被大大强化，专业治理被弱化，直接导致了政事不分、管办不分的突出现象。统一化的管理也导致了学校发展中"千校一面"的同质化现象严重，学校发展的活力匮乏。

二是管得太松，甚至监管缺失，导致"内部人"控制现象频发。学校管理中的另一种常见模式是"委托—代理"的管理模式，但是在学校的实际运作中，经常会出现作为最终代理人的事业单位会利用一切可能的机会来谋求自身利益的最大化，而不是致力于实现委托人利益的最大化。如小团体利益膨胀而违背事业单位成立的公益性初衷，学校乱收择校费等，最终使得学生和家长成为了受害群体。其根本原因就是没有发挥利益攸关方对学校的能动作用。

三是制度不健全，配套机制欠缺。关于学校管理的制度很多，但是大多数是来自上级行政部门的约束性文件，关于学校各利益攸关方的规章制度则少之又少，事业单位法人治理结构的改革缺乏有力的法制保障。及时、透明、公开、有效的信息披露网络平台缺位，事业单位法人治理结构改革过程中的外部利益相关者的参与度较低；事业单位法人治理绩效评价体系的不健全，导致绩效评价制度难以成为有效激励理事会和管理层的主要手段；监管机制与问责机制不健全等。

8．曾奕婧.业单位法人治理结构改革中的问题及对策研究[J].陕西行政学院学报，2018(1).

二、学校如何实现利益攸关方共同治理

共同治理(Common governance)，是兴起于20世纪后半期的一种治理理论，是一种以合理平衡各利益相关者之间的利益，实现利益相关者利益最大化为目标，并以此来安排利益相关者在公司治理中的权力的治理理论。不难看出，共同治理的基础正是利益相关者理论。就企业而言，股东不是企业的唯一所有者，公司的所有利益相关者（包括股东、顾客、员工、供应商、合作伙伴、社区、舆论影响者和其他人）都是拥有专用性资本的主体，企业是利益相关者缔结的一种合约，是治理和管理这些专用性资本的一种制度安排。因此，公司的治理和管理应当平衡不同利益相关者的利益，各利益相关者应广泛参与公司的治理。

值得注意的是，事业单位的法人治理与企业法人治理有诸多相似之处，但也有明显的不同，其根本点在于是否以资本利益为纽带，是否以营利为基本目标。在公司治理中，强调所有者权益的实现，股东参与利益分红，获取利润是其终极目的。但教育是民生事业，学校所属的事业单位往往由公共财政支持，因此公共利益是其基本立足点。所以，发源于企业的内部参与性和公共契约型的治理方式对学校利益攸关方共同治理模型的构建是有借鉴意义的。但也需要有所取舍，在企业共同治理理论的基础上，探索学校利益攸关方共同治理的模型。

近年来，随着教育现代化战略部署的提出，越来越多的大学开始了利益攸关方共同治理的研究与探索，有研究者提炼出了大学共同治理结构的一般形式[9]（如图1）。他们认为，以上大学共同治理的结构与传统模式有明显的区别，比如参与决策的利益主体并不是行政力量和学术力量两个主体，而是较广泛地吸收了其他的利益相关者；共同治理模式在强调各利益主体分享决策权等治理权力的同时，也维护了大学的整体存在状态和整体运行方式；

9. 洪源渤.共同治理——论大学法人治理结构[M].北京：科学出版社，2010.

共同治理充分考虑了大学内知识分子的精英阶层的群管理提醒，强调了集体经营的智慧。

作为高等教育的大学的情况与中学教育还是有明显区别的。首先，大学共同治理的模型，是一个相对而言比较封闭的模型，而中学由于更加紧密地连接着家庭、社会，因此在结构的开放性上需要进一步扩大；其次，大学共同治理的模型，充分尊重了大

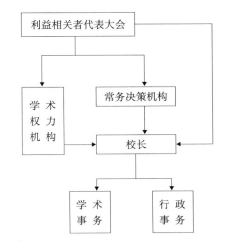

图1　大学共同治理模式框图
引自洪源渤：《共同治理——论大学法人治理结构》

学的学术力量对学校的影响，甚至让学术权力机构在学校学术事务的管理中起主导作用，但中学的学术力量本身不及大学强大，"好校长就是好教育"，这是对中学教育的形象概括，因此，学校的学术事务管理还应该是校长起主导作用；最后，大学治理结构中监督机构或者机构的监督功能并没有明确的体现，以家长和学生为主体的力量，作为中学的"客户"方，则具有监督学校事务的迫切愿望。所以，在中学的利益攸关方共同治理模型的构建中，必须充分考虑这一部分力量和监督层的设置。

学校应该是兼具科层特色与松散耦合（Loose coupling perspective）特色的组织。这一观点越来越多地得到了学界的认可。一方面，学校需要以专业的劳动分工为基础的科层支配；另一方面，学校应该充分考虑专业性、个体的需要、外部环境的影响等要素，这些要素共同构成了共同治理的构建元素。参照大学共同治理的研究，学校共同治理结构应该包括三个构建元素：利益主体结构、权力配置结构和权力制衡机制。

根据相关学者对大学利益主体结构的研究，可以将大学利益相关主体分成四个层次：第一层是教师、学生（隐含家长）、校长及行政管理人员组

成的核心利益相关者；第二层是国家政府或其他投资者和校友，他们是重要利益相关者；第三层是由与学校有契约关系的当事人（如科研经费提供者、产学研合作者、贷款提供者等）构成的间接利益相关者；第四层是由当地社区和社会公众等构成的边缘利益相关者。[10] 笔者认为大学利益相关主体的构建元素与中学相差无几。唯一不同的是，利益相关主体的层次及重要性的差异，比如，相对而言，中学阶段家长对于学校利益相关主体的作用要比大学重要，而且属于显性的利益相关元素而不是隐性的。

　　需要指出的是，中学的利益相关者在参与权力配置时，"成分律"是决定共同治理的关键因素。这个"成分律"就是治理结构的目标取决于行使权力的利益主体的成分组成。因此，相较于利益主体之间的权力分配，利益相关者参与治理的适宜方式更加重要。1967年，美国《大学和学院的治理结构声明》强调：大学各组成群体在决策中的地位有所不同，谁对具体事务负有首要责任，谁就最有发言权。利益攸关方共同治理并不是一种分权制度，或者绝对平均主义的制度，而是建立在合作基础上的决策制度，因此，在利益攸关方共同治理结构中，必须明确某一项权力的主导利益主体。笔者将前文中的利益主体进行了归类合并，并列出了学校共同治理结构中利益相关者参与治理的适宜方式，见下表：

利益相关者类型	治理方式
学校管理者	主体参与
政府	依法参与
社会	契约参与
家长	有序参与
教师	专业技术型参与
学生	公民参与

杏坛芳菲沁园春

---

10. 洪源渤.共同治理——论大学法人治理结构[M].北京：科学出版社，2010.

（一）学校管理者：主体参与

学校是担负教与学任务的服务型组织，学校的最终目的是学生的学习。对于学校而言，管理者是组织的精神支柱，是学校效能的主要负责人。从某种程度上讲，学校的管理行为将决定学校的组织效能。另一方面，其他利益攸关方的需求，必须最终依托学校的管理行为实现。因此，利益攸关方共同治理结构中，学校管理者应该拥有主体地位，组织其他利益攸关方的参与。

（二）政府：依法参与

学校是政府办的，学校的领导是政府的官员，因此，学校的一切事务都必须围绕着行政指挥棒转，这是中国基础教育的问题之所在。要改变这一问题，推动教育制度现代化，最关键的在于政府放权。正如熊丙奇教授的观点，合理的政府教育部门和学校的关系，应该是政府部门只负责教育的投入保障与依法监管学校依法办学，因此，在利益攸关方共同治理的结构中，政府应该依法宏观参与学校治理。

（三）社会：契约参与

首先，在这里"社会"的概念是相对学校而言的外部要素的总称，包含投资者、捐赠者、社区代表、公众人士、评价认证机构等。一方面，现代教育的开放性和多样性需求，使得学校必须跨越组织边界，与外部要素紧密联系，依赖各利益攸关方而实现资源共享与效能优化；另一方面，学校系统本身与外部环境之间存在边界，而外部环境又具有可变性和不确定性。因此，以上诸要素在参与学校治理的方式上，应该是以契约型参与为主，即利益攸关方按照交易契约或者公共契约原则，有序地参与到学校治理中来。

（四）家长：有序参与

作为学校教育服务的"消费者"或者潜在"消费者"，家长对孩子的教育一直非常重视和关心，同时表现出了参与学校治理的高度热情。但是一方面家长只能代表个体的利益和观点，另一方面家长对学校教育的过度关注和不理性的干预，也会给学校正常的教育教学秩序带来干扰。因此，家长参与学校治理，应该是在学校主导下有限地、有组织地、理性地参与。

（五）教师：专业技术型参与

对学校而言，教一学的过程是组织的核心所在，其他所有活动都位居教与学的基本使命之后，因此，教学使命是学校管理决策的重要方面。学校的教学、评价、薪酬以及教师的专业发展、教师的职业幸福感等，都与教师密切相关。研究表明：如果学校能够扩大教师的专业自治权，那么教师的科层取向与专业态度就未必产生冲突（Marjoribanks，1977；DiPaola & Hoy，1994）。因此，在利益攸关方共同治理的结构中，教师应该是通过专业技术型的方式来参与的。

（六）学生：公民参与

学校的目标是培养人，其中培养学生的公民意识是学校教育的重要一维。学生作为教育服务的主要"消费者"，其参与学校治理的目的，除了获得更好的教育服务之外，更重要的一点就是锻炼和培养自身处理公共事务的能力，梳理参与公共事业的意识，培养接受大多数意见的自制力，培育为公众谋幸福的精神。因此，在学校利益攸关方共同治理的结构中，学生应该以公民参与的方式，积极参与学校管理，营造民主的校园文化。

三、明德的利益攸关方共同治理路径

2013年3月6日，福田区人民政府与腾讯公益慈善基金会签订《合作办学框架协议》，标志着一所有别于传统公立学校和民办学校的、十二年一体化的公立委托管理学校正式诞生。程红兵校长将明德的办学特色概括为"公立""合办""新体制"三个方面："公立"指学校由福田区人民政府配置学校用地、校舍建设和教学设施设备，每年按生均经费标准拨付教育费用；"合办"是指学校由福田区人民政府和腾讯公益慈善基金会合作办学的一所改革实验学校；"新体制"是指政府与企业成立独立的明德教育基金会、明德校董会，作为学校的委托管理方和管理主体，实行董事会领导下的校长负责制。[11] 几年来，深圳明德实验学校在基础教育改革的道路上阔步向前，发展成为拥有三个校区、近300名教师、3000多名学生的新型改革学校。从办学理念到办学实绩，赢得了家长和社会的广泛认可。其中最有价值的探索，就在于在利益攸关方共同治理视阈下对学校治理结构进行了变革和建模。

（一）决策层——实现了利益攸关方共同治理的法人治理结构的构建

在法人治理结构方面，深圳明德实验学校从建校之初就非常注重利益攸关方的参与，倡导多元共治。学校董事会为学校的最高管理、决策机构，具体承担办学责任。学校董事会共由8名校董组成，分别是创办人（法人）、校长（管理负责人）、教育主管部门负责人（2人）、教育行业专家、主办方之公司代表、教师校董和家长校董。其中，涉及的利益攸关方有腾讯公益慈善基金会（2名校董），教育主管部门（2名校董），教育行业专家（2名校董）、教师和家长（各1名校董）。（需要特别强调的是，在深圳明德实验学校，教师校董和家长校董的产生，是所有教师或者家长依据相关的程序层层选举，最终成为代表教师利益或家长利益的利益攸关方代表，参与董事会决策。）由此构建起来了一个科学合理的法人治理结构，在制度上保证了各利益攸关方参与学校决策。在明德实验学校，在涉及学校发展的重大问题时，教育主管部门可以从政府层面提供意见，但不是传统的以政府主导的单边治理，而是以董事会董事的角色参与学校治理；企业代表可以从自身发展的角度提出意见，但不是以企业利益为唯一指向，而是以社会利益为重要导向；教育专家、教师和家长也可以从自身的角度和需要出发，为学校的发展提供意见和建议。各利益相关者之间既相互制衡，又共同协商，既实现了公平与效率的协调平衡，也从根本上保证了学校的健康发展。

（二）管理层——通过各委员会创建多元主体共同治理机制

在学校董事会和校长的领导下，深圳明德实验学校始终贯彻"开放办

11．程红兵.从教育管理到教育治理[J].上海教育，2015(4A).

学"的理念，程红兵校长提出"把学校打开"的办学主张，积极引入各利益攸关方共同参与学校治理，"把各种有利于学生成长的元素引进校园，成为学生成长的养料"[12]。由于明德实验学校实行董事会领导下的校长负责制，董事会会将管理权力下放到校长室，因此，在管理层面，学校拥有了相对更大的自主权，学校通过一系列委员会的组建，搭建了各利益攸关方参与学校治理的重要平台。如由小学、初中、高中、国际各部门负责人组建学校校务委员会，在共同治理的思路下，改变以往各自为政的思想，按照"共享治理"的思路，在学校重大校园事务（如基建、人事等）中采用民主协商的方式，理顺左右关系（部门之间）、前后关系（工作程序）、上下关系（上下级）、点面关系（部门与整体），在资源配置方面最大限度地实现了优化整合。明德实验学校还由教师代表选举产生学术委员会、教师工会，在学校教师职称评聘和教师权力发挥等方面予以充分的治理权力，实现教师聘任公开透明，教师福利有效保障。另外，明德实验学校还组建了家长委员会，积极鼓励家长参与学校治理，比如学校的食堂选择、校服定制等事务，由于涉及第三方，也与学生、家长的关系最为密切，因此学校积极鼓励家长代表参与其中。每个学部民主产生家长代表、学生代表，由家长代表、学生代表、学校代表共同组成食堂招标委员会和校服招标委员会，通过专门委员会来制定流程、标准，并按照规则展开招标，最后确定供应商。学校还确立了家委沟通制度、学生代表沟通制度，每学期定期向家长和学生征求意见和建议。与此同时，深圳明德实验学校非常重视作为学校重要利益主体的学生参与学校治理中，在团委、学生会的带领下，形成了学生与学校良性互动的沟通机制。学校还通过设立"学生校长助理"等职务，积极鼓励学生代表参与学校治理，发挥学生的力量和智慧。

杏坛芳菲沁园春

---

12. 程红兵.为一所理想学校而来.[M].上海：华东师范大学出版社，2015：33.

（三）操作层——理顺关系积极引导共同参与学校治理

学校是以"学与教"为技术核心的组织，学校操作层面即学校的课程层面是学校的技术核心，也是学校改革的关键所在，更是学校教育是否优质的本质体现。传统的学校教学，是封闭的教学，"教科书就是学校的一切"。然而随着时代的发展，学校的课程需要打开，因此，深圳明德实验学校在程红兵校长的带领下，致力于"把课程打开"的实践探索，通过"课程重构、学科重组、课堂重建"，以期实现"把世界变成学生的教科书"。在现代共同治理的理念下，学校的课程改革同样需要利益相关者共同参与。在深圳明德实验学校，开学初的选课成为了同学们最"激动"和"紧张"的事情。学校课程处根据教师的自愿申报，会在每个年级开设30多门拓展课，这些课程大都是教师根据自身的专业特长，在了解学生的兴趣、特长和需求之后开设的。学生需要登录到学校选课系统进行选课，那些孩子们喜欢、人气高的课程往往会被"秒杀"，而另外一些人气不旺的课程则很有可能因为选课人数不够而面临被取消的危险。在这样一种选课的过程中，实现了学生参与课程管理的目的。深圳明德实验学校通过"家长大讲堂"，将家长资源引入学校，"财商管理""法律普及""身边的自然"等一系列多元的课程在学校开展，主讲人都是家长。在家长的帮助下，学生走进银行、走进知名企业、走进科研机构……家长的参与，使得明德的课程更加丰富多元。与此同时，每一个学期，学校都会组织家长和学生进行评教活动，将家长和学生对课程、课堂和教师的评价当作重要参考项，来帮助学校实现课程的调整、课堂的优化以及教师教学的改进提升。

但是需要强调的是，由于课程教学的技术性和专业性，学生和家长在操作层面参与学校治理的程度和方式是需要审慎思考的。因此，必须理顺学校、学生、家长三者的关系，在确保学校在课程教学中的主导地位、保证学校基本教学任务和秩序的前提下，分布地了解学生需求，有序地引入家长资源。

（四）监督层——利益攸关方共同监督保障学校治理阳光透明

传统的学校，监督工作主要由上级部门来完成，评估、检查等形式的监督层出不穷，学校疲于应付，监督也是隔靴搔痒。其根源在于这种自上而下的监督是基于行政命令的内部监督，而不是基于客户体验的利益攸关方监督。现代市场经济背景下，企业非常重视以客户为中心，因为客户在消费的过程中，自然而然地对企业的产品进行了评价和监督。企业如此，教育也是类似。北京十一学校李希贵校长认为："教育已演变成为服务业，就必然以客户的满意度作为衡量学校工作的重要指标。"[13] 因此，学校只有建立起一个真正由客户主体——学生、家长和教师——参与的监督体系，才能让学校在阳光下运行。对于学校而言，每学期伊始，各学部都要安排学期工作，但是学校工作由谁来做？毫无疑问是教师，因此在深圳明德实验学校，每学期开始之前，学校都会举办工作计划听证会，校长面向全体教师听证；各部门面向部门教师听证，征询意见，由老师们来建议学校哪些工作应该做，哪些工作不必要做；学期末再由负责人向全体教师进行汇报，一个学期以来，哪些该做的工作没有做到，原因是什么，必须让教师们心里有数。食堂管理工作，学校不仅制定学生会监督机制、家长委员会监督机制，还会在每学期召开就餐质量听证会、意见征询会，主动听取"客户"的意见，如果学生反映对学校食堂的服务不满意，学校则组织家长代表、学生代表重新招标，而招标的全部过程都由学生代表和家长代表进行监督。学校的管理和教学工作方面，学校不仅在每学期召开专门意见征询会，听取意见和建议，还会举办"家长开放日"，组织家长走进校园、走进课堂，监督学校的教学管理，提出改进意见和建议，并监督学校落实。甚至在行政会等学校管理层面，家委会都可以积极参与，行驶督办权力，帮助学校解决现实问题。

在学校监管的层面，以学校的财务监管为例，由于政府放权、董事会

13．李希贵.面向个体的教育[M].北京：教育科学出版社，2014.

温情的呵护——深圳明德实验学校教学札记

杏坛芳菲沁园春

赋权，学校拥有了相对较大的用钱自主权。与此同时，学校也要接受更多的监管和审核，学校的财务不仅必须接受政府审计，还必须接受企业的监管。各利益攸关方都是监督主力，各利益攸关方共同监督保障了学校治理的阳光透明。可以说，利益攸关方共同监督是对传统监管模式的创新，更是能够保障学校治理阳光透明的保护绳。

分析对深圳明德实验学校利益攸关方共同治理的现状，可以归纳出学校（中学）利益攸关方共同治理的模型。

深圳明德实验学校利益攸关方共同治理模型图（下称明德模型图，见图2）是由学校利益攸关方共同体、学校管理的不同层面以及学校实体共同组成的类似电路图的治理模型图。其特点主要有以下几点：

（1）该模型中，政府、教育专家、教师、学生、家长和社会力量（如企业）共同构成了学校利益攸关方共同体。这是学校治理的动力之源，也是利益攸关方共同治理模型与传统的学校管理模型的第一大区别所在，即将学校治理由以往的政府"一元单向"管理模式，转变为利益共同体的"多方交互"共同治理。在这种模型中，政府、教育专家、教师、学生、家长和社会力量都是学校的管理者，大家共同为学校的发展献计献策。需要强

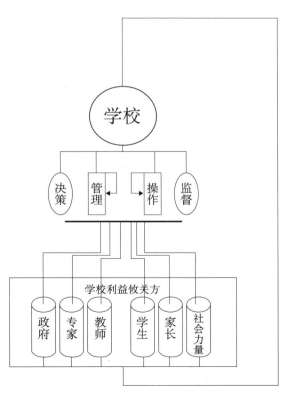

图2 深圳明德实验学校利益攸关方共同治理模型图

调的是，学校利益攸关方既是一个有共同目标导向的共同体，又是各自相对独立的利益攸关方，在参与学校管理之前，往往需要通过成立利益攸关方权力机构（如学校董事会），通过权力"耦合"——制衡与整合，参与学校治理。与此同时，各利益攸关方又各自独立地与学校管理的各个环节相联系，这就具备了"松散耦合"的管理特征。

(2) 该模型中，学校利益攸关方参与学校治理的渠道是多元有序的。学校内部管理可以划分为决策层、管理层、操作层和监督层，各利益攸关方通过不同的渠道参与到学校的决策、管理、操作和监督各个层面、各个环节的工作中，在学校管理的每一个层面，都需要利益攸关方的参与。具体到参与的方式，学校管理者必须以主导参与的姿态组织其他利益攸关方有序参与到学校管理中来，引导政府适度参与学校管理，将更多的权力下放到学校；积极吸收和组织投资者、捐赠者等社会力量按照交易契约或者公共契约原则，有序地参与到学校治理中来；开放渠道，鼓励教师在专业技术等层面参与学校治理，搭建平台，积极引导家长有序参与、学生公民参与到学校治理中来。

(3) 该模型中，学校利益攸关方参与学校决策和监督的方式是开放的。对学校而言，学校的决策过程，其实是决定学校在用钱、用人以及课程方面拥有多少自主权的过程，因此集智聚力共同决策是非常必要的，所以在模型图中，"决策"渠道以椭圆的形式标示，类似于电路图中的"电流表"，直接反映出学校能够划分到多少"电流"；而对于学校的"监督"而言，深圳明德实验学校的监督模型说明，学校必须而且只有实施基于客户体验的利益攸关方监督，才能真正保障学校治理阳光透明，所以在模型图中，"监督"渠道也以椭圆的形式标示，类似于电路图中的"电压表"，随时反映每一项政策对学校的影响，从而督促学校进行优化调整。

(4) 该模型中，学校利益攸关方参与学校管理和操作的程度是动态调节的。学校以"学与教"为技术核心，其教育教学具有非常强的专业性和技术性，如果无节制地强调多元主体管理，强调互动式、参与式管理，极有可能对学校的正常教学工作带来巨大的负面影响甚至阻力。这就需要以校长为首的学校管理层对利益攸关方参与学校治理的程度进行动态调整。利益攸关方在多大程度上参与学校的教育教学、课程乃至管理，如何参与，都需要学校管理层根据学校现实情况进行随时调整。因此，在模型图中，利益攸关方参与学校的"管理"和"操作"的渠道以类似于物理中"滑动变阻器"的形式来标示，目的就在于直观地说明学校利益攸关方参与学校管理和操作的程度需要动态调节。

（5）该模型中，学校治理的效度取决于各利益攸关方在不同层面参与治理的"成分律"和"融合度"。正如模型所示，在利益攸关方视阈下的学校治理是一个类似于闭合电路的结构，学校类似于用电器（如灯泡），学校治理效能的高低（如灯泡的亮度或负荷程度）决定于各利益攸关方在决策、管理、操作和监督各个层面行使权力时的成分组成比率，以及各利益攸关方在行使学校治理权力时达成共识的"融合度"。这必然需要各利益攸关方经过磨合达成共识。在利益攸关方共同治理的模型中，一方权力占主导并不一定能够实现学校治理的最优配置，比如在决策中政府占主导，将很有可能扼杀学校自主治理的灵活性，而企业等投资人在决策中占主导，则很有可能使得学校沦为获取经济利益的工具，从而伤害其育人的基本功能。同样在监督层面，如果过松会导致学校因缺乏监管而产生混乱，但监管过严同样会扼杀学校的生命力和创造力。学校治理的过程，一定是各利益主体不断磨合形成一个最优配比，使得学校发展逐渐处于更优状态的过程。

（本文为程红兵校长主持的全国教育科学"十三五"规划课题、教育部重点课题"教育治理现代化进程中学校治理体系变革研究"（课题编号：DHA160367）的成果，收入专著《教育治理现代化进程中学校治理体系变革研究》，原题为"新时代学校利益攸关方共同治理结构模型研究"，本次出版时有修改）

学校拓展课程如何建构

为培养学生核心素养，《普通高中课程方案（2017年版）》将高中阶段课程结构进行了深刻变革。拓展课程的校本化实施成为了学校课程体系中至关重要的组成部分，深圳明德实验学校在课程结构变革的过程中，通过拓展课程的系统化设计，活动课程的系统化开展，实践课程的系统化实施，始终聚焦学生核心素养，深化拓展课程的系统化改革，构建了丰富而立体的拓展课程谱系。

2017年，全国纲领性教学文件《普通高中课程方案（2017年版）》[1]（以下简称《课程方案》）由教育部制定并颁布实施。相较于过去，这一方案坚持正确的政治方向、坚持反映时代要求、坚持科学论证，更加突出了促进人才培养模式的转变，着力发展学生的核心素养的目标。同时，各学科基于学科本质凝练了本学科的核心素养，明确了学生应达成的"正确价值观念、必备品格和关键能力"，将学生的核心素养具体落实到每一个学科。可以说，《课程方案》以政府文件的形式明确了未来学校课程变革的核心，即学生的核心素养。

在课程实施的层面，《课程方案》进一步优化了课程结构，将课程类别调整为必修课程、选择性必修课程和选修课程。这一课程结构是一个更加开放的、多元选择的课程结构系统，它不仅为不同发展方向的学生提供了课程的选择权，更重要的是，为学校"根据实际情况统筹规划开设"选修课程提供了更大的自主权。

一、当前中小学校拓展课程建设现状与重点存在的问题

拓展课程作为一种有别于常规课程的特殊课程形态，是从21世纪初才

真正成为中小学课程体系的重要组成部分的。这一点可以从国家教育领导部门统一制定颁布的课程大纲和课程标准的变化中找到证据。21世纪，国家推动新一轮课程改革，其最显著的特点就是以课程标准取代了长期使用的课程大纲，也正是从这一时期开始，拓展课程真正成为了中小学课程体系的重要组成部分。以高中语文为例，在2000年颁布的《普通高级中学语文教学大纲》中，仅仅提到了语文教学"要重视学生的实践活动""要密切联系生活"，而在2011年颁布的《普通高中语文标准》（以下简称《课程标准》）中，则明确提出了"语文课程包括必修课程和选修课程两部分"，并对选修课程的内容和比例进行了较为详细的说明。正是由于国家教育领导部门《课程标准》的颁布，从这一时期开始，拓展课程依托于各个学科的课程改革如雨后春笋一般发展起来。当然，并不是说在《课程标准》确立拓展课程之前，学校教育和学科教学就没有拓展课程，事实上拓展课程或者实践课程一直以来就存在于学校教学之中。但是当国家以《课程标准》的形式明确其地位和重要性之后，经过近10年的建设，拓展课程不仅成为和必修课程一样不可或缺的课程组成部分，丰富了各个学校的课程体系，更发展成为学校颇具特色的课程风景线。

研究总结近年来学校拓展课程的开发，不难发现，其开发路径主要有四种：一是以国家意志为核心开发拓展课程，即紧紧围绕国家对于学校教育的方针政策和意见，探索符合本校学生实际、具有校本化特色的具体课程实施方案。二是借鉴国外先进经验开发拓展课程，即学习各个先进国家在世界核心素养的指导之下积极建构相关课程的经验。三是整合学校、家庭、社区等社会资源开发拓展课程，即充分利用学校相关优势资源，进行课程化的架构，或者请进来，让家庭、社会等更多资源服务学生成长。四是围绕学生发展需求开发拓展课程。积极广泛地了解学生的发展需求，整合学生迫切需要的、衷心热爱的需求点，以及对学生终身发展有益的关键点进行课程的设计和建构。

拓展课程越来越丰富的背后，其实是学校管理者的课程观乃至教育观的变化。与此同时，在拓展课程的建设过程中，也出现了一些较为突出的问题，主要表现在以下几个方面。

（一）拓展课程数量与学生需求不匹配的问题

学校教育越是面向人的终身发展，就越需要个性化和定制化的课程。学校课程的丰富性不仅是《课程方案》的要求，更是学生发展核心素养的要求。尽管拓展课程已经成了各个学校课程体系的重要部分，但是由于学校管理者对拓展课程的认识不足，仅仅将其作为需要参加国家考试的必修课程的"附庸"。与此同时，在拓展课程开发的过程中，学校受到人力和物力等诸多方面的局限，就目前来看，各个学校拓展课程的数量依然远远满足不了学生的需求。

（二）拓展课程的丰富性产生的成本问题

从经济学角度来看，个性化定制与成本之间具有天然的矛盾——越是大规模生产，成本越低；越是个性化生产，效率就越低，成本就越高。学校拓展课程的建设同样面临这一矛盾：学校课程的个性化必然会带来成本的问题，比如拓展课多而不精，个别科目选课人数太少，如何平衡拓展课的课程多样化与成本之间的矛盾成为学校生存和发展的重大问题。

（三）拓展课程的随意性和不可持续性问题

以上所述的原因，导致学校拓展课程面临随意性和不可持续的危机，领导来检查就开课，临近考试就停课的现象依然存在。除此之外，由于拓展课程是由各个学校自主开发的，课程开发的路径本身就具有随机性。比如以学校地域特色开发的课程，有可能会由于本区域地域特色的弱化而对课程产生影响；以学校学科特色和教师特长开发的课程，也有可能由于学校管理者的变动和教师的流动而消失，"什么校长什么特色，换了校长就换特色"的现象屡见不鲜；以学生发展兴趣开发的拓展课程，也会因为不同界别的学生兴趣的差异而不可持续。

（四）拓展课程的横向关联与纵向贯通问题

亚里士多德有句名言："整体大于部分之和。"由这一思想发展而来的系统论认为，我们研究和处理对象时，应当看作一个整体系统来对待。课程也是如此，在学校的课程谱系中，"各门课程都不是孤立存在的，而是紧密围绕人才培养目标而连成一体的，课程之间在多个层次、多个方面上均有复杂的内在逻辑联系，尤其在学生知识—技能—素质等培养规格的达成方面，具有高度的统一性"。[2]就目前明德实施学校的拓展课开课情况来看，课程之间的横向关联性不强，而且有一些课程（比如小语种）在小学阶段开设，但到了中学阶段，就因为种种缘故取消了，这不仅不利于学校课程的纵向贯通，更不利于学生终身可持续发展。

二、明德深化拓展课程系统化改革的举措

华东师范大学魏志春教授指出："我国中小学学校课程建设，经过了一个根据教师的能力开设多样化选修课，到考虑学生发展的需求进行多元化课程建设，再到依据社会发展、学科发展、学生发展以及学校发展不断更新的系统化建设的发展阶段。"[3]根据上述研究，不难发现，我国各个学校的拓展课程并不完全如上述所言那样理想，而是参差不齐、步调不一的，新时代，国家提出了中国学生发展的核心素养，因此，基于核心素养的培养，学校如何进行拓展课程的系统化变革，这依然是学校发展尤其是学校课程发展的重要命题。

根据魏志春教授所言，"所谓体系化的学校课程，是指学校课程能为学生提供阶段递进、层次递升、结构合理的课程支撑平台，注重课程教学、实施资源、教育评价、学校平台的匹配，促进学生对不同领域课程的交叉、整合学习，获得全面而富有个性的发展"。学校拓展课程的系统化改革，不仅能够解决当下拓展课程开发的"数量不足、成本过高、不可持续、散乱随意"等问题，从而推进学校课程建设进入"依据社会发展、学科发展、学生

发展以及学校发展不断更新的系统化建设"的更高阶段，更为重要的是，只有对学校拓展课程进行系统化改革，才能真正帮助学生实现"不同领域课程的交叉、整合学习"，从而真正提升学生的核心素养。

2013年，由福田区人民政府和腾讯公益慈善基金会联合创办的公立改革实验学校——深圳明德实验学校正式诞生，全新的体制机制支撑了学校全新的教育观，明德的教育哲学是"自由教育"，明德的教育质量思想是"孩子的健康就是教育质量，孩子的阳光就是教育质量，孩子的发展就是教育质量"。这种面向未来，着眼于学生终身可持续发展的教育观念，对明德的课程结构变革思想产生了重要影响。

基于学校的办学理念，明德的拓展课程理念是以学生发展为本的，是建构在学生的兴趣以及发展需求的基础上的，学校通过学生的选课参与度，来实现对拓展课认可度的评估。一个阶段以来，积累了丰富而多元的拓展课程。为优化拓展课资源，更好地为学生核心素养的培养服务，明德主要从两个方面进行系统化设计。

一是对照学科核心素养及新课标要求，对拓展课程进行项目化统整。具体表现为横向的"聚合"和纵向的"贯通"。一方面，基于几年来学生通过选课"用脚投票"的结果，一大批优质课程逐渐涌现。在此基础上，根据学科内部的联系和学科之间的关联性，对拓展课进行整合归类，比如将篮球、足球等归为球类拓展课程，再将归类之后的体育类拓展课统整为同一属性的拓展课程集群，如将学校的球类、操类、田径类、棋类、传统项目类、

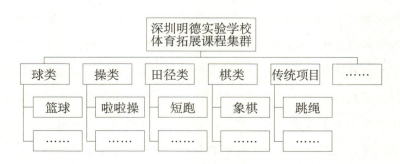

竞技类体育拓展课，全部规整到一个项目集群。再比如，学校开设的小说阅读、诗词鉴赏、历史文化研究，以及通过整合语文、历史、思品三个学科，打通学科壁垒而开设的中国文化原点阅读，这些都以提升学生的文化传承与理解能力、加深历史理解形成历史价值观为目标，进而促进形成对中华民族的文化认同，提升文化自信。这些可以归类为

"语言与文化"项目拓展课集群。然后对照《课程方案》中各学科的核心素养，构建以国家必修的基础课程为核心的多元辐射的拓展课程网络。另一方面，通过研究拓展课程网络中居于核心地位的国家必修基础课程在不同学段的素养要求，结合不同学段学生的身心发展规律，梳理学科在不同学段中核心素养的落实脉络，实现以能力为导向的12年纵向贯通，构建同一学科群的拓展课的12年素养发展路径。通过横向的"聚合"和纵向的"贯通"，不仅把课程内容与学生日常学习经验进行了统整，更注重了科目的连贯性，也重视科目之间的统整，从而构建起立体多维的拓展课程框架。

深圳明德实验学校K12田径课程素养目标及实施计划				
(明德K12课题项目组编写　王梁宇等)				
素养目标		执行计划		
年级	目标	时程	地点	方式
一年级	1.让学生对体育课表现出学习兴趣 2.初步掌握简单的技术动作 3.发展体能 4.形成合作意识与能力	常规课 拓展课	运动场	老师指导
二年级	1.让学生对体育课表现出学习兴趣 2.初步掌握简单的技术动作 3.发展体能 4.形成合作意识与能力	常规课 拓展课	运动场	老师指导

年级	素质目标	时程	地点	方式
三年级	1.让学生对体育课表现出学习兴趣 2.初步掌握简单的技术动作 3.发展体能 4.形成合作意识与能力	常规课 拓展课	运动场	老师指导
四年级	1.让学生对体育课表现出学习兴趣 2.初步掌握简单的技术动作 3.发展体能 4.形成合作意识与能力	常规课 拓展课	运动场	老师指导
五年级	1.让学生对体育课表现出学习兴趣 2.初步掌握简单的技术动作 3.发展速度、体能,敢于挑战 4.形成合作意识与能力 5.掌握动作技能、知道项目术语、游戏,独立完成组合动作串联。	常规课 拓展课	运动场	老师指导
六年级	1.让学生对体育课表现出学习兴趣 2.初步掌握简单的技术动作 3.发展速度、体能,敢于挑战 4.形成合作意识与能力 5.掌握动作技能、知道项目术语、游戏,独立完成组合动作串联。	常规课 拓展课	运动场	老师指导
七年级	1.理解并且使用高级的动作技术,知道更高级动作要领 2.发展体能、反应、灵敏和协调性,培养田径兴趣 3.培养合作能力和自主锻炼能力 4.学习田径比赛规则	常规课 拓展课	运动场	老师指导
八年级	1.理解并且使用高级的动作技术,知道更高级动作要领 2.发展体能、反应、灵敏和协调性,培养田径兴趣 3.培养合作能力和自主锻炼能力 4.学习田径比赛规则	常规课 拓展课	运动场	老师指导
九年级	1.理解并且使用高级的动作技术,知道更高级动作要领 2.发展体能、反应、灵敏和协调性,培养田径兴趣 3.培养合作能力和自主锻炼能力 4.学习田径比赛规则	常规课 拓展课	运动场	老师指导

年级	素质目标	时程	地点	方式
十年级	1.理解并且使用高级的动作技术,知道更高级动作要领 2.发展体能、反应、灵敏和协调性,培养田径兴趣 3.培养合作能力和自主锻炼能力 4.学习裁判规则 5.学习组织田径运动会的能力	常规课 拓展课	运动场	老师指导
十一年级	1.理解并且使用高级的动作技术,知道更高级动作要领 2.发展体能、反应、灵敏和协调性,培养田径兴趣 3.培养合作能力和自主锻炼能力 4.学习裁判规则 5.学习组织田径运动会的能力	常规课 拓展课	运动场	老师指导
十二年级	1.理解并且使用高级的动作技术,知道更高级动作要领 2.发展体能、反应、灵敏和协调性,培养田径兴趣 3.培养合作能力和自主锻炼能力 4.学习裁判规则 5.学习组织田径运动会的能力	常规课 拓展课	运动场	老师指导

二是对照学生发展核心素养,对拓展课进行系统化开发。2014年,教育部印发的《关于全面深化课程改革落实立德树人根本任务的意见》中,明确提出"将组织研究提出各学段学生发展核心素养体系,明确学生应具备的适应终身发展和社会发展需要的必备品格和关键能力"。2016年,中国学生发展核心素养研究成果发布,明确提出了包含文化基础、自主发展、社会参与三个方面的六大素养,即人文底蕴、科学精神、学会学习、健康生活、责任担当、实践创新。核心素养的提出,"明确学生应具备的必备品格和关键能力,从中观层面深入回答'立什么德、树什么人'的根本问题,引领课程改革和育人模式变革"[4]。对于学校而言,基于学生发展的核心素养,将学校的课程进行系统化的设计和统整,将能更好地实现立德树人的根

本任务，也将真正实现学校课程为学生终身发展服务的目的。因此，明德在进行拓展课程优化整合的过程中，坚持以学生发展核心素养为纲领，对拓展课程进行了系统化的设计，形成了明德拓展课程谱系。对照学生发展核心素养的分类，明德的拓展课程划分为文化基础系列、自主发展系列和社会参与系列，其中文化基础系列课程又细分为人文底蕴素养课程（含语言与文化类拓展课、艺术与审美类拓展课等）和科学精神素养课程（含数学与逻辑类拓展课、自然与科学类拓展课等），自主发展系列课程又细分为学会学习素养课程（含生涯规划类拓展课、信息技术类拓展课等）和健康生活素养课程（含体育健康类拓展课、心理健康类拓展课等），社会参与系列课程又细分为责任担当素养课程（含伦理道德类拓展课、时事政治类拓展课、国际交流类拓展课）和实践创新素养课程（含研究性学习类拓展、社会实践类拓展课等），使得明德的拓展课程由"点状"的、单一"线性"的静态课程变成多维并举、网状交融的立体课程。更为重要的是，明德的拓展课程谱系并不是"许多科目混合或拼凑"[5]的整体，而是建立在学科的连贯性、关联性基础上的"有意义的整体"，这个意义正是发展学生的核心素养，培养学生应具备的，能够适应终身发展和社会发展需要的必备品格和关键能力。

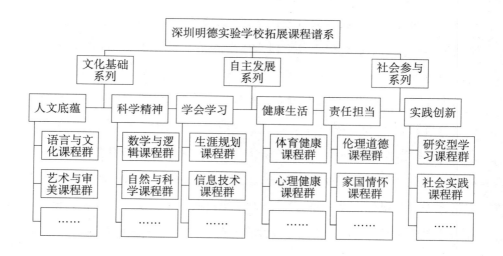

在程红兵校长的带领下，深圳明德实验学校进行了以课程变革为核心的深入改革实验，确立了"由体系课程转为谱系课程，由统一课程转向差异课程，由单维课程转向立体课程"的明德课程结构变革三大思想。在拓展课层面，明德以学生发展为本，进行生本化、体系化建设，建立了丰富多元的拓展选修课课程体系，为明德学生的终身发展奠定了坚实的基础，引起了社会的广泛关注，更为其他中小学校如何基于核心素养、开展拓展课程的系统化开发，提供了实践路径和经验借鉴。

（本文发表于《新课程评论》杂志2020年第2期，原题为《基于核心素养的明德拓展课程系统化改革策略》，出版时有修改）

参考文献：

[1] 教育部. 普通高中课程方案（2017年版）[M]. 北京：人民教育出版社，2017.

[2] 刘俊华. 系统论视阈下高等学校课程体系构建与参考[J]. 安徽农学通报，2016(22)：126.

[3] 魏志春. 学校课程建设应走向结构化和体系化[J]. 现代教学，2017(5A).

[4] 中国学生发展核心素养研究课题组负责人答记者问[EB/OL]. 中国教育新闻网，2017-01-09.

[5] 程红兵. 围绕核心素养，探究面向未来的课程结构变革[J]. 课程·教材·教法，2017(1).

读万卷书，更要行万里路

教育始终与社会密不可分。无论是美国教育家杜威"教育即生活"著名思想，还是我国教育家陶行知提出的"教学做合一"的教育主张，都深刻地揭示了教育与社会实践的紧密联系。新时代，立德树人是发展中国特色社会主义教育事业的核心所在，是培养德智体美劳全面发展的社会主义建设者和接班人的本质要求。2017年出台的《普通高中课程方案（2017）》（以下简称《课程方案》）[1]明确规定综合实践活动是高中的必修课程，占14个学分，社会实践课程成为了高中课程体系的重要组成部分。2019年6月，《国务院办公厅关于新时代推进普通高中育人方式改革的指导意见》，再一次强调要"强化综合素质培养""统筹课堂学习和课外实践""拓宽综合实践渠道"[2]，这充分体现了国家教育部门对于以综合实践为主要载体的劳动育人和实践育人功能的高度重视。

但反观各高中学校的综合实践活动开展情况，却不容乐观，一方面，以考试为指挥棒的传统教育教学思想，依然将学生禁锢在题海之中，一些学校并没有认识到综合实践活动的育人价值；另一方面，虽然综合实践课程写进了课程方案，并赋予了学分，但是综合实践课程"由学校统筹规划与实施"，由于高中学校资源的制约，一些学校社会实践活动的开展呈现出随机化的样态，有资源就开展、没资源就不开展，有时间就开展、没时间就不开展的现象依然存在，因此，聚焦学生核心素养，在学校层面对学校综合实践活动进行课程化的系统设计和实施至关重要。

深圳明德实验学校是深圳市福田区人民政府和腾讯公益慈善基金会为推动教育综合改革，探索教育国际化、现代化办学模式改革而创办的公立改革实验学校。自创校校长程红兵先生开始，明德始终秉承"把教育打开"[3]的办学方略，将课外实践活动课程化，把学生的课外实践活动作为一门不可缺少的必修课。在这种开放办学理念的引领下，明德从打开课程出发，统筹规划设置了一系列的社会实践课程。

一、建构校本化综合实践课程体系

综合实践活动是高中课程的重要组成部分，也是劳动教育的重要载体，在2017年的《课程方案》中，明确规定了综合实践活动的结构组成："综合实践活动由研究性学习、社会实践和志愿服务三部分组成，主要通过考察探究、社会服务、职业体验等方式进行，由学校统筹规划与实施"，其中研究性学习设置6学分，需要"完成两个课题研究与项目设计"；社会实践6学分，包括"党团活动、军训、社会考察、职业体验"等；志愿服务2学分，"在课外时间进行，3年不少于40小时"[4]。课程是学校教育教学活动的基本依据，《课程方案》中综合实践活动的标准，自然应该成为学校开展综合实践活动的依据。

一方面，作为综合实践活动规划与实施主体的学校，在具体落实的过程中一定要将学校已经开展的活动整合进入学校综合实践课程体系当中，比如深圳明德实验学校已经开展的每一届高一学生必须参加的军训活动、在假期开展的"行走中国"研学旅行活动等。与此同时，还要基于发展学生的核心素养，应对于学校的综合实践活动进行课程化的系统设计。程红兵校长认为："浴缸里培养不出游泳健将，未来人才的培养必须要汲取来自大学和社会的营养。"[5]基于对学生高中阶段的关键能力和必备品格的研究，程校长提出了"未来班一生三导师"的培养模式，为学生配备一名大学导师，由知名大学的教授、博士和学生结对，让高中学生走进大学、走进实验室，了解大学的学科特点以及前沿知识，与大学实现对接；为学生配备一名社会导师，由腾讯等知名企业的工程师、行业精英与学生结对，让高中学生走进企业、走进公司，了解职业特点和能力要求，与社会实现对接。按照《课程方案》的要求，深圳明德实验学校高中部将这一系列综合实践活动进行了系统

的梳理和课程化的建构，形成了深圳明德实验学校高中部综合实践课程体系（见图1）

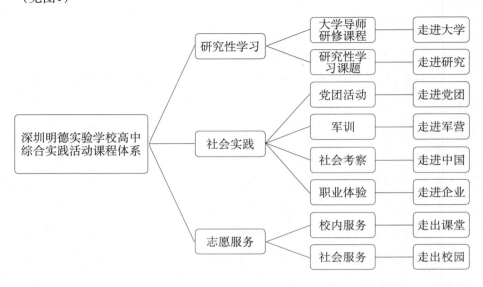

图1: 深圳明德实验学校高中综合实践活动课程体系

二、组织综合实践课程系统化实施

表2 深圳明德实验学校高中综合实践活动课程实施细则

类别	项目	实践地点	时间及形式	活动内容	参加学生
研究性学习	走进大学	国内及国外著名高校	1.学校组织，寒暑假；2.学生自行研修，提交证明及报告	感受大学校园的文化气息，开展大学先修课程，为学生学业规划奠基	学生自选
	走进研究	自然、实验室等	1.学校组织发布，寒暑假及节假日；2.学生自行研修，提交证明及报告	开展自然科学类课题研究，如深圳福田红树林自然保护区、香港米埔自然保护区等	学生自选组成研究小组
		社会、博物馆等	1.学校组织发布，寒暑假及节假日；2.学生自行研修，提交证明及报告	开展社会科学类课题研究，如改革开放四十周年深圳发展变化调查等，开展跨学科研究	学生自选组成研究小组

类别	项目	实践地点	时间及形式	活动内容	参加学生
社会实践	走进党团	井冈山、延安等地	1.学校组织,高三开学前; 2.学生自行研修,提交证明及报告	传承革命精神,弘扬爱国情怀	学生自选组成研究小组
		校内专题活动	学校安排统一时间	参加校内组织的专题党团活动	全体参加
		初中母校	高一年级教师节前夕	教师节感谢师恩,表达对老师的感谢	全体参加
	走进军营	少年军校、国防科普基地	学校组织,高一入学前	建立团队意识,形成集体概念,养成纪律规范,增强对国防和军事的了解	全体参加
	走进中国	陕西、贵州、海南等偏远山区	1.学校组织,寒暑假; 2.学生自行研修,提交证明及报告	参加劳动,体验生活,全面了解中国	学生自选组成研究小组
		大鹏所城、西安、延安、榆林等历史文化圣地	1.学校组织,寒暑假; 2.学生自行研修,提交证明及报告	深入了解中国历史,培养学生历史意识	学生自选组成研究小组
	走进企业	腾讯、大疆、华为、华大基因、万科、大亚湾核电站等企业	1.学校组织、周末及节假日; 2.学生自行研修,提交证明及报告	聚焦科技,了解国内大型企业的科技发展现状	学生自选组成研究小组
志愿服务	走出课堂	明德校园	学期内时间,学校组织	班级值周活动、校内劳动、学生助理岗位,参与学校管理、校内宣传大使等	全体参加
	走出校园	社会服务	周末及节假日,学校组织或自行研修,提交证明及报告	义工活动,社会组织志愿者等	学生自选组成研究小组

深圳明德实验学校高中部共梳理出了三大类、八项综合实践课程(见表2)在学部统筹安排下,按照类别在相应的时间段由年级组负责社会实践活动

的具体实施，导师团队对全班的社会实践活动负责。组织形式一般有年级或班级组织和专题小组组织两种。根据组织形式的不同，实施过程也有区别。

以年级或班级为单位要求全员落实的，实施过程主要有三项：一是活动前动员并明确任务，让学生充分理解该项社会实践课程的意义、目标和要求，二是活动中组织实施，在保证安全的情况下，确保实践的质量；三是活动后检查与评价，学校组织专门的评委进行实践活动检查评价，按照完成情况给予学生学分。

以专题小组为单位落实的，实施过程主要有四项：一是培训与报名。学校在活动前安排安全、法制、礼仪教育，让学生充分理解该项社会实践课程的意义、目标和要求，学生选择参加的，须组织学生报名，学生须提前准备社会实践相应的材料物品，并组成小组。二是组织与落实。结合学生实际认知水平，提供实践活动小课题，供学生自由选择。学生也可根据自己的兴趣和已有的知识水平，自由选取活动主题和内容，形成社会实践小组，在老师的指导下开展相应的实践活动。三是展示与总结。社会实践活动结束后，可以用主题班会、全校报告会等形式进行活动总结和交流，以小组或班级为单位参加社会实践活动成果汇报。带队老师做全队总结，向全校师生报告。还可以通过撰写小课题研究报告并发表等形式，展示实践成果。四是评价与考核。小组内同学进行自评和互评，小组或班级提供相应的社会实践文字或实物材料、成果等，作为该课程的评价依据，由教师、学生按比例进行综合评价。并记入学生综合素质评价系统，按照完成情况给予相应学分。

三、明德综合实践课程的效果和意义

（一）夯实了学生的文化基础。

文化是人类在生存和发展中的精神积累，是人存在的根和魂。深圳明德实验学校的社会实践课程，擦亮了学生的中国文化底色，培养了学生的科学求实精神。比如学校组织的走进中国之陕西社会实践课程，让同学们参观西安历史博物馆感受中国古代文化繁华与昌盛，让同学们学习陕北非物质文化遗产——剪纸，学习陕北民歌。更让学生走进延安革命圣地，理解革命前辈的革命历史和革命精神；在黄河边唱起《保卫黄河》，展现出明德正心、自由人格的风范。再比如组织学生走进北京师范大学、北京航空航天大学等全国知名高校，让大学教授给同学们上课，让学生了解学科的前沿知识，了解学者和科学家们孜孜求真的科学精神、这些实践课程，不仅让学生习得人文、科学等各领域的知识和技能，更重要的是涵养了学生的内在精神，为学生发展成为有宽厚文化基础、有更高精神追求的人夯实了文化基础。

(二) 促进了学生的自主发展。

自主性是人作为主体的根本属性。教育的终极目的就是促进学生的自主发展，产生高分低能和做题机器的重要原因是教师不给学生独立自主的机会，而明德综合实践课程的实施，极大地促进了学生的自主发展，首先，综合实践课程转变了学生的学习方式，比如明德高中部组织的学生社会科学类课程"深圳改革开放四十年发展变化"研究[6]，让学生进入真实的社会情境之中，开展基于问题和基于项目的跨学科、研究性学习，有的小组通过调查问卷和采访，真切了解了深圳改革开放发展的历史脉络；有的小组通过对地铁线路和人流量的观测，科学地呈现了深圳的城市发展速度；还有的小组通过研究深圳湿地面积的变化，呼吁社会在重视经济发展的同时要注重环境保护。不仅如此，社会实践课程的开展还增强了学生的合作交往能力，明德实验学校高中部的社会实践活动主要以小组为活动主体单位，通过亲密的同伴互助和深入的合作交往，帮助他们学会理解他人，帮助他们逐步学习、掌握社会道德规范和人际交往规范，最终发展成为有明确人生方向、有生活品质的人。

(三) 增强了学生的社会参与。

立德树人，培养德智体美劳全面发展的社会主义建设者和接班人是基础教育的根本任务。在高中阶段，深入开展综合实践活动，极大地增强了学生的社会参与意识和能力。利用假期，明德实验学校组织学生深入贵州、海南等偏远贫困地区，体验与深圳完全不同的生活。这些体验为孩子们全面客观了解中国提供了机会，从而为学生形成正确的国家认识提供了观察和思考的样本。当面对同龄的孩子贫困的生活环境时，不少同学心中燃起了为国家民族而奋斗的理想信念之火。另一方面，社会现实生活中的问题，有促进学生进行更深层次的思考，促使学生利用创新思维解决问题。面对贵州山区的贫穷，明德的学子集智聚力，共同为"脱贫致富"出谋划策，有的同学提出了大力发展工业的想法，也有的同学建议以旅游和生态农业作为发展的核心，这样既可以保护生态环境，又能带动经济的发展。学生的社会责任担当和创新精神在综合实践课程中得到了很好的提升，这些品质为学生发展成为有理想信念、敢于担当的人奠定了坚实的基础。

（本文发表于《中小学教材教学》杂志2020年第1期，原题为《落实立德树人根本任务，推进综合实践课程化实施》，出版时有修改）

参考文献：

[1] 教育部普通高中课程方案（2017年版）[M]．北京：人民教育出版社，2017．

[2] 国务院办公厅关于新时代推进普通高中育人方式改革的指导意见[Z]．2019-06-12．

[3] 程红兵．为一所理想学校而来[M]．上海：华东师范大学出版社，2015：32-34．

[4] 教育部普通高中课程方案（2017年版）[M]．北京：人民教育出版社，2017．

[5] 程红兵．你不必迎合未来 你可以选择未来[N]．晶报，2018-04-26(B09)．

[6] 福田学子眼中的改革开放！他们带你一同领略深圳的巨变[EB/OL]．搜狐网，2019-03-13．

信息化进校园，学校当何为？

第三次科技革命以来，信息技术正推动人类社会经历一场翻天覆地的重大变革。教育要面向未来，培养学生终身发展和社会发展需要的关键能力的必备品格，就必须让教育融入互联网。正因如此，2019年政府工作报告中明确提出了"发展'互联网+教育'，促进优质资源共享"的理念。[1]

在"互联网+教育"的劲风吹拂下，各地区和学校都在探索教育信息化的具体落地形态。一时间，"没有围墙的学校，虚拟学习的平台"等概念此起彼伏，指纹认证、人脸识别、表情分析等手段层出不穷，微课、慕课、翻转课堂等形式乱花迷眼。在"互联网+教育"如火如荼地推进的同时，有一些专家、学生和家长却发出了质疑的声音，比如21世纪教育研究院副院长熊丙奇就指出："教育的根本，是培养有健全人格的学生，任何对人格培养可能产生负面作用的教学措施，都应该慎之又慎。"[2]

一、信息化进校园，学校要警惕沦为"技术控"

信息化是教育现代化的重要组成部分，也是教育现代化的重要特征。通过技术赋能教育，可以实现学习环境的重构、教学流程的再造，可以推动教育的供给、评价方式和治理方式等方面的变革。但是与此同时，作为教育者，必须正确和理性地认识信息化对人类社会带来的负面影响，才能避免学校教育沦为信息化的附庸，减少信息化时代导致教育的异化，进而更好地推动教育的信息化。

在推进"互联网+教育"的过程中，必须警惕以下四个方面的问题：

1.师生隐私权保护与人格尊重

当下，越来越多的学校正在加速创建"智慧校园"，有一些校园正在悄然发生变化：摄像头安装进教室，人工智能系统能自动识别学生的个人信息，同时会实时分析学生是否认真听讲，抬头低头了多长时间，低头是否在玩手机，是否闭眼打瞌睡……消息一出，立刻掀起轩然大波。[3] 表面上，AI智能技术在积极助力校园安全和课堂行为分析，但是这一切却是以侵犯师生的隐私权和人格为前提的。尊重是教育大厦的坚强基石，陶行知先生说："教育是心心相印的活动，唯独从心里发出来的，才能打到心的深处。"苏霍姆林斯基说："自尊心是人性的顶峰，激发学生的自尊心是教育工作的头一条金科玉律。"任何一种行为，如果不是以尊重为出发点和立足点，那一定是违背教育根本的。但是目前如此形式的"摄像头进校园"不仅会导致学校师生的个人信息和隐私面临被泄露的危险，更为重要的是，这些数据全都来自未成年学生，一旦学生的课堂行为分析数据遭到泄露，或者这些数据使用不当，将对学生的心理健康和人格尊严带来巨大的伤害。而在监控体系下，教师也是被管理对象，长期使用监控系统，也会对教师的人格尊严带来伤害。

2019年9月5日，教育部科技司司长雷朝滋指出："AI进校园要慎重，将对带有人脸识别、肢体分析等的教育应用加以规范和限制。"[4] 教育部等八部门也联合印发了《关于引导规范教育移动互联网应用有序健康发展的意见》，其中明确提出"教育移动应用应当建立数据保障机制"。但是如何在保护学生隐私权和人格尊重的前提下推进校园的信息化，仍然需要研究切实有效的操作方式。

2.学校教学的虚拟化

近年来，随着人工智能和AI（VR）等技术的成熟，有很多学校、机构开始积极尝试在课堂教学中引入信息化手段，比如在物理课堂通过虚拟技术实现工作原理的演示；在生物课堂，通过VR技术来还原生物场景等，这些都是信息技术赋能教育的很好的尝试。但是有一些学校则为了政绩工程、形象工程，为了"信息化"而信息化，要求所有的课堂都使用信息化手段，要求所有的老师都录制微课，甚至建立"网上学校""在线学堂"等，要求所有的学生都用学习微课替代正常的课堂学习。这种操作方式就明显夸大了信息化在教育中的实际功能，也违背了教育的本质。众所周知，信息技术是无法全面替代教育活动的，信息技术的核心是科学算法，即将所有的存在转化为标准的数据来进行运算。但是，教育的核心却是具体而鲜活的生命个体，因此学校恰恰不是一个可以完全用数字等标准化数据格式化衡量的环境，而是一个个体成长的生命场，是师生情感的情谊场，更是生命和思想的生长场。真正的学习行为必须伴随着师生的行为参与、思维参与和情绪参与共同发生。所以，信息技术运用于课堂教学，其面临的巨大问题，就是将学生所有的感官拘束在视听的有限、枯燥和低幼的体验中，而与自然的真实世界脱节。且不说网络课堂无法培养学生的情谊、促进学生的健康成长，即使让学生在虚拟的教学环境中长大，他们也是对真实世界没有体验认知的"空壳"，成为异化的人。纸上得来终觉浅，绝知此事要躬行，只有让学生真实而深切地置身于世界之中，只有让学生深处国家和时代发展的潮流之中，我们才能培养出真正能承担得起国家和民族伟大使命的社会主义建设者和接班人。

3.学生评价的标签化

信息技术进校园，其最为核心的聚焦点是在课堂教学，近年来，信息技术推动课堂革命已日渐成为各界共识，程红兵校长提出，"利用互联网技术改革课堂的关键在于提升课堂教学效率"以及"由群体化教学走向个别化"[5]教学，事实上，在教学方面，人工智能的确能极大地推动教学评价变革。利用AI技术，学校和老师可以把过去的"结果评价"变成"过程评价"，提高评价的及时性，可以把考核从考试这一把尺子，变成学生学习行为的持续分析，因此，使得教师对学生个体的学情了解更加及时深入，使得学生的学习更加具有针对性和个性化，从而实现个性化的"教"和"学"。但是，需要强调的是，做到这一切的前提是认识到"互联网技术进校园的基本思想：人文性和科学性"。在这里需要更加强调人文性，也就是一定要明确技术是为人的，是为学生的发展服务的。如果忽略了这一原则，而片面强调信息技术在评价中的"科学性"，那就同样有可能导致教育的"异化"。正如前文所述，AI技术的核心是标准的科学算法，即按照同一个标准来评价所有学生的行为，而忽略学生的差异性，比如，AI技术能够实时反馈学生是否认真听讲，课堂上是否抬头低头，抬头低头了几次，抬头低头了多长时间，但是学生抬头的行为，是不是就一定意味着他/她在认真学习？"举一反三"是中国古代的经典教育思想，但是如果一个学生在课堂上基于教师提出的问题低头沉思，并联想到了相关的问题，我们能说他/她在课堂没有认真学习吗？同时，仅仅依赖人工智能而开展的切片式的学生学习行为研究，是对学生某一时刻行为的评价，如果全部以此作为学生评价的唯一标准，就无法从生命成长的长度来看待学生的发展。某一个学生在今天的课堂上注意力只集中了10分钟，但是如果他在昨天的课堂上只集中了5分钟，我们能判断他没有进步吗？教育是面向生命个体的事业，有时候需要静待花开的耐心。

4.信息资源的监管与审核

随着"互联网+"教育快速发展和教育学方式的转变，社会上出现了一大批面向学校的数字化教育资源和平台，各种教育App层出不穷，其中有不少优质的教育资源和平台为推进学校的教育教学工作发挥了积极的作用。但是，由于监管的缺失以及利益的驱动，一些不良的App（包括色情的、暴力的、商业活动的App）也浑水摸鱼地进入了校园，扰乱了原本安静的校园教育环境。

令人高兴的是，2018年12月28日教育部办公厅专门印发了《关于严禁有害App进入中小学校园的通知》，建立了双审查制度，谁使用谁审查、谁主管谁负责，首先学校把好关进行审查，然后县级教育主管部门备案审查，审查通过后才能进入校园使用。对于收费等方面的管理也提出了具体要求和规定。各地方教育主管部门也积极开展相关调查，清除了一批不适合校园运用的App，校园互联网学习风气为之一振。2019年，为引导规范教育移动互联网应用（简称教育App）有序健康发展，教育部、中央网信办、工业和信息化部、公安部、民政部、市场监管总局、国家新闻出版署、全国"扫黄打非"工作小组办公室等八部门联合印发了《关于引导规范教育移动互联网应用有序健康发展的意见》，这是国家层面发布的首个全面规范教育移动互联网应用的政策文件，对促进"互联网+教育"发展具有重要意义。

国家通过文件规范学校互联网应用，这是振奋人心之举，但是，同时也应该认识到，互联网资源是一个高度发展的资源系统，其边界远远超越了校园围墙的范围，而且学生所接触信息的手段，也不仅仅是App这一种形式，所以仅仅治理App平台、仅仅依靠学校等教育部门采取相关措施是远远不够的。如何整合和各部门力量，建立全面而规范的、涵盖整个学校互联网教育的资源监管和审核平台，是推进"互联网+教育"的重中之重。只有为同学们守护好一片安全、洁净、绿色的网络环境，才能真正守护好教育信息化，才能真正实现教育现代化。

二、 信息化进校园，学校当何为？

人工智能能否取代人类劳动？从人工智能这一概念产生之日起，这一话题就始终让人们争论不已。在第二届世界智能大会上，马云坚定地认为人工智能不会取代人类："人有智慧，动物有本能，而机器有智能。机器不可能取代人类，机器只有chip（芯），而人有heart（心）。"[6]无独有偶，创新工场董事长李开复也认为："有两个工作是人工智能无法取代的，一个是创造力，一个是同情心，因此，机器人无法成为我们的老师、医生或护士。"[7]

在庆幸教师依然是无法替代的职业的同时，我们似乎应该追问一句：为什么是教师？

真正的原因在于教师这一职业所从事的工作是需要创造力、同情心的，是需要用"心（heart）"的，因为教育工作是面向每一个鲜活而不同的生命个体的。

那么，在信息化日趋发达的今天，学校究竟应该如何操作，才能让技术更好地赋能教育，而不至于被技术控制呢？

1.在未来教育中，信息技术要做好"服务管家"

教育事业是服务学生成长的事业，对于学校而言，互联网等信息技术进入校园，一定是也必须是为了服务于学生成长的。既然是"服务"而不是控制，那就一定要建立在尊重"客户"的前提基础之上，否则，没有征得客户同意的服务，就只会变成"霸王条款""强制消费"。同样，信息化服务校园，首先要建立在尊重学生成长规律、尊重师生隐私的基础之上，让现代信息手段在学校教育的真实场景中常态化地使用，同时不让师生感受到干扰和不适。以此为前提，信息技术进校园，可以从以下几个方面为学校提供智慧服务：一是打造方便快捷的物流系统，如被称为全国首家"5G学校"的南山实验教育集团前海港湾学校，采用5G手段打造学校物联系统，教室里的物联网设备可以捕捉到教室内的甲醛、PM2.5、温湿度、二氧化碳浓度等空气数值，并结合学生学习的需求进行及时优化调整，实现一键式管理。通过优质的服务，来解放人力。二是打造现代化的师生服务系统，依托现代化的互联网平台，现代学校可以在组织管理、通知、报修等校园管理中极大地缩简流程，提升管理效率，解放教师。在学校教学方面，一些学校的电子班牌、互联网管理系统，不仅及时地反馈班级的授课信息，还可以对教师的教和学生的学进行及时管理和反馈。三是打造能够实现私人定制、满足个性的课程服务系统。面向未来的教育，一定是满足个体差异的教育，而利用现代信息技术的算法优势，则能很好地处理学生课程选择、学校课程排布等难题，满足学生的个性化需求，使得学校的课程能够实现私人定制，精细化管理。

2.在未来教育中，信息技术要做好"学习伴侣"

如今，人工智能等互联网技术已深入教育的方方面面，但是，正如斯坦福大学教育学院院长丹尼尔·施瓦茨（Daniel Schwartz）所言："目前人

杏坛芳菲沁园春

工智能在教育上的应用，还没有实现教学方法上的创新"[9]。因为不论学校使用怎样的人工智能手段对学生进行分析，如果这种分析是建立在以诸如"学生听课的专注度如何，学生服从教师指令的程度如何"的传统教学模式基础上的话，那么，人工智能等信息化的运用不仅不会改变"填鸭式"的教学，还会将"填鸭式"教学做到极致，进而"让学生沦为机器的奴隶"（丹尼尔·施瓦茨语）。所以在未来教育中，人工智能等信息技术进入校园，一定要"帮助人成为独立的学习者"。而要做到这一点，学校就必须运用现代信息技术做好"学习伴侣"的角色。一是学校要运用现代信息技术转变学习内容。如今，进入校园，学生利用互联网就可以轻松获取丰富知识，教育的核心内容已不再是传统的知识，而转变为学生适应未来发展的关键能力和必备品格，具体针对我国中小学生而言，就是21世纪核心素养的5C模型：文化理解与传承(Culture Competency)、审辩思维(Critical Thinking)、创新(Creativity)、沟通(Communication)、合作(Collaboration)。学校可以运用现代信息技术赋能教育，将被动学习转变为主动学习，将知识传授的学习转变为提升思维品质的学习，将锻炼解题能力的学习转变为以探究与解决问题的学习。二是学校要运用现代信息技术实现学习空间的变革。现代信息技术打破了传统的校园围墙，为学校师生提供了丰富的课程资源，通过引入校外的优质资源，学校可以建立丰富的课程资源库，让学生实现打开网络就打开了世界的大门，随时随地开展学习，方便学生实现自学和终身学习，培养学生的未来适应性。

3. 在未来教育中，信息技术要做好"教学助理"

教学行为是学校活动的核心行为，互联网技术进校园，必须在课堂变革上起作用。从形式上讲，课堂是师生之间的即时性的对话，往深层次说，课堂是"师生之间的思维交流"。但是，"当下课堂教学基本属于经验性教学，老师凭经验判断学生课堂学习情况，这与学生的实际学习情况是有偏差的"。而依托现代互联网技术，学校教学可以逐步实现"由实证性教学走向科学性教学""由群体化教学走向个别化学习"。[10]比如，依托AI等互联网技术，教师可以对学生的学习实现更进一步的细化分析，不仅如此，现代信息技术能够很方便地对学生的学习进行过程性记录，这样能极大地帮助教师了解和评价学生的学习状态，对教师的课堂教学是非常有帮助的。基于每个学生的课堂学习、作业情况、考试情况等，教师可以更加方便地进一步研究学生，寻找到每个学生青睐的学习方式，从而调整教学方式，实现差异化、个别化的指导；再比如，家庭作业是目前家庭矛盾的焦点，其中很重要的原因是学校教学在时空维度无法延伸到家庭，而利用现代互联网技术，则能很好地解决这一难题。利用互联网的大数据技术，基于学生课堂学习情况，学校可以实现对学生课后作业的"私人定制"，同时，利用互联网技术，可以"在线展示学生的作业过程和结果，为学生搭建创造、分享、交流、展示的新舞台。把学生之间、老师和学生、家长和学生、社会和学生链接起来，形成一个高纬度、社会化、网络化的智慧育人空间"。[11]互联网信息技术的运用，不仅减轻了家长辅导作业的负担，而且使得学校教育延伸到课后作业的辅导，更关键的是，依托现代信息技术，可以实现"因材施教""自主学习"。

参考文献：

[1] 李克强. 政府工作报告——2019年3月5日在第十三届全国人民代表大会第二次会议上[M]. 北京：人民出版社，2019.

[2] 熊丙奇. 课堂上用人脸识别"记录分析"学生表情？我反对！[N]. 新京报快评，2018-05-17.

[3] 逃课或成历史？南京高校"试水"教室人脸识别引争议[N]. 瞭望东方周刊，2019-09-03.

[4] 教育部科技司：校园推广人脸识别技术应谨慎，将限制和管理[EB/OL]. 澎湃新闻，2019-09-05.

[5] 程红兵. 学校教育与互联网联姻的基本策略[J]. 未来教育家，2019(2).

[6] 马云：中国没有人工智能人才，所有的专家都是昨天的专家[EB/OL]. 澎湃新闻，2018-05-16.

[7] 创新工场董事长李开复：有两类工作人工智能无法取代人类[EB/OL]. 澎湃新闻，2019-04-25.

[8] 全球真正的5G校园来了！南山实验教育集团前海港湾学校开学典礼暨揭牌仪式全球直播[EB/OL]. 深圳新闻网，2019-09-02.

[9] 专访｜斯坦福大学教育学院院长丹尼尔·施瓦茨：当AI把教育变得越来越精细，是促进，还是倒退？[EB/OL]. 腾讯网第一教育，2019-09-13.

[10] 程红兵. 学校教育与互联网联姻的基本策略[J]. 未来教育家，2019(2).

[11] 潘永俊. "互联网+作业"走向情境化个性化[N]. 中国教育报，2018-11-10(03).

高山景行鸿儒风

　　落其实者思其树，饮其流者怀其源。在我的生命中，有这样一群人值得永远铭记：他们是教育界的一代大儒，更是我亦师亦友的师长；他们是教育版图上的名山大川，更是我生命中的一泓清泉；他们用伟岸的身姿告诉我什么是理想的教师，更用真切的话语鼓励着我成长。高山仰止，景行行止。师恩难忘，永记于心。

语文教师的境界

2017年12月1日，中国语文报刊协会课堂教学分会第42届年会在深圳明德实验学校顺利召开，已近米寿之年的钱梦龙老师为与会老师们做了题为"语文教学无非如此"的讲座。钱老用40分钟的时间讲述了他近90年的成长故事，这是一个关于语文大师的故事，更是一个愚公移山的故事，这个故事属于个人，也属于全体语文人。因为钱老师用一生的奋斗，阐述了一名语文教师的至高境界。

唐代禅宗大师青原行思曾经说："参禅之初，看山是山，看水是水；禅有悟时，看山不是山，看水不是水；禅中彻悟，看山还是山，看水还是水。"我想，对于一名语文教师而言，理解语文教学真谛的过程，便类似于一种参悟的过程，而语文教师的成长大致也有三种境界：看语文是语文，看语文不是语文，看语文还是语文。

看语文是语文。在这一境界，教师需要老老实实地研究文本，研究课标，研究学生，在课堂上通过扎扎实实听、说、读、写的训练，来培养学生理解和运用语言文字的能力。这应该是初教语文者的状态，却并不是所有初教语文者都能拥有的状态，正如并不是所有的人都能懂得参禅一样。钱梦龙老师说：各种舶来的所谓高深理论和看上去很炫酷的教学技法充斥着青年教师的头脑，使得语文成为一门被严重地"过度开发"的学科。眼前云雾缭绕，却独不见语文这座"山"。乱花渐欲迷人眼，却独不见语文这尊"佛"。语文教师必须抛开一切"杂念"，把自己的心门打开，像学生一样静静地走进这一片文学天地，寻找作者的思想足迹，素履以往，平等对话。钱梦龙老师是这样说的，更是这样做的，他从个人的自学经验中寻找到语文教学的幽径，创立语文导读法，就是最好的印证。

看语文不是语文。语文学习的过程，其实是读者与作者进行对话的过程，当读者身处作者用文字建构的文本时，就好比进入了一个交叉小径的花园，有时必须借助"向导"的指引，才能抵达柳暗花明的那一村。而在课堂上，语文教师就是这个"向导"。一个优秀的向导不仅要熟知地形，引领学生逐渐向接近文本内涵的深处漫溯，还要在学生觉得"山重水复疑无路"的时候，为学生的思维寻找一个小口，透进一缕阳光，于无向处指向，于无力处给力。只有这样，才能达到"让学生在主动积极的思维和情感中，受到情感熏陶，获得思想启迪，享受审美乐趣"的目标，才能让学生达到语文学习的"高峰体验"。这就要求语文教师必须在文中走数个来回，清楚文本的每一处美景；必须披荆斩棘，找到那条通向作者情感深处的小径；必须通过那条小径向上攀登，自己亲身感受一番文本带来的"高峰体验"。教师在这时候看语文，就是用一种研究的眼光，就不再是语文的原初状态。

看语文还是语文。从表面看，这一境界与第一境界的差异仅仅在一个"还"字，但实际上却是凌云而上之后在最高层的一种视野，是对第二境界"只在此山中"的一种超越。我们之所以惊叹钱梦龙老师在教授《愚公移山》时提出的"小娃娃跟着去移山他爸爸同不同意"的妙问，我们之所以羡慕钱老在教授《死海不死》时提出的"死海会死吗"的极限问题，就是因为这些问题似乎是钱老在课堂上顺理成章地"随便"提出的问题，但简单的背后却蕴含着通过曲问让学生的思维实现升华的深刻价值。当学生在浅表层次的阅读中沉迷徘徊时，钱老于无疑处生疑，为学生打开思维的窗户，开窗放入大江来。钱老的一个曲问波澜不惊，却让学生的思维石破天惊。所以，钱梦龙老师说："语文，作为一门具体的课程，它自身的目标是什么？简言之，就是对学生进行本民族语的教育；具体些说，就是通过读、写、听、说的训练，培养学生正确理解和运用祖国语言文字的能力。"我想，这一定是钱老无数次在文本阅读中"愚公移山"之后在最高层看到的河山，是钱老将语文"还给"语文，将课堂还给学生，让学生做学习的主体之后看到的语文，大音希声，大象无形。

斯义弘深，非我境界。

但高山仰止，心向往之。

（本文发表于《中学语文教学参考》上旬刊2018年第9期卷首，出版时有修改）

您照亮了我的一生
——写给我的恩师程红兵先生

德国哲学家康德说："这个世界上唯有两样东西能让我们的心灵感到深深的震撼：一是我们头上灿烂的星空，一是我们内心崇高的道德法则。"在语文教学领域，有多少前辈名师，用自己毕生的精力研究语文教学的规律，用自己毕生的心血探寻语文教学的法则。他们就是我们头顶的灿烂星空，也是我们成长的指路明灯。幸运的是，我的成长之路，得到了众多名师专家的引领和指导，这其中让我终生铭记的，就是恩师程红兵先生。

2014年7月，经由罗灿老师推荐，我荣幸地加入深圳明德实验学校，当程红兵校长微笑着向我伸出温暖的大手，那一刻我竟激动得热泪盈眶：那个平时在铅印的书籍和杂志上才能见到的全国教育名家，此刻正清晰地站在我面前；从那一刻起，程校长不仅成为了引领我走向语文教学殿堂的恩师，更成为了引领我精神成长的恩人。

程校长经常说自己本是一介书生，在程校长身上也确乎拥有一种与众不同的气质，这种气质正是知识分子独有的伟岸精神，是教育者独有的人格魅力。与罗灿老师、杨金锋老师和工作室成员共同追随程校长的岁月，是在程校长的爱护和指导下幸福成长的岁月，更是在程校长伟岸的人格濡染下正道直行的岁月。

程校长与我而言，是人格伟岸的大先生。人民教育家于漪先生说："教师的生命融入事业之中，生命和使命同行，人格就能闪发出耀眼的光辉。"程校长用自己的言行举止，践行着于漪先生的教导，彰显着伟岸的人格魅力。程校长经常教导我们："为文以真，待人以诚"，他是这样说的，更是这样做的。程校长对待周围的每一个人都是真诚的。对孩子，他总是在眼里满溢着关爱，只要不出差，他一定会站在门口迎接孩子，与他（她）们击掌，不论刮风下雨。他用平等的眼光看待每一个孩子，甚至每学期都会召开学生座谈会，亲自与同学们座谈，请他们谈一谈对学校各项工作的意见和建议。对教师，他总是呵护青年教师的成长，他可以一天听七节老师的课，与老师们真诚交流，指出教学中存在的问题，帮助老师们改进。他更充分给予老师们成长的自由空间，让老师们在游泳当中学会游泳、在教学当中学会教学、在课改当中学会课改、在创造当中学会创造。当教学成绩不理想时，当教师在班级管理中遇到挫折时，程校长总是说："我负责担责，你负责继续努力，我们一起找原因"。这样一份充分的尊重和信任，这样一种关爱和呵护，温暖着明德的每一位老师。记得很多次，程校长都单独找我谈话，深情地回忆他自己当年在于漪老师、冯恩洪校长的鼓励下成长的经历，并且送给我一支刻有"全国名师工作会议"字样的钢笔，勉励我奋发向上。不仅我自己，罗校长等明德的很多老师也得到过程校长同样的关爱和温暖。程校长将老一辈教育家提携后辈鼓励上进的舐犊深情，无私地传递给我们，呵护和帮助着我们成长。谁言寸草心，报得三春晖。

程校长与我而言，是赤子情怀的教育家。有人说，程校长是一针见血的批评家，勇于对教育界的假丑恶进行毫不留情的批判；也有人说，程红兵校长是预言家，经常对教育的本质规律和未来发展趋势做出精准的判断。认真学习程校长其人其文，才会发现，这一切都来源于他对教育的一片赤诚之心。因为赤诚，所以批判。程校长批判教育界的伪创新、虚概念，是因为他不忍看到我们的教育演变为"骗人骗己骗下一代"的皇帝的新装。程校长批判学校治理中的形式主义、功利主义，是因为他希望我们的学校能够真正培养具有中国情怀国际视野的优秀人才，而不是沦为做题的机器。程校长批判学校课程和课堂教学的封闭、僵化，是因为他希望我们的课堂能够点燃学生思维的火花，能够真正教给学生智慧。所以，程校长的批判中总是那样饱含深情，总是那样怒其不争。但是，对于程校长而言，批判仅仅是他思考研究的第一步，在批判之后，他又带着那份赤诚之心，开始了重建和创造。因为赤诚，所以他相信"每一个教师所站立的地方，就是中国教育之所在；每一个教师如何，中国的教育便如何；每一个教师是什么素质，中国的教育便是什么质量；每一个教师心向光明，中国的教育便不会黑暗。"因为赤诚，所以程校长勇于面对人不肯识之之问题，构建人不敢为之之理想，开启人不能为之之改革。因为赤诚，所以程校长选择在自己30年教育生涯的辉煌时刻只身来到深圳，创办一所"脱离低级趣味"、"全面改革"的学校。罗灿老师和我，以及学校的同事们能够加入程校长一手创办的这所理想学校，在程校长的亲自带领下一起建设共同创造心中的教育理想，何其幸哉！

程校长与我而言，是高瞻远瞩的思想者。他经常引用杜威的名言，大声疾呼：如果我们用昨天的方式教授今天的孩子，我们将掠夺他们的明天。他经常引用哥顿·布朗的话语，热情呼吁：教师要成为预言家。程校长放眼未来，研究世界对教育的需求，国家发展对人才的需要，同时回归教育原点，研究生命成长的基本规律，以及学生发展对教育的诉求，将东西方教育精华高度融合为明德的校训："明德正心，自由人格"，将学校的办学思路概括为："把教育打开"。程红兵校长说：把学校打开，就是把各种有利于学生成长的元素引进校园，成为学生成长的精神养料；就是让学生走出学校，走进真实的社会生态、人生情境，在实践中理解中国，理解世界。

在程校长的带领下我们跃马扬鞭，开展了一系列明德改革的研究和探索。在社会化德育方面，小初部由杨金锋老师、龚令仪老师牵头开启了社会化德育的改革实践，开发德育"海豚护照"、"海豚币"，开展丰富多彩的德育活动，研究成果在《德育报》发表，在高中部，我们围绕落实立德树人根本任务，编制了高中学生综合实践课程谱系，开启了"一生三导师"的创新人才培养探索，我将研究成果写成论文，发表在《中小学教材教学》。在课程谱系方面，罗灿校长亲自带领明德教师和工作室成员积极开发包含德育、体育、艺术、科技以及国际理解与交流的K12课程体系，涵盖小学一年级至十二年级一以贯之的课程系列。罗灿老师带领工作室成员申报了《中学语文阅读素养提升研究》、《问题探究式学习在初中语文阅读教学中的应用研究》、《HSA 课程模型建构研究》并顺利结题，我有幸忝列其中；我本人关于明德高中拓展课程的研究论文《基于核心素养的明德拓展课程系统化改革策略》也发表于《新课程评论》。在学校治理方面，程校长亲自带领罗灿校长和我参与国家十三五重点课题、教育部重点课题《教育治理现代化进程中学校治理体系变革研究》并于2019年顺利结题，专著由福建教育出版社正式出版。

程校长亦是脚踏实地的改革者。当今的时代，信息飞速发展，各种技术日新月异，随之而来的各种教育口号和概念层出不穷，看乱花渐欲迷人眼。其中不乏有的人、有的学校打着改革的旗帜空喊口号，挂羊头卖狗肉，继续走着应试教育的老路，甚至带领全校师生干着弄虚作假的勾当。但是，程校长说：明德的改革不是冠冕堂皇的口号，而是踏踏实实的研究，明德的研究不是凌空虚蹈的装饰，而是真刀真枪的实践。在明德，每周五下午都会召开全校的教研会议，程校长都要亲自出席，全程参与，认真观摩教师代表的公开课，认真聆听教师代表的分享，大家一起研究课堂，研究教育，多少次，程校长被老师们的讲述感动得热泪盈眶；罗灿校长把老师们的教育叙事汇集成《繁星絮语》并出版。在明德，程校长基于问题导向和目标导向，要求每一位老师开展课题研究，程校长和罗灿校长躬亲示范，率先组成课题研究组，所有的成员每月都要提交研究作业，课题组主持人要逐个批阅并提出改进意见；罗灿校长将研究成果汇集成《HSA 课程模型建构研究》，由东北师范大学出版社出版。在明德，我们成立了《明德学报》编辑部，由程校长担任主编，罗灿校长担任副主编，我担任编辑部主任，每学期都讲老师们的优秀教研成果在《学报》上发表，印发给全校老师传阅，每一年我们都用年鉴的方式整理记录下学校的办学经验，老师的研究心得和获奖成绩。程校长说："这些都是学校发展过程的第一手历史资料，客观真实，完完整整，我们都以年鉴的形式留存下来，这是对学校负责，这是对学生负责，这是对老师负责，这也是对历史负责！"当很多年以后，中国教育改革的征程上是否还拥有明德的一席之地，我们并不知道答案，但是，我们可以清楚地知道：明德的改革由程校长带领我们共同书写，面对历史，我们问心无愧，因为我们敢于对历史负责。

如今，程校长依然在为国家的基础教育奔走呐喊，而我也在另一条战线上继续为深圳教育贡献智慧。山高水远，隔不断对恩师的感恩和思念，程校长耳提面命的画面依然经常浮现在眼前，程校长的谆谆教导也时常回响在耳畔。程校长是人格伟岸的高山，是胸怀宽广的江河。是滋养我生命之树的广袤大地，是指引我前进之路的星辰大海。

好课是什么样的

2014年9月2日，我会永远记得我上过的这节语文课。

这是我在深圳明德实验学校上的第一节语文课。因为前一天是开学典礼，我刚刚进入明德，刚刚接手新班级，所以当天的语文课主要用来介绍自己和语文学习要求，而纯粹的语文课，要从第二天算起。

这也是我第一次被全国知名的语文专家、深圳明德实验学校校长程红兵听课，在此之前我还沉浸在刚刚加入明德的喜悦之中。

进入教室的时候，看见坐在最后一排的老者，我的心中不由地一震。虽然在正式开学之前，就听同事们说过，程校长开学的时候会听每一位老师的课，没想到，第一个就轮到了我，惊喜来得太突然，让我有点猝不及防。

当然，我也算一名见过场面的"老教师"了，所以我"镇定"地把书放在讲桌上，平静而洪亮地说——上课！

按照人教版教材的顺序，第一篇课文是《新闻两则》，选用的是解放战争时期非常具有代表性的两则新闻《人民解放军百万大军横渡长江》和《中原我军解放南阳》。在备课中，我将教学的重点放在了新闻的文体知识、文章背景和结构分析上。之前的备课可以说是比较充分的，而且有校长来听课，同学们也坐得分外端正。于是，我胸有成竹地开始了授课。

按照我的计划，我从新闻的概念讲起，讲要素、讲结构、讲特点，我讲得斩钉截铁，而且让学生记得仔仔细细。讲完文体知识，我马上让学生进入文本，学以致用，在文中寻找哪些是标题、哪些是导语、哪些是主体、哪些是背景、哪些是结语。学生在划分结构时有点为难，尤其是从一整篇文章中寻找"主体""背景"和"结语"。不过没有关系，我都已经准备好了标准答案，按照老师安排的来，问题就迎刃而解了。讲完结构，我适时地投影出人民解放军渡江战役的地图，让学生分别对照文章，找到关于东路军、中路军、西路军的路线……一切都在按照计划顺利地进行，当下课铃声响起的时候，我长舒了一口气——任务完成了。

收拾完课本，程校长已经在教室门口等我，一起来到办公室坐下，我"先声夺人"，主动向程校长汇报了自己的备课思路，并适当地突出了自己课堂的得意之处，解释了讲课的缺憾之处。程校长静静地听完，然后开始了点评："同一篇文章，我们可以从很多方面教学生，这节课是新闻学习，所以教学生文体知识也是没有问题的。"这最后一句话，让我心中放松了许多。

"但是，"程校长紧接着说："假如你是学生，你会怎么读新闻？"

我有点惊愕，程校长解释道："教文体知识，我们教给学生的新闻的定义是指报纸、电台、电视台等媒体经常使用的记录与传播信息的一种文体。那么，我们看报纸的时候，上面的广告算不算新闻？现在我们几乎不看报纸了，微信传播的算不算新闻？我们教学生新闻有六要素，但是我们在读新闻的时候会这样读吗？现在的新闻没有主体、背景、结语，甚至只有一个标题，然后就是图片，这样的是不是新闻？"

程校长接着说："在中国人民解放军渡江战役打响之后，我们的毛主席亲自草拟这则新闻，他想告诉谁？他想告诉全国人民什么信息？通过这则新闻，他还想不想告诉国民党部队哪些信息呢？在新闻中，毛主席详细地介绍了解放军东路军、中路军、西路军，他想告诉在前线的解放军战士什么信息呢？"

说到这里，我已经羞愧得无地自容，我知道，刚才我还较为得意的那堂课，是多么浅陋，多么机械。

"真正的好课，不是教师教了什么，而是学生学了什么。让我们一起研究，一起加油！"

这就是我在明德上的第一节语文课，这也是我受到的程校长的第一次评课。他像一面光滑的镜子，真诚地照出了我脸上的黑灰；他像一位慈爱的老者，善意地指出了我在语文之路上前进的方向。

这就是我在深圳明德实验学校上过的第一节语文课，我会永远记得这节课。

教研要动真刀枪

　　前几日听一位首席经济学家谈他在美国纽约的见闻：有很多专家和学者在目睹中国近年来在各领域的发展后断言，未来十年中国将迎来"工程师红利"。带着这份信心，他考察了美国纽约的金融行业，他发现，在微信支付等科技手段的运用方面，中国的确已经领先世界，但是美国顶尖的金融学家，却依然十分热衷于金融学的基础研究。这位经济学家发现，不仅金融领域是这样，在科技的其他领域似乎也是如此，所以他说：中国未来十年将迎来工程师红利，但缺少"科学家红利"。

　　"中国的金融人喜欢算小账，看眼前的获得，却不太喜欢算大账，看长远的收益。"

　　"美国的金融人做事，有很多在十年内没有人能看到其前景，但是十年后才发现，他们依然领先。"

　　虽然他说的是金融领域的现象，但这两句话却让做教师的我汗流浃背。

　　我们学校何尝不是如此？

　　如果说金融人是经济界的研究者的话，那么毫无疑问，老师就是教育界的研究者，教师的研究能力是学校发展的基石。虽然每一个学校都设立了教研组，但是正如马骉老师所言：研究的缺乏，指导的缺位，管理的缺失，经验的缺少，让很多教研组成了"常规的学科工作的布置、落实与检查"的机构。虽然每一所学校都尽力采用各种方法提高教师的教研热情和能力，但是在大部分教师心中，教研只是评职称的敲门砖，因此，在平时，管他教研为何物，评职称时，东拼西凑即过关。这种思想已经不是"算小账"的问题，而是做假教研的问题了。当作为研究者的教师以虚假的姿态对待研究，那么教育还有什么真的生命力可言呢？当教师将眼光放在"评职称"的"小

温情的呵护——深圳明德实验学校教学札记

高山景行鸿儒风

账"上，那谁来算民族未来这本"大账"呢？

教研要动真刀枪！

一、课程可以改吗？

"你觉得我们现在的语文课程有什么问题？"

这是程校长在闲谈之时向我提出的问题，时间是2014年8月，那时，我刚刚有幸进入深圳明德实验学校。

说实话，虽然在课堂上教了几个年头的语文，但是作为"执行者"的我，经常的姿态是带领学生走进教材编者们早已确定好的名家名篇，以课文为田，精耕细作，关于语文课程的问题，还真没有思考过。就好像一个埋头劳动的农民，只把精力和眼光放在自家那"一亩三分田"上，至于这广袤的大地以及深邃的苍穹，似乎极少去放眼观望。

当然，在之前的高中教学中，我也时常感觉有一种"不解渴"的遗憾，初中的教材学的东西，似乎到了高中还在学，初中的语文是一篇一篇地教，到了高中还是一篇一篇地教。选文式的教材、片段式的阅读，对于高中学生的能力提升而言，似乎有点力有不逮。当然，或许这种困惑主要是由于我本人对语文的理解不深，或者语文教学的方式不对造成的，但是既然校长询问，我还是将自己的真实感受表达了出来。

听完我的话，程校长并没有做出明确的表态，他说："国家课程的编写自有其理由和规律，当然，你所说的问题也的确存在。这样，这个问题你和语文老师、历史老师们都思考一下，我们下周开一次科组会来讨论吧。"

一周后的教研活动，每一位老师都发表了自己对于本学科教学的看法。听取了大家的发言后，程校长说："在中学的文科教学中，我们发现了一些共性的问题：现行的语文课程多是文选式，属于片段性的教学，缺乏时代轴线，可以说是没有'骨架'；学生对于文学的理解也主要停留于语言性的品味，但由于没有放在历史的场景中，所以对文学的理解不够深入。比如学习《木兰诗》，如果学生不知道府兵制的历史知识，就很难理解花木兰打仗为什么要自己买兵器，对木兰形象和精神的理解也就不够深入。相反，历史教学更多的是中国历史的沿革，学生对于历史的把握，仅仅是时间、地点、人物、事件，说得极端一点是没有'血肉'。历史书上说安史之乱让唐朝由盛转衰，国家遭受重创，但是安史之乱究竟给老百姓带来了什么？如果能够让学生学习《石壕吏》《兵车行》这类文学作品，就会更加直观形象地理解历史。思想品德课程的教学出发点很好，但孤立的思想品德教育容易导致空洞的说理，最终流于形式。"

"所以"，程校长看着大家，目光坚定地说："我们要思考，可不可以在落实国家必修课程的同时，开设一门新的课程，把语文、历史、思想品德等课程整合在一起。选取在中国历史上具有重要影响和重大意义的人物、事件进行学习呢？"

几乎所有的老师都被这一大胆的想法震惊了，对于学科老师而言，对本学科教学进行质疑和反思者少之又少；即使有过质疑和反思，能深刻思考追问其根源者更少；即使思考追问了根源，能有一点改变的尝试者又有几人？不仅尝试点滴的改变，更力图探索通过课程开发的形式，系统地改变课程问题的路径，能为此者，教坛能有几人！当然，震惊的另一层含义，就是作为一线老师的我们，究竟能否担负起开发课程的宏大使命？看着程校长坚定的眼神，听着他鼓励的话语，文科组的老师们鼓起勇气，分工协作，"以史为纲"，从历史分期、朝代、大事记、文化分期、时代精神等六方面全面整理历史史实，从而梳理出一条中国文化的历史线索，然后"以文化人"。以"中国文化史纲要"为线索，遴选不同时代最能代表文化特征和民族精神的经典篇目。落实到具体的课堂上，则采用"文史互补"的方式，历史老师和语文老师合作备课，形成课题初稿，在每周一次的集体备课中，科组讨论该初稿的思路以及文史互证的"切入点"，以达到最后"培养精神"的课程目标。

2014年12月，由我们文科组老师自己开发的校本教材《中国文化原典阅读》终于付梓印刷，腾讯集团主要创始人、明德董事会董事长陈一丹先生为教材题写书名，程校长亲自为教材书写序言，他深情地回忆了我们一起开发教材的始终，热情洋溢地表达了这门课程的美好愿景：

> 中国文化经典源远流长，它不是有限的水池，而是浩瀚的江海。取之有形，化之无形，我们为明德学生编选《中华文化原典阅读》，让有形的篇章将不同的学科课程融会贯通，让不同的学科课程在博达的中华文化原典阅读中濡润交融。我们希望，学生能够从中领悟中华文化的睿智、审美和隽永；我们希望，学生能把情感的根系深埋在厚实的中华文化的泥土里；我们希望，中华文化的自信心和认同感，如同盐糖入水一般，亲切而自然地融入课程，融入学习，成为明德学生观察和理解世界的背景，成为他们生命的基因！

二、课堂可以变吗？

"衡量一节课上得好不好的标准是什么？"

程校长又向我们发问了。相较于最开始的震惊，我们已经渐渐习惯了这种追问，更喜欢上了这种"问题导向"的教学研究的氛围。

有的老师说：好课就是老师讲得好的课！

另一位老师说：好课是学生动起来的课！

第三位老师说：你们都不全对，好课，首先是让学生学到更多知识的课，老师讲得好和学生动起来是其次的事情。

程校长笑着说：我最近也在琢磨这个问题，我觉得，衡量一节好课的标准是课堂上教师与学生之间的思维流量。

"思维流量"？！老师们诧异了，从来没有听过这个词！

程校长说：这是我最近造出来的一个词语，就好像我们的手机，传递信息需要流量，我们的课堂上，师生之间对话的本质，就是师生之间思维的交流，交流得越多、效果越好，就说明思维流量更大！

程校长的"思维流量"的确很直观，也揭示了课堂的本质。

"那么，我们在自己的课堂上，如何提高思维流量呢？我们可不可以在自己的课堂上进行一些有益的尝试？"当大家还没来得及琢磨清楚"思维流量"之时，程校长又用一个大胆的想法，给大家"当头一棒"！

但程校长态度很坚决：阐释"思维流量"的事情交给他，让课堂变得有"思维流量"的事情交给所有的老师。

开学初的教师大会，程校长就讲了两句话：一是祝大家新年快乐，二是什么是思维流量。程校长旁征博引，融合了自己多年来对于课堂观察的思考和研究，并且将教学理论中的变异理论、思维理论中的批判思维、评估理论中的三种国际评估（TIMSS、PIRLS、PISA）作为建构课堂模型的重要理论依据，提出了让课堂产生"思维流量"的七大要素——行为目标、还原背景、还原变异、还原思维、多维反思、矛盾质疑、动态视角，同时指出：这些要素可以按照具体的课堂和知识要求进行自由组合，这样就建构起了明德的课堂模型。中场休息的时候，程校长还询问老师，有哪些地方没有听懂，然后在下半场又着重做了说明。但是，没有阅读专业书籍习惯的老师们（包括我），面对这一串新鲜而陌生的专业名词，仍然是一头雾水。程校长说，没关系，实践出真知，大家先在课堂上尝试尝试！

会后，程校长用关切的目光注视着我，我知道了，建构明德课堂模型，先从语文课开始！

经过对程校长相关文章的学习，我决定"抛砖引玉"。于是，一节面向初中学生的童话课《皇帝的新装》诞生了。

第一次上课，我抛弃了原来的授课模式，"大胆"地放开了思维流量，让学生发表意见、比如，在课堂上，我抛弃了原来的问题：我们一起来欣赏一下这个诚实的孩子，而代之以开放性的问题：你最欣赏童话里哪个人物？结果学生"咄咄逼人"，作为老师的我却"大跌眼镜"。在初中生的眼中，他们最欣赏的并不是那个诚实的孩子，而是两个奸诈的骗子！在他们认为，骗子聪明地骗过了所有愚蠢的人，然后拿着金钱成功逃离……

一节课下来，我沮丧地走向程校长，让我感动的是，程校长鼓励了我"第一个吃螃蟹"的勇气，认为课堂上学生的思维已经被启动了，同时指出了我本节课的问题，就是对于学生突然之间深刻而偏执的思考没有及时深入而及时地剖析，更遑论说服他们以端正学生的人生观和价值观了。其实，学生的偏执，也是一种愚昧的表现，这样下去，他们的三观一定会扭曲。

程校长鼓励我再上一次！于是，经过更深层次的思考，我开始了第二次《皇帝的新装》的授课。

这一次课，我依然让学生自主选择最欣赏的人物。不出所料，学生依然选择了骗子。于是，我追问到：骗子的聪明体现在哪里？学生说：他们成功地骗了整个国家的人，还获得了很多金银财宝！我步步紧逼：通过骗术获得财富，是不是正当的手段？通过不正当的手段获取财富，这能不能成为"成功"的标志？同学们开始默不作声了，他们豁然醒悟：骗子的卑鄙，正在于其"骗"！

紧接着，我抛出了一个又一个的问题：假如皇帝并不是那么喜欢衣服，他会不会上当？假如"骗子"说的是真话，只是大家都认为没看见的东西就不存在，他们会有什么结局……在激烈的讨论中，同学们发现，其实，童话并不是童话，它是成人世界的一面镜子，生活中处处有骗局，我们要有真智慧，才能防止上当受骗。更要注意的是，生活中也有很多我们无法"亲眼见到"的真理，我们不要以传统的思维扼杀真理，尽管它们暂时看起来荒诞不经。

下课后，程校长特意询问了几位同学，问他们喜不喜欢这样的课堂？听到孩子们的肯定，程校长开心地笑了。

我将自己授课的心得和反思整理成文章，程校长将其推荐到了国家级核心期刊《语文学习》，拿到样刊的那一刻，我开心地笑了。

更开心的是，不仅我的课堂，明德的很多课堂，已经悄悄地发生了改变。

三、评课可以批判吗？

2015年年末，上海市语文名师培养基地到深圳明德实验学校开展语文教研活动，研讨的主题是"基于思维发展的中学语文课堂教学"，由上海的两位名师和明德的一位名师执教示范课。下午是评课环节，包括执教教师说课、听课教师自由评课、专家评课。很荣幸，我和学校的很多语文老师一起全程参加了学习。更荣幸的是，下午的自由评课环节，我要代表明德的语文老师进行评课。

实话实说，几位名师的课堂有很多值得我学习的地方，但是或许是由于明德已经开展了一段时间的课堂模型建构的研讨，依据个人浅薄的思考，我认为课堂还是有一些值得商榷的地方的。加之程校长在语文教学研讨中一直以来倡导的"讲真话、说缺点"的教研风气，见到一堂课，我们都会积极地指出缺点，以帮助执教者改进，也起到提醒自己的功效。当然，更重要的，是我年少轻狂、血气方刚，所以，我决定，在评课环节"一鸣惊人"！

登上发言台，看着第一排坐着的大咖们，心中不免有点紧张，他们可是我们在教育专著里仰慕的人物啊！几番斟酌，我觉得还是要从心出发，把我不成熟的浅见说出来，以供专家们批评指正，于是我按照自己的思路开始了评课。

评课结束，我坐回了原位，但是，刚才的发言中尖锐批评的话语依然在脑海中回荡：我是不是过于刻薄了？会不会因此"得罪"一些名师？有没有给学校抹黑？心中顿然忐忑不安。于是，我给坐在第一排准备做评课总结的程校长发了一条信息："对不起，程校长，刚才评课的时候放炮了，给学校抹黑了！"

在我准备接受程校长批评的时候，程校长回复了我的信息："没什么，你评得很好！"

一分钟后，程校长登台，做最后的总结，没想到，他一开口，就把我"出卖"了！

"我们的老师评完课之后，刚刚给我发信息道歉，说刚才放炮了，批评了名师，我觉得这个炮放得好！这就是我们的真教研！"在场的老师们为程校长热烈鼓掌，在掌声中，我热泪盈眶！

"我们的评课研讨，既然是探索，我们的研讨就需要有一种自由言说的氛围，只有自由言说才能充分研讨，思维才能碰撞。评课要基于事实——课堂上实际发生的事实，重在说理——谈出自己的观点，分析要讲逻辑。我们的研讨氛围非常好，大家自由言说，各自发表自己的观点，摆事实，讲道理，不是一味赞美，当然也不是一味打压。我希望我们的老师们要葆有这种求真务实的研究精神，不仅在研讨的时候讲真话，还要相互留下联系方式，在以后的研究活动中讲真话，更希望我们能够成为好朋友，成为相互帮助共同提升的好朋友。为文以真，待人以诚！"

为文以真，这是程校长的研究精神，也是学校教研应该学习的研究精神。

待人以诚，这是程校长的做人品质，也是程校长教给我为人处世的品质。

为文以真，待人以诚。我将永远铭记这两句话！

明德"师友"王老师

送君送到大路旁，
君的恩情永不忘。
农友乡亲心里亮，
隔山隔水永相望。
……

每当耳畔传来这熟悉的歌声，脑海中便又浮现出王建德老师亲切的笑容。

2014年，因为程红兵校长的厚爱，我得以加入深圳明德实验学校。与程校长短短十分钟的交流后，我便跟着他奔赴了学生军训基地，远远望见一个体格粗壮、皮肤黝黑的长者威严地站在军训队伍前，俨然一位总司令。程校长介绍说，这就是我的上级，校长助理王建德老师，于是心中油然而生一种敬畏之情。没想到，如此威严的王老师，却成了我在明德亦师亦友的至交。

一、酒中师友

很多人都知道，王建德老师是国务政府院特殊津贴专家、奥赛金牌教练、中学特级教师、全国先进教师、上海市劳模，但是很少有人知道，王老师是"双料教练"：一次去海边团建，当大家还停留在沙滩上观赏风景或"临渊羡鱼"时，在不远处的海浪里竟发现了王老师矫健的身影。程校长无比自豪地向老师们介绍：别小看我们这些老头子！你们看王老师和我年纪差不多，他还是游泳教练呢，我们这些老头子年轻着呢！

王老师在学校里是和程校长年龄相仿的"老革命"，又是初中部的分管领导，做事又有板有眼，非常认真，所以一开始老师们都有些畏惧他。但慢慢相处下来，大家也发现王老师是一个性情中人，最明显的表现，就是——王老师爱喝酒。因为王老师孤身一人吃住在学校，远离了上海温暖的家庭，所以我们都会隔三岔五地请王老师小酌几杯。王老师并不推辞，但是每次被邀请后，都会回请大家，以表谢意。最开始时在餐馆，到后来，王老师竟自己蹬自行车去买菜，在自己的宿舍亲自下厨，做一桌丰盛的饭菜请大家吃。王老师的酒量很好，所以从没见他喝醉过，但饭桌上的王老师，褪去了平时的严厉，变得和蔼可亲起来。在饭桌上，我们听王老师讲他自己的成长史，讲他在"文革"期间下乡的经历，讲他回城后为了读大学尝尽人间疾苦的经历，讲他在进入信息时代后，奉献了他全部的精力和时间自学计算机，最终成为金牌教练的经历。点点滴滴的故事，在王老师身上实实在在发生过，也在我们这些青年教师的心中产生阵阵回响，激励我们成长。在饭桌上，王老师还倾听年轻老师们的牢骚和困难，在嬉笑怒骂间，同事们工作的压力、生活的困难都似乎消减不少，大家其乐融融、团结融洽。表面上王老师是我们的"酒友"，其实在我心中，王老师更是我生活中的老师。因为正是在饭桌上，王老师教会了我们如何面对自己生活中的困难，更教会了我们如何坦诚待人、团结友爱。

二、歌中师友

2015年春节，程红兵校长的好朋友李镇西老师受邀来明德为全校老师做开学培训，讲座中李镇西老师讲述的他和他的学生的一首班歌唱了30年的故事深深触动了全体教师。点评环节中，程校长动情地说：教育是干什么的？李老师今天跟大家讲了很多的话语当中，有句话不断地出现："教育就是让孩子们留下非常美好的记忆""教育就是唤醒孩子们一幕幕美好的记忆。"我的理解，教育就是给孩子们创造精神家园。正因为这样，李老师和他的学生们才将一首班歌唱了30年，我相信还会唱40年，还会唱50年乃至一百年。

为明德创作一首校歌，成为明德师生共同的信念载体、成长心声和美好记忆！这个念头在明德人心中开始燃烧。在王建德老师的推动下，我和一批老师开始着手创作明德校歌，2015年上半年，由我初步草拟、王建德老师把关、程红兵校长亲自修改的明德校歌的歌词初步确定：巍巍莲花山，青青红树林，我们是阳光健康的明德人；人至纯，静心学知识；心向善，虔诚修美德……这一首充满鲜明的深圳地域特征、独特的明德办学理念的歌词，得到了老师和同学们的喜爱。很快，2015年暑假，学校优秀的音乐老师任祎妹老师根据歌词谱写好了曲子。同样在暑假的全体教师培训活动中，我们有幸第一次听到了样曲。王建德老师一听到这个曲子就激动不已，当即拍板："这就是明德校歌的样子。"经过层层审核，明德校歌终于诞生，从此以后，每当升旗仪式，每当重大典礼，甚至在音乐课堂，明德的师生都会唱响我们共同的校歌：

> 博学笃行勤思考，
> 知书达理有智慧。
> 明德正心求发展，
> 自主自律得自由。
> ……

朗朗上口的明德校歌成为了承载着师生共同价值认同的"精神图腾"，每每听到它，就仿佛沐浴在自由的空气之中，仿佛奔跑在和煦的阳光下。我不敢说这首校歌一定会唱20年、30年，但是，我可以自豪地说，校歌中这种追求光明、追求自由的精神，一定会一直流传下去，永不磨灭。

除了明德校歌，王老师最难忘的歌曲，应该还有《送别》。在深圳工作三年后，王老师因为身体原因，要回上海。至今还清晰地记得，我们年级的老师们一起设宴为王老师送行，大家拿起酒杯，唱起了王老师最喜欢的革命歌曲《送别》："送君送到大路旁，君的恩情永不忘。农友乡亲心里亮，隔山隔水永相望……"王老师老泪纵横，程校长含着热泪搂着王老师动情地说："老王呀，人活到这个份上值了！"那一刻，因为这首歌，我们和王老师、程校长触动了心里最柔软的那根弦，我在心里暗暗地告诉自己：万里山川，不会隔开我们和王老师、程校长的深情厚谊，他们是我生命中永远的师长，如有机会，我一定会去看望他们，和他们把盏喝茶，把酒言欢。

三、共同战斗的师友

刚到明德的日子里，我与明德一起成长。承蒙程校长厚爱，我负责管理明德首届初中年级，资历尚浅的我经常有不知所措之感。但是，每每看到王老师在教室走廊上巡视，每每听到他自信的口头禅"有数"，心中就踏实不少，王老师好像定海神针，和我们战斗在一起，带领我们前进。

和我共事的同年级的老师，包括我在内，都非常年轻，而且都是名校毕业（我也算，不能给母校北师大丢人），但是管理经验和教学经验不足，王老师对我们耳提面命，手把手地教导。初上讲台，老师对管理的尺寸把握不到位，有很多老师天生一颗爱孩子的心，看见孩子们便满心欢喜，结果导致年级秩序稍显混乱。我在传统学校工作时养成的冷酷严厉的风格，又会导致管理过于生硬死板。针对这些情况，王老师多次和我们探讨教师管理的定位，他引经据典："不以规矩不能成方圆"，守规矩是教学的前提，"师太严，弟子多不令。柔弱者必愚，强者怼而严，鞭扑叱咄之下，是人不生好念也"。（清代冯班）教师如果太严厉了，懦弱的学生也会变得暴戾，教师要学孔子，做一个"温而厉，威而不猛，恭而安"的老师。

王老师不仅教导我们如何管理，还在教学上对我们进行点拨指导。犹记得我初到明德时，王建德老师来听我的课，我特意教授的是明德的校本课程《中国文化原典阅读》。那一课上的是《夸父逐日》，课堂上，有一个学生站起来发表了一段独到的见解：我觉得夸父去追太阳，还把自己渴死了，有点傻。基于对学生逆向思维的鼓励，我肯定了她，同时用国学大师陈寅恪的名言"对中国文化要有理解之同情"来教导学生。课后的评课环节，王老师对这一环节进行了重点点评，他认为"有效，但不解渴"。他指出课堂教学要勇于面对学生提出的问题，解答学生的疑惑，但是要站在更高的专业角度对学生在思想认识上出现的偏差进行引导。王老师说："学生说夸父追太阳是愚蠢的，可是夸父追的是太阳本身吗？太阳背后的象征含义是什么？是梦想，是追求光明的精神。我们的学生经常会因为遇到一点点困难，而轻易放弃努力，放弃梦想，作为教师，要明确地指出这一层含义，才能让学生真正理解中华文化的精神力量，为学生的人生成长提供养料。"

要让学生解渴，教学就要精益求精；教学要精益求精，研究就要深之又深。王老师是这样教导我们的，也是这样做的。王老师曾组织过很多明德的大型项目，处理了很多大型事项，但是不管哪一次上台，王老师都会自己提前写好讲话稿，并且精心制作好课件，条理清晰，脉络分明，有理有据，令人信服。程校长曾多次号召全体教师向王老师学习，学习他严肃的治学态度和深入的研究精神。

如今，光荣退休的王老师回到上海，过上了含饴弄孙、颐养天年的幸福生活，经常能看到他在朋友圈中晒自己带领一家人旅游的场景，时不时也能收到王老师在旅游之后笔耕不辍制作的美篇。王老师是我在明德成长之路上的良师，更是我人生成长道路上的益友。衷心祝愿王老师，以及所有关心和爱护我的师长好友们，身体健康，天天开心！

青春幸识语文味

　　本文原本是发表在语文味网站上的一篇文章，题目为《诗意渲染——我的教学风格》，是2014年在罗灿名师工作室学习研修时的"命题作文"，幸得程少堂老师厚爱，得以在网站刊出。如今读来，深深为自己"初生牛犊"之年少轻狂而羞愧，居然胆敢在语文名家之前谈风格。然文中所记之对程少堂等老师的拳拳求教之心，则发自肺腑，坚如磐石。故节选于此，特致谢意！

　　作为一个初入教坛的新人，我常常膜拜于名师前辈的独特教学风格与伟岸人格魅力，却从来没敢想过自己应该拥有什么样的教学风格。刘熙载有言："气有清浊厚薄，格有高低雅俗。"一直认为，风格是教育专家才能够达到的艺术境界。然而，回顾我们求学生涯中的众多老师，随着时间的流逝，他们传授的知识或许已慢慢褪色，但是他们的音容笑貌却时时在我们的脑海浮现，如诗如画，经久不衰。于是明白：作为老师，知识是血肉，风格乃精魂，在某种程度上，风格要比知识给学生的影响更加深刻。

一、诗意渲染——我的教学尝试

　　"语文味"教学流派创立者程少堂先生说："教学风格的形成，是要有一定理论作指导的。完全没有理论作指导是难以形成鲜明的教学风格的。"回顾我的教学成长之路，与大学的求学经历有莫大的关系。2005年，我有幸进入北京师范大学汉语言文学系求学，对于满怀文学梦想的我来讲，这是一件无上光荣的事情。沐浴着"百年师大，中文当先"的光环，我正式开始了自己的文学之旅。然而，大学老师一开始，教给我的并不是如何去创作文学作品，而是思考：什么是文学。

阅读着童庆炳先生编著的《文学理论教程》，聆听着名师王一川教授关于文学的精彩阐述，我开始慢慢明白：文学"是一种具有审美特质的社会意识形态""我们说文学是一种意识形态，就是说社会生活本来是自然形态的东西，经过作家的艺术改造，变为观念形态的东西。"而审美也变成了人对事物的特殊精神活动过程："审美是心理处于活跃状态的主体，在特定的心境时空中，在有历史文化渗透的条件下，对客体的美的关照、感悟、判断。"

我们常常沉醉于"寒波澹澹起，白鸟悠悠下"，我们往往惊叹于"黄河之水天上来，奔流到海不复回"，这种对诗意的迷恋，不就是文学之美吗？我恍然大悟：原来，文学的核心就是——美，这种美用文学的语言表达，就是"诗意"。诗意是文学的灵魂，是文学的美之所在。

于是，感受文学就成了感悟诗意，鉴赏文学就成了鉴赏美，这就是审美。

对于审美，哲学家康德在其巨著《判断力批判》中，提出了鉴赏判断（即审美）的四个特征：①它是愉悦的，但是不带任何利害关系；②它是普遍的，但不是概念；③它具有合目的性，但无目的（无目的的合目的性）；④它是主观的，却带有必然性（康德在这里提出了"共同感的重要概念"）。以之作为标准原则，通过教学实践的不断尝试，我发现文学审美的手段，基本可以概括为两个字——渲染。

渲染本是中国画的一种画法，指用水墨或淡的色彩涂抹画面，烘染物象，分出阴阳向背，以强化和丰富艺术形象，从而形成不同寻常的艺术效果。后被借用为文学中的一种表现手法，指通过环境、景物或人物的行为、心理，进行多方面的描写、形容或烘托，以突出艺术形象，加强艺术效果。

当然，不能将绘画或者文学的渲染手法生搬硬套到教学中，教学与绘画和写作有根本区别，那就是绘画与写作属于创造行为，而教学属于一种鉴赏行为。前者是将胸中之竹外化为纸上之竹，后者则是以纸上之竹观其胸中之竹。相较之下，创作时，创作者对艺术品的主观能动性更强，而鉴赏时，鉴赏者便定要考虑创作者的意图，而不能胡乱猜测。

然而，毋庸置疑的是，绘画、写作中的渲染与教学中的渲染作为一种"艺术行为"，是具有其内在共通性的。比如渲染的目的都是突出艺术主体的美，不能喧宾夺主；渲染的方式都必须具有艺术性和多样性，所谓"横看成岭侧成峰，远近高低各不同"，众多山峰都为渲染"只在此山中"也；渲染的手段具有随意性和发散性，往往"不着一字，尽得风流"。由此可见，在教学中借鉴渲染的手法鉴赏文学，不失为一条通向文学之美的捷径。

故此，诗意渲染的教学风格可以总结如下：以文本的中蕴涵的诗意为鉴赏主体，从多角度（语言、结构、情感、思想等）出发，综合运用各种艺术手段（音乐、雕塑、朗读等）烘托诗意，以玩味的方式引导鉴赏者（学生）通过一种感官的愉悦，心临其境体验文本环境，反复鉴赏，品味文本之美。

二、破茧成蝶——我的成长历程

蝴蝶，文学界一个具有独特诗意的符号，彩蝶恋花寄托着人们对爱情的吟咏，庄生梦蝶蕴藉着人们对人生的参悟。然而，以文学为乐的我，对蝴蝶有一种别样情怀，春蚕到死丝方尽，我无法做春蚕，更不会变成飞蛾，然而，我以自己对教育的执着，书写一段教学成长的心路历程——破茧成蝶。

1. 昨夜西风凋碧树，独上高楼，望尽天涯路

当我还是一名大学生的时候，我就已经无数次梦想自己走上讲台的场景。因为在我心中，教师是一个无上光荣的名称。 我是幸运的，2009年8月，我终于梦想成真。我至今还记得，第一次来到深圳罗湖时，教育局领导对我们语重心长的教导：仰望星空，脚踏实地，做一个有情、有爱、有心、有志的合格教师。我是幸运的，因为在步入教坛之前，区教育局、区培训中心就已经精心为我们准备了充实而丰富的岗前培训。教师的职业情怀，教师

的职业规划，教学方法，班主任技巧……这些培训，给了我前所未有的信心和勇气。我懂得：既然选择了教育，就要情有独钟，心无旁骛，披星戴月，一心奉献。

2. 衣带渐宽终不悔，为伊消得人憔悴

然而，当我第一次以一名教师的身份登上讲台，面对那一双双好奇而渴求的眼神，我才真正体悟到"教师"这份职业的高度与难度。

至今记得在深圳的第一堂公开课，2009年10月，学校组织新教师在全校上公开课，全校老师都可以来听。我选择的是朱自清的名篇《荷塘月色》。这是一篇散文，其中最打动我的，就是作家笔下那朦胧淡雅的荷塘月色，于是我便将课文定位成一节品读感悟课，试图给同学们带来一种"美的体验"。

课前的精心准备，使得课堂井井有条。一开始的题解，就将学生带进了"荷"与"月"的古典世界中，唤起大家的美感回忆。紧接着，由我示范配乐朗读的课文，更让学生沉醉其中，余味悠长。我自己也是暗自窃喜：学生终于上了我的"贼船"！然而，接下来的课文结构梳理，作者及背景介绍，却犹如一颗冰冷的石子投进梦幻的荷塘，理性知识的介绍冲淡了学生的美学体验，学生的情绪也没有达到高潮。在刺耳的下课铃声里，我仓促地结束了课程。

下课之后，一位教化学的老师走上前来，拍着我的肩膀语重心长地说："小伙子实力很强啊，尤其是你的朗读，我一个教化学的都被感动了！"他顿了一顿接着说："不过还是要磨炼，后面讲得实在不怎么样，冷冰冰地，我讲化学方程式都要比这有感情……"

接下来的评课，大多数老师与这位化学老师意见基本一致。有几位老教师认为我的课文浮于形式，没有解决基础的问题，知识点也没有落到实处。

年少的我陷入深深的苦楚之中，我应该如何教语文？注重感悟还是夯

实基础？我像一个蹒跚学步的孩子，在教育征途中上下求索而不得。这时，幸运又一次眷顾了我。

公开课后，我的师傅卢世忠老师送给我一本书——《程少堂讲语文》，正是这本书，让我的教学视野豁然开朗！

初读此书时，我就被幽默风趣的语言深深感染。我猜想程少堂老师一定是一个有趣的人，他的语文课也一定妙趣横生。

慢慢深入，我便被程老师的教学主张深深感动。作为名师的程少堂，居然说"语文教师要学会'煽情'"，"语文教师在教学中要有点'疯'"。我感动于程少堂先生为我的语文课的"出格"行为撑腰，更感动于先生不畏艰难，登高而招，宣示语文教学的真谛！

程少堂先生真正回归了语文的本色，在语文教学过程中，"在主张语文教学要返璞归真以臻美境的思想指导下，以提高学生的语文素养、丰富学生的生存智慧、提升学生的人生境界和激发学生学习语文的兴趣为宗旨，以共生互学（互享）的师生关系和渗透教师的生命体验为前提，主要通过情感激发、语言品味、意理阐发和幽默点染等手段，让人体验到一种富有教学个性与文化气息的，同时生发思想之快乐与精神之解放的，令人陶醉的诗意美感与自由境界"。

酣畅淋漓之时，掩卷沉思，高山仰止，景行行止，虽不能至，而心向往之。自那时起，程少堂先生的"语文味"，便深深铭刻于我的脑海之中，坚实了我的教学之路。

正如程少堂先生所言：教学风格的形成，是要有一定理论作指导的。在大学学习的基础上，对"语文味"理论的系统学习，与此同时，由罗湖区培训中心组织的新一轮面向新教师的"岗中培训"，为我重新指明了前进的方向。在周立、王满英、舒军华、黄向真等名师的引领下，我开始重新面对和分析教学中遇到的问题。名师们以他们的亲身经历和实践经验现身说法，使得我茅塞顿开。在新老教师研课、磨课活动中，余克俭、卢世忠等优秀的老教师将自己的教学经验倾囊相授，极大地促进了我的专业成长。我在教学中不断尝试，渐渐地形成了自己的教学风格。

2．众里寻他千百度，蓦然回首，那人却在灯火阑珊处

在前辈同仁的指导与帮助下，蹒跚学步的我，心中的教师梦想逐渐破茧成蝶。我先后参加了罗湖区"骨干教师培训班"等高端优质活动，获得深圳市第一届教师朗诵大赛一等奖、罗湖区阅读案例设计一等奖等荣誉，被评为罗湖区优秀教师、罗湖区优秀骨干教师。当然，更让我受益匪浅的，是罗湖区第一届新教师课堂教学大比武。

2011年，罗湖区教育局集中智慧，统筹规划，在2009—2011年新进罗湖教育系统的年轻老师中举办"罗湖区第一届新教师课堂教学大比武"。初赛、复赛阶段，我以一篇诗歌《再别康桥》，比较完整地展示了自己"诗意渲染"的教学风格，赢得了评委老师的一致好评。最终我通过层层考验，荣幸地进入了擂台赛。

擂台赛采用同课异构的形式，由三位老师共上一课《十八岁出门远行》。这是作家余华的成名作，也是我最喜欢的作品之一，因为它在我18岁即将踏上崭新的人生之路时，给予我智慧的启迪。因此，尽管有人认为这是一篇"先锋小说"，但我在综合考虑了本文的美学价值和学生的体验之后，还是将"青春体验"当成了此文的重点进行设计，我想再一次证明自己的教学风格。

课堂一开始，我就营造了一个"诗意"的氛围，引入环节通过《外面的世界》的配乐，让学生的思维插上想象的翅膀，课堂讨论环节的互动，让学生进一步体验文本语言、构思、人物的奇特美，并最终引导学生理解小说的思想。引申部分，我通过刘伟的事迹，将文本思想进行升华，最后以一个"成人宣誓"的仪式，唤起学生的青春情怀，让学生完全沉浸于青春的诗意当中，在教课的同时育人成长，引起了在座师生的广泛共鸣。课后，罗湖区语文教研员余克俭等老师点评——"学生被你忽悠起来啦"！我明白，这就是"渲染"的魅力!

通过此次比赛，我清楚地认识到自己作为一名新教师的不足和缺陷，更从老一辈的优秀教师以及一同参赛的优秀教师那里获得了宝贵的教学经验，使我在教学方面获得了系统而专业的指导，自己的教学能力也有了长足的进步。两次的比赛经验，我明白，诗意渲染，就是我想要的教学风格。

2012年2月23日，罗灿名师工作室正式挂牌成立。我有幸成为了罗灿名师工作室的一员。在工作室的每一天，我的内心都是喜悦的、踏实的，因为在这里，我不仅在课题研究中学习到了专业系统的知识，更在课例示范中进一步完善了自己"诗意渲染"的教学风格。

2012年4月，在深圳实验中学高中部，作为示范课例，我又一次讲了《十八岁出门远行》，这是一次很难得的机会。不过，正是这一次难得的讲课，我想做一次尝试：看看离开"渲染"的诗意该如何欣赏？于是我把立意进行了调整——以理性的视角感悟小说之美。

整节课，我以"什么是美"开题，紧紧围绕"十八岁出门远行的美学体验"，通过感悟语言新奇之美、情节的离奇之美、人物的奇特之美的感悟，共同总结了小说在形式上的"荒诞"，并通过挖掘小说的深层象征意义，进一步体会了小说对人生的隐喻，感受小说的思想之美。最终的"青春宣言"环节，仍然以学生宣誓的方式，将这种青春体验推向高潮，成功地让学生理解并沉浸于"青春诗意"之中。

总体来讲，整节课我引领学生体悟了"诗意"，由于缺少了"渲染"，而是站在理性鉴赏的角度，所以学生对于文本"诗意"的体会没有上一次深刻。我想这节课我是成功的，成功之处在于我通过证明确认了自己的教学风格——"诗意"和"渲染"，有机统一地组成了我的教学风格的全部，二者不能偏废!

通过这几次授课，我在教学中发挥个性的底气更足了，基本形成并完善了我"诗意渲染"的教学风格。诗人荷尔德林说：花是美丽的，因为花在阳光下绽放。在教育的征途上，我就是一棵幼苗，如果要让自己的教师之花绽放，必然要接受风雨的洗礼、雨露的滋润和阳光的温暖。在成长的道路上，我接受了课堂的洗礼，更收获来自各界的温暖与呵护。感谢所有关心支持我成长的前辈和同行们，谢谢！

参考文献：

[1] 童庆炳. 文学概论[M]. 武汉：武汉大学出版社，2000.

[2] 康德. 判断力批判（上卷）[M]. 北京：商务印书馆，1964.

你是我生命中的一泓清泉
——记罗灿老师

一直想为罗灿老师写些什么，却唯恐贫乏的文字无法表达我对恩师的情感。

我一直坚信，此生与他人的种种相遇，定是出于一段不浅的缘分。我生命中遇见的人们，都是上天在我人生的征途上用心安排给我的恩人。而罗灿老师于我而言，则不仅止于滴水之恩，而是世有伯乐，然后有千里马。对于我来说，罗灿老师就是我生命中的一泓清泉。

我至今记忆犹新的，是与罗灿老师的"相遇"。我之所以在相遇前加上引号，是因为这在外人看来其实只是一次普通的通话。然而，对我来说，却有着非凡的意义。2012年2月初的一个下午，带着师兄黄向真的厚望和嘱托，我加入了罗灿名师工作室，在我忐忑不安的时候，一个电话打来，一个温柔而诚恳的声音从电话那端传来："彦明，我早就听黄向真校长提到你，说你是一个奋发有为的好老师，我很荣幸能够认识你这样的青年才俊，希望你能在工作室里多多指教！……"这不是我应该说给恩师的话吗？然而，她却是这样的谦虚而诚恳。那一刻，我感动得眼泪差点掉下来，只因为那一份真诚的尊重。而随着与罗灿老师交往的深入，我发觉尊重似乎是她与生俱来的品格：对待程少堂、程红兵等教育名家，她总是虚心求教；对待工作室的同胞，她总是耐心地听取大家的意见和建议；对待学生，她更是处处体现出尊重。在她获得全国第一名的四方杯比赛现场，她问学生："我们这样概括，你批准吗？"……类似这样的瞬间，在灿姐的生命里或许已经成为常态的小细节，但在每一个和她相处的人心中，却化成了甘甜的清泉，滋润着心田。

教育是人与人的艺术，教育关乎民族的未来，因此，教育需要教师的精业敬业。但是，在罗灿老师身上，我看到的不仅是精业敬业，而是无私奉献。罗灿老师的心中，一直在坚守一个清澈的理想，一个关乎教育的理想，因为理想，她坚守着健全人格教育的内核，坚守着对事业的一丝不苟、励精图治，以及对事业的敬畏之心，更坚守着改革创新、永不满足的卓越追求。她是深圳最年轻的高级教师、最年轻的语文名师工作室主持人、最年轻的广东省"新一轮百千万工程"培养对象（我所知道的），更是第七届全国"四方杯"大满贯得主。这一切成果，无一不是用辛勤的汗水浇筑的，无一不是用无私的奉献换来的。所以，程少堂老师说："这一切，对于别人而言或许是'上天眷顾'，但是对于罗灿，却绝对是'天道酬勤'。然而，谦虚的她几乎从来不会主动说起这些荣誉，相反，她还会向比自己更"年轻"的同行请教。在教育的征程上，她乐在其中，无私奉献，无数个深夜里，她仍旧钻研教学，无数个深夜里，她依然修改文章。当三本厚厚的工作室论文集和她的个人专著《灿灿的教育星空》放在我们面前的时候，我看到的，是她逐字逐句累积的心血，是她一点一滴汇聚的对教育的满腔热忱。

好雨知时节，当春乃发生。随风潜入夜，润物细无声。没错的，罗灿老师另一个可贵的品德便是——无闻。她说："在罗灿名师工作室里，我负责为大家服务。"她也的确这样做了。三年来，以主题活动为红线，探索青年教师培养的新路子。仅"名师义工开放课堂"之"微课堂""微沙龙"活动和"名师进校园"活动，罗灿名师工作室就总共承办了6届，参与的老师人数达到了25人次之多，几乎覆盖了工作室全部成员。工作室的新浪博客发布博文321篇，博客设置内容丰富，如"群英荟萃""名师工作进行时"等，短短两年时间就获得点击25400人次。工作室还拥有自己的核心刊物——《阅读中》三期，合计14万字；另有工作室核心论著三本，分别是《阅读观察在行动》《课堂策略巧运用》《教学风格渐形成》，合计45万字。工作室所发挥的精英团队示范辐射力，多次受到众多专家、同行的高度赞赏，这也是工作室继续努力，寻求突破的重要动力。历尽铅华成此景，人间万事出艰辛。当工作室成员在舞台上扬眉吐气之时，罗灿老师总是坐在观众席为我们加油，认真倾听。一如一泓清泉，她只为征程上的我们提供解渴的甘霖，却从来不会诉说自己的艰辛，她心中的泉水，澄澈如镜，从来不曾泛起涟漪。

中国古人常常喜欢用自然风物来形容人的品行格调，于是，便有了玉树临风的佳话，便有了芝兰绕阶的追求。然而恩师罗灿对于我，则是生命中的"一泓清泉"，她不是"黄河之水天上来、奔流到海不复回"，不是"乱石穿空、惊涛拍岸、卷起千堆雪"，她是"泉眼无声惜细流，树阴照水爱晴柔"，是"天街小雨润如酥，草色遥看近却无"，更是"潮平两岸阔，风正一帆悬"。

上善若水，善利万物而不争。饮水思源，我愿化作一颗小水滴，在语文教学的大潮中纵情徜徉，在中国教育征程上上下求索。

在那桃花盛开的地方
——回忆两位中学语文老师

每到这个季节，故乡的桃花就会盛开，漫山遍野。

我的故乡在黄土高原深处的山沟里，是位于甘肃省天水市境内的一个小山村，这是一方古老而贫瘠的土地。经历了漫长的寒冬的肆虐，莽莽黄沙的大地还没准备好春天的到来，但小小的花骨朵就竞相从遒劲的树枝上挤出来，春风一到，它们就在一夜之间全部盛开，一夜之间，贫瘠的黄土地便穿上了花的彩衣。目睹这满山遍野的花，你就能明白"怒放"是一种怎样的生命力。被黄土地孕育的高原人，也便拥有了与山川树木一样的性格：表面内敛，内心灿烂。

所以，想起桃花，就会想起故乡人，想起故乡人，便会想起深深滋养我成长的两位语文老师。

王老师：遇见您是我的缘

我初中的语文老师是王老师，他也是我的班主任。我至今记得考入镇中学之后父亲带我去报到的场景。由于上午要下地干活，我和父亲下午才赶到学校，学校里已经没有多少学生，因为大家都在上午完成了报到。由于事先不知道已经分好了班级，我们径直去学校窗口报名交学费，然后再到班主任那里报到。可能收学费的老师困乏了，所以我便阴差阳错地被划到了我的语文老师一班。

王老师是一位年轻的男教师，身材微胖，理着标准的"小平头"，但是嘴角经常挂着微笑。所以，他给人的第一印象是和蔼可亲的，这一点和印象中的严厉的中学老师不尽相同。父亲带我去王老师那里报到，他查了一下班级名单，里面并没有我的名字，但是他竟毫不推脱地收下了我，在他的办公室，他望着我对父亲说："老师引进门，学习靠自身，学习的关键不在老师，而在孩子自己……"这样，我就成了他的学生。

开学后没多久，便是教师节，当天是我值日。清晨，我和同学还在走廊拖地，冷不防王老师已经站在我们的身后，然后大声地说："我们班出了一名诗人啊，马彦明，你的诗写得真不错！"我还没有反应过来，听到老师的表扬，满脸通红地继续劳动，居然忘记说句感谢的话。原来是教师节，我出于对老师的感激，其实更多的是出于炫耀，便模仿小学时代学过的现代诗写了一首赞美老师的诗歌（现在看来，那只能叫作口号），在教师节那天清早第一个来到学校（那时我们同校），偷偷地塞进了老师的办公室。没有想到老师居然给我这样高的赞许，不仅如此，他还把我的诗在他教的班里分别朗读了一遍。就这样，在刚刚入学的时候，我就已经"出名"了。

后来学校检查班级人数，我自然被发现了。当时学校负责管理的老师还叫我出去跟我谈话，要我回到本来的班级。但是后来的几天，我依然安安稳稳地坐在语文老师的班级上课，没有人来赶我走。我很是欣喜，但是不知其中原因。记得一天下午，语文老师叫我到他的办公室说："你写的诗我看到了，写得不错，不过还有很多需要学习的地方，以后在我的班上要好好学习，继续努力……"我才恍然大悟，原来是王老师特意跟校方交涉，把我留在了他的班里。老师还特意送了一本《诗刊》给我，说我既然喜欢诗歌，那就多看看这方面的书，那本《诗刊》便是老师借给我的第一本课外读物……可惜后来在班上传阅的时候不小心弄丢了，这件事让我愧疚了好一阵子。但是我想我对于中国现代汉语的兴趣，对语言文字的敏感，以及后来在诗歌上的一点不算肤浅的理解，正是从老师那里开始，从那一本《诗刊》开始的。也正是从那时开始，中学时代的每一年教师节，我都会给教我的老师写一首小诗，用文字表达一份感谢。

王老师经常面带微笑，但是他其实很有"计谋"。比如背诵课文，第一次背诵课文，老师很和蔼地走到我旁边，低声地问道："你背过了吗？"

我说："背过了。"他问："读了几遍就背下来了？"自负的我自然不无夸张地说："三遍！"没想到老师突然直立身子，向全班同学大声宣布："马彦明同学读了三遍就把这篇课文背下来了，你们有没有超过他的？"大家都不作声，老师接着说："那好，为了提高大家背诵课文的积极性，每学一篇课文，我们都首先请马彦明同学背诵一遍给大家听！"我这才发现自己上当了，以后的语文课，我都要被叫起来背诵课文了，不论古今中外。为了不在同学面前出丑，我总是提前预习课文，在早上比别的同学早一点到校，尽力把课文背诵下来。渐渐地，我发现自己对文章的把握和记忆能力加强了，到了现在，虽然不能流利地背出以前的文章来，但是往往还能记住精彩的语句。所有在老师的"欺骗"下记住的文章，现在已经成了我文学研究和创作的源泉。

石老师：让思想冲破牢笼

时光飞逝，很快，我就升到了高中。说是"升"，是因为只不过从镇中学的初中部升到了高中部而已。王老师不再教我了，但是我遇到了一个对我影响更加深刻的语文老师，他就是石老师。

石老师更年轻，更时髦，一头自来卷的乌发让他拥有了西方哲人的气质。当然，石老师最大的魅力，在于他很有思想，这种思想表现在他不论在讲课内容上还是在授课形式上，都是那样与众不同。

他的讲课内容很不同，因为他几乎不按照课本和教案讲课，课文只是他带领学生的思维起飞的跑道，而他用文史哲等宏博的知识为我们介绍的文学景观才是他给我们的真正的天空。他讲《滕王阁序》就从王勃讲到"初唐四杰"，再讲到李杜，一直到小李杜，还自己拟写《渭水赋》。他讲《阿Q正传》，就从阿Q讲到鲁迅，再讲到《野草》，一直讲到当下的国民性。他讲华兹华斯，就从《孤独的刈麦女》讲到浪漫主义，一直讲到拜伦、雪莱、济慈，讲到中国的郭沫若、徐志摩、穆旦。石老师的课堂思维纵横，让我们看到课本之外的文学的蓝天白云。因为这样，老师几乎不能完成每节课的教学计划，但是几乎每次考试，同学们的语文成绩都排在年级前头。石老师的课堂充满激情，讲到激动之处，石老师或是急促地调整鼻炎带来的呼吸不畅，随即又爆出金句，或是在黑板上龙飞凤舞，甚至将粉笔头抛出教室老远……石老师给予我们的似乎不仅只有知识，至今还能清晰地记得他在谈到中国当代国民性时紧握的拳头和深邃的目光。上了大学，我终于明白，老师给予我的正是人格的滋养，他教育我们能够正视这个世界，担负这个世界。因为石老师曾经说过："你可以没有知识，但不能没有良知。"

石老师的教学技巧也很独特。正因为他从来不拘泥在课文本身，而是纵横古今地谈论，所以他总涉及一些历史、文化方面的问题，并且他的观点比较独特，所以学生总要忍不住跟他辩论。而在他的课上，的确是"百家争鸣"的，要知道，在我求学的镇中学虽然已经称为中学，但是它毕竟是"山沟里"的中学，不要说什么多媒体，连扬声器都没有，所以大部分老师上课就是满堂灌，学生只有听讲的份儿。但是石老师却"大胆"地将辩论的形式引入教学，不仅和同学选出的代表分庭抗争，还和全班同学对垒，每个同学提一句，老师作为反方反驳。于是，讲《曹刿论战》，石老师硬说曹刿是一个"规则的破坏者"；讲《子鱼论战》，石老师非要讲宋襄公遵守了规则……石老师的课堂上，老师和同学可以为了一个问题争得面红耳赤，而石老师则总是语出惊人，慷慨激昂。

然而，在我眼中，石老师并不是一个高高在上的布道者的形象，恰恰相反，他更是我的朋友。在高中时代，我几乎所有的课外书，都是来源于石老师。说到找书，在我们村镇可是一件难事，父辈们几乎都没有读过书，家里更不可能有藏书。学校也没有图书馆，所以在那时书实在不好找。但是这时语文老师却借给我看了好多书。石老师有一个戒条：书不外借。但是，在我这里却破了戒。《英美名诗100首》《里尔克诗选》《艾青诗歌全集》《翟永明诗选》……老师借给我的书大大地开阔了我的文学视野，而每次老师总是装作很不情愿地说："看完了快还给我啊。"现在想来，这正是老师"书非借不能读也"的良苦用心。在书籍的熏陶下，我开始了系统的诗歌创作的尝试，而每一次新作问世，老师都会在办公室里与我促膝品评，指教我的创作……

如今，我也走上教书育人的道路，而我的老师依然在教育战线上默默无闻地耕耘。现在看来，他们的教育理念和方式纵然有一些缺憾，但是作为他们的学生，我感到由衷的幸福，正是他们护佑我走过了应试教育的独木桥，避免在考试与分数的迷宫里徘徊。更加珍贵的是，他们教给了我受用一生的生命知识，使我明确了自己的人生方向。两位老师是我求学生涯中的灯塔，更是我职业生涯的榜样。教育是什么？爱因斯坦说：教育就是忘记了在学校所学的一切之后剩下的东西。在中华大地上，像我的老师这样默默无闻的人还有很多很多，他们有一个共同的伟大的名称——人民教师。他们的伟大，不仅在于传授我们以知识，更在于传授我们以习惯、以品格、以希望。

每到这个季节，故乡的桃花就会盛开，我要请求那满山遍野的桃花遥寄我的一份相思，衷心感谢老师的辛勤培养，祝愿老师桃李满天下。

（本文发表于中学语文报刊协会会刊《语文世界》2019年第5期）

切磋琢磨寻幽径

  文学是语言的艺术，在教学中对文本语言进行涵咏咀嚼十分必要；但语言是思维的工具，站在语言背后的，是一个民族的思维方式。语文教学一定不能脱离文化的土壤。我们试图还原作品的生命呼吸，探索"解剖式、标本式"的课堂教学；我们尝试打破学科的边界，让中华文化的基因在学生血液中流淌；我们为了学生的思想而教，让人类文明的星光照耀学生的天空；我们开展课堂模型的建构，让学生的思维在课堂上飞扬。

警惕语文教学的"水土流失"

2016年4月29日，陕西著名作家、《白鹿原》的作者陈忠实老先生与世长辞，这位"寻根文学"的巨匠最终落叶归根。斯人已逝，但陈老先生以及他所代表的"寻根文学"所倡导的"文学有根，文学之根应深植于民族传统的文化土壤中"[1]的文学主张，却是留给民族文学的巨大财富。

文学是离不开土壤的。不管是孟子的"知人论世"、白居易的"文章合为时而作"，还是西哲亚里士多德的"艺术模仿说"，无不重视文学艺术产生的土壤。文艺理论发展到近现代，以姚斯为代表的接受美学曾经一度强调"对作品的理解有赖于读者的期待系统"，强调读者对文学作品的重要意义，但他们同时强调文学的历史是"历时性"和"共时性"的统一。更何况曾经同为接受美学倡导者的伊瑟尔，便以"审美反应理论"修正了他之前的偏激观点。伊瑟尔认为："文学文本包含艺术极和审美极，它们分别指向文本的两个创造者——作者和读者。当文本通过唤起读者的阅读，从而得以实现和完成的时候，文本才成为作品。"[2]所以说，作品如桥梁，连接了文本和读者。叶圣陶先生也曾有类似的观点，他在提到语文教学时说：文字是一道桥梁，桥这边站着读者，桥那边站着作者。通过这一道桥梁，读者才和作者会面，不但会面，而且了解了作者的心情，和作者的心情相契合。

于是，有很多教师就简单地认为，只要在课堂上引导读者通过文本这道"桥梁"走向了作者，和作者"会面"，学生就自然而然地能够"了解作者的心情，和作者的心情相契合"了。更有教师甚至认为，千篇一律地讲时代背景其实根本就没有必要，语文就是要保证其"纯正"的文学味，讲了背景的语文就不是"纯真"的语文了。但是落实到真正的阅读活动中来，我们却发现，叶老的比喻形象却不甚恰当。因为一方面阅读是一种"不对称"的交流。正如伊瑟尔所言，"阅读不是面对面的交流"[3]，读者无法通过文本来判断看法的正确与否，同时在阅读过程中缺乏一个用以确定文本与读者关系的共同参照体系。另一方面，任何一篇文章都具有时代性，是一定时代的产物。每篇文章都或多或少地反映了其时代特征与时代需求，打上了时代的烙印。在实际教学中，如果缺少了对文学作品背景知识的必要性介绍，就好比教师把文章制成"标本"，放置在实验室中，让学生感受植物的神奇的生命力量一般。这样的教学就变成了"去土壤化"的教学，"标本"式的教学。在这样的教学生态下，学生自然不理解夸父为什么要追赶太阳，不理解花木兰打仗为什么要自带装备。在缺乏时代和文化土壤的语文教学下，学生自然会认为愚公子子孙孙无穷匮地挖山不如举家搬迁采得聪明，自然会觉得杜甫自身难保之下写出的民生疾苦仅仅是因为"杜甫很忙"。

艾青说：为什么我的眼里常含泪水，因为我对这土地爱得深沉。在中学语文教学中，我们要警惕去"土壤化"，警惕"水土流失"。因为"文学之根是深植于民族传统的文化土壤中的"。

（本文发表于《中学语文教学参考》（中旬）2016年第11期卷首，并被中学语文教学参考公众号推送）

参考文献：

[1] 韩少功. 文学的"根"[M]. 山东：山东文艺书版社，2001.

[2] 沃尔夫冈·伊瑟尔. 阅读活动：审美反应理论[M]. 金元浦，周宁，译. 北京：中国社会科学出版社，1991：30.

[3] 沃尔夫冈·伊瑟尔. 阅读活动：审美反应理论[M]. 金元浦，周宁，译. 北京：中国社会科学出版社，1991：199.

"中国文化"四问

2014年，在程红兵校长的引领下，我们开启了文史结合的改革征程，采撷中国历史上对中国人精神产生重大影响的作品，编写成为深圳明德实验学校校本教材《中国文化原典阅读》，本人担任本套教材的副主编。这一教材2015—2016年连续被评为深圳市"好课程"，本文即教材之引论。

一、我们何以称为"中国人"？

请问：什么是"中国"？

估计很多读者都会不假思索地说出下面的词语：亚洲东部，太平洋西岸，陆地面积约960万平方千米，海洋面积约300万平方千米，面积排名世界第三，人口约14亿，五千年历史，世界文明古国……中国，作为一个地理概念，用地理的经纬便可以轻松界定。

那么请问：什么是"中国人"？

您还会不假思索地说出答案吗？也许您会说：《中华人民共和国宪法》第二章第三十三条明确规定："凡具有中华人民共和国国籍的人都是中华人民共和国公民。"那么请问：那些身在异国他乡，国籍亦非属中国，但每每听到唐诗宋词、看到国旗飘升，内心都会心潮澎湃，热血沸腾的华夏儿女，究竟算不算"中国人"呢？"洋装虽然穿在身，我心依然是中国心。我的祖先早已把我的一切，烙上中国印"，在法律意义上，他们可能不算"中国人"，但在文化意义上，他们却实实在在是"中国人"。

"中国人"，这样一个文化概念，是不能利用地理、肤色等标准来界定的，要界定"中国人"的内涵，就必须寻找出潜藏于每一个中国人灵魂深处的独一无二的"文化基因"。正如歌中所唱："一样的血，一样的种"，此中之"血"与"种"正是五千年来流淌于华夏儿女血脉中、铿锵于炎黄子孙骨骼中的文化基因。

国学大师钱穆在其巨著《国史大纲》开篇便昭明读书之信念：

一、当信任何一国之国民，尤其是自称知识在水平线以上之国民，对其本国已往历史，应该略有所知。

二、所谓对本国已往历史略有所知者，尤必附随一种对本国已往历史之温情与敬意。

三、所谓对其本国已往历史有一种温情与敬意者，至少不会对本国已往历史抱一种偏激的虚无主义，亦至少不会感到现在我们是站在已往历史最高之顶点，而将我们当身种种罪恶与弱点，一切诿卸于古人。

四、当信每一国家必待其国民备具上列诸条件者比数渐多，其国家乃再有向前发展之希望。

依我浅见，钱穆大师之志，亦是想以史为鉴，培育华夏儿女之"文化基因"，以谋国家发展之希望。作为一个中国人，我们有义务更有责任追寻于自身血脉中汩汩流淌之文化基因，并将其凝聚为中华民族的精神力量，共同铸就民族复兴的伟大梦想。

唯有如此，我们才能庄严而自豪地向世界宣布：我是中国人！

二、为何必须学习中国文化？

近年来，一个词语成了衡量国家力量的重要标准，这个词语叫作：国家实力（national power）。国家实力的本质是国家硬实力与软实力的集合。国家硬实力是指一国的经济力量、军事力量和科技力量，通俗地说硬实力就是指看得见、摸得着的物质力量；而"软实力"作为国家综合国力的重要组成部分，特指一个国家依靠政治制度的吸引力、文化价值的感召力和国民形象的亲和力等释放出来的无形影响力。据国家统计局数据显示，2010年，中国年度经济总量首次超过日本，成为世界第二大经济体。国家的硬实力逐渐强大，那么，我们国家的软实力是否强大呢？

一个国家如果没有硬实力，它就会挨打；一个国家如果没有软实力，它就会挨骂。这句俗语形象地说明了硬实力与软实力的意义，亦似乎形象地解释了中国现在的处境。放眼国际，有很多旅游景点立着用汉语写的警示牌，在某些国家，"Made In China"是假冒伪劣商品的代名词，在国门打开、中国走向世界国家硬实力增长的同时，中国的文化软实力并没有与之匹配，原因何在？

众所周知，我们中国拥有五千年悠久的文明历史，是世界四大文明古国之一，曾经创造了光辉灿烂的汉唐文明，为何这些丰富的文化资源在当今却"力有不逮"？这不得不从近代说起。"五四"时期，新文化思潮风起云涌，当时的人们对中国文化"看不起"，"打倒孔家店"成了当时最响亮的口号之一，或许在当时有除旧立新之功，但似乎不免失之偏颇；再看"文革"时期，对文化的摧残，使得国人在很长的时间中对中国文化"看不见"，其直接后果，便是当今的人们对中国文化的"看不懂"。似乎可以这样说：在近代以来很长的时间里，我们的中国文化缺失了，如今，国家要发展，就必须补上中国文化这一课。

与此同时，国人对中国文化的认识亦存在某些误区。或曰：生在中国，天天说汉语的人，对中国文化了如指掌，无须再学。或曰：中国文化无一丝一毫可取之处，前人已经打倒，我辈无须再学。或曰：中国文化乃济世良药，须原封不动，全盘复古。凡此种种，皆是盲人摸象之陋见，须知要探究中国文化之精要。2014年9月9日，习近平总书记来到北京师范大学看望教师学生时说，"我很不赞成把古代经典诗词和散文从课本中去掉，'去中国化'是很悲哀的。应该把这些经典嵌在学生脑子里，成为中华民族文化的基因"。

习近平总书记"'去中国化'是很悲哀的"的话语，正好可以回答那些片面否定中国文化的言论；习近平总书记"把这些经典嵌在学生脑子里"的倡导，亦正好可以回答那些认为熟知中国文化或者全盘复古的言论。习近平总书记称之为"中华民族文化的基因"的，恰恰是那些"古代经典诗词、散文"等经历了历史大浪淘沙留下来的"经典"。这些"经典"正是中国文化的最佳载体。

三、为何要开设中国文化课?

梁任公（梁启超）先生有言："彬彬哉! 吾文明。五千余岁历史古，光焰相续何绳绳。圣作贤述代继起，浸灌沈黑扬光晶。"站在文明长河回溯瞭望，华夏文明奔腾不息了五千年，为我们留下了雄伟壮丽的文化景观与光辉灿烂的文化遗产。继承与发扬这一文化遗产，当是学校教育的重要使命。

文史不分家，这是学界共识，清代巨儒章学诚更有"六经皆史"的论断。文字是历史的载体，历史是文字的灵魂。然而，反观现今中学的大多数语文课和历史课，便会发现一个突出的问题：历史过于强调历史事实的灌输而变得枯燥无味，文学过于强调表层语言的华美而变得软弱无力；历史集中于历史现象的呈现，因此视野狭小，文学放任于漫无目的的欣赏，因此杂乱无章。用程红兵校长的比喻来说就是"历史是一副骨架，文学是一堆血肉"。另一方面，当下思想品德课的教育，很多停留于理论说教和口号宣传，对于影响中国人至深至大的文化精髓却涉及不多。

如何让历史有趣，让文学有序，让思品感人，让教育"润物无声"?我们试想，如果将历史的"骨架"和文学的"血肉"有机结合，那么，一个新的鲜活的课堂生态将会出现。于是，在程红兵校长课程整合理念的指引下，我们开始了一次文史结合的大胆创新，其结果便是中国文化课的形成。正是在中国文化课上，我们尝试使用文史结合的模式，恰如其分地实现了习近平总书记"把这些经典嵌在学生脑子里，成为中华民族文化的基因"的这一目标。正如程红兵校长所言："中国文化所要做的，就是用中国的历史和文学帮助学生建构中国精神；中国文化所要实现的，是让民族精神如血液一般在学生的体内流淌；中国文化所要培育的是一个真正中国人的文化基因。"

四、为何采用新的文化分期法？

中国文化课之整合，实际上是文学、历史、思品的整合，但又不是这三门课程的机械结合，而是在中华文明的历史长河中采撷熠熠生辉的文化珍宝而琢磨之。这其中，以史为纲是基础。

如何做到"以史为纲"呢？

当我们思接千载，乘文献材料之桴浮于文化沧海，我们于中国文化恢诡浪漫、春荣大雅之气象的背后，可以隐约探寻出一条中国文化生长之脉络。中国文化之分期，大致分为四期：①孕育期（人类初现至春秋战国）；②萌发与成型期（秦汉）；③兴盛与革新期（魏晋之宋末）；④转型期（明朝至今）。此文化分期较为明晰地揭示了华夏文明的生长线索。

又以德国历史学家雅斯贝尔斯之论断，在被其称为"轴心突破期"的春秋战国时代，产生了百家思想（以儒、法、道为主），直接在政治与思想上影响了秦汉之中国文化的成型，故可归为一类，命名为"萌发与成型期"。

检视魏晋至宋之文化，我们看到了西域佛教对魏晋南北朝文化的影响，亦看到了"关陇集团"及其"胡风"对隋唐文化之影响（参见陈寅恪《唐代政治史述论稿》），更看到了禅宗思想以及由儒家思想中抽离出来的"理学"思想对宋代文化的影响。不难看出，魏晋至宋的文化，是"鼎盛为表，革新为里"的文化形态，陈寅恪在评价唐代时认为："前期结束南北朝相承之旧局面，后期开启赵宋以降之新局面，关于政治社会经济者如此，关于文化学术者亦莫不如此。"此语亦解释了唐与魏晋、两宋之密切联系，故权且归为一类，命名为中国文化之"兴盛与革新期"。

至于明朝以后之中国文化形态，则确乎以"转型"为主，然这种转型，源于对中国现状之反思，源于对民族危机之忧患，更源于对民族复兴之渴望，故命名为"反思与复兴期"。而《中国文化原典阅读》，亦以此为分卷之标准。

关于"传统文化经典"教学的思考
——以《颜氏家训》为例

2016年6月，上海市于漪德育实训基地专家来到深圳明德实验学校开展语文教学研讨。我和初二的学生一起上了一堂《颜氏家训》课，这是我校特色课程《中国文化原典阅读》中的内容。令人欣喜的是，这一节课博得了与会专家的认可。基于以本节课为代表的课堂实践，我对"传统文化经典"的教学进行了一些思考。

"学习中国古代优秀作品，体会其中蕴含的中华民族精神，为形成一定的经济文化底蕴奠定基础，学习从历史发展的角度理解古代文学的内容价值，从中汲取民族智慧；用现代观念审视作品，评价积极意义与历史局限。"这是《语文课程标准》的要求，也是中学生学习课内外文化经典的重要目标。要实现这一目标，可以有很多方法，但笔者认为在传统文化经典的教学中，引入"批判性思维"这种"以求真、公正和反思的精神为核心"[1]的思维来指导学生的学习，应该是比较恰当的方式之一。在执教校本教材《颜氏家训》一课时，笔者尝试运用批判性思维开展教学，取得了比较理想的效果。下面呈现笔者在本节课的教学思路，以供大家批评指正。

一、让经典回到历史现场中去

克罗齐说："一切历史都是当代史。"唯有回到历史的现场，才能尽可能清楚地听到古人在文化经典中的心跳。余党绪老师曾提出对传统文化的理解的三个维度，其中第一个维度即"体认传统的生存状态与生活方式，就是文本中所记载或蕴含的生活细节与情趣、格调与品位"[2]的传统文化维度，这正是传统文化经典教学的基础和起点。另一方面，对传统文化经典的理解，需要"去粗取精、去伪存真"，就需要学习者运用批判性思维进行鉴别，而将传统文化经典回到历史现场中的做法，其目的在于让学习者"依靠理性"的认知和评判接近真理，正是批判性思维的基础。因为"从一开始，批判性思维的目的就是要找到正确的思想和知识"[3]。笔者认为，要想让学习者"体认传统的生存状态"，就首先需要让传统文化经典"传统"起来，让这些文化经典回到历史的现场，还原其原初的文化生态，探测经典的"文化土壤"。笔者进行了如下的尝试：

    师：（呈现"老"的甲骨文）同学们，猜猜看，这是什么字？

    生：（各种猜测，但都不对）

    师：我们的古人造字的时候，会主要依照事物的形状构成汉字的字形，比如这个字和一个形象很相似（呈现老人的图形），大家知道这个是什么字了吧？

    生1：老。（解释原因）

    师：很好，那这个是什么字？（呈现"孝"的甲骨文）

    生1：应该是一个"孝"字

    师：你是怎么看出来的呢？

    生1：上面的那部分和"老"字很像，下面是一个孩子的样子。

    师：猜得很对，就是"孝"字，有老人，有孩子，这就构成了家庭，有了家庭，就应该有维系家庭的精神纽带，这就是"孝"。在古代，孝道的故事非常多，有没有同学知道？

    生2：我知道，好像有一个叫作"二十四孝"的。

    师：好，老师正好找到了"二十四孝"的故事名目，大家看看，你有什么发现？

生3：好像有一些帝王的故事。

师：老师把这24个故事按照时间顺序进行重新排序，然后再看，你发现了什么？

生4：东汉到南北朝时期的孝的故事有14个，尤其多！

师：看到这一点，你有什么疑惑？

生4：为什么这个时间段的孝的故事这么多？

生5：可能是这个时间内统治阶级比较重视"孝道"

师：我当时也有这个疑惑，于是我请教了历史老师，我们看一下历史老师查找的资料。（呈现历史老师查找的世家大族与政权的历史资料）

程红兵校长在课后点评时提道：这一部分的教学"每一个环节都是实质性关联的，而且是逐层递进的，开头猜字……然后让学生自己发现出'二十四孝东汉到魏晋最多'，学生和老师同时产生疑问'为什么这个时期最多'，于是自然需要还原背景"。[4]笔者以为，这一环节的成功得益于"背景还原"方法的运用，让《颜氏家训》这一传统文化经典回归到南北朝这一"原生态"的历史现场去，回归到世家大族独特的政治地位、生存状态和生活方式中去，从而为更好地理解《颜氏家训》的内涵打好了基础。另一方面，要开展批判性思维的文本分析，就必须首先追求对文本事实的清晰、客观把握，而"背景还原"的过程正好恰当地实现了这一目标。

二、让接受主体走进经典中来

还原背景的目的，不仅在于让学生明白文本背后的时代底色，更在于创造一种体验式的情境，激发学生探索的兴趣，引导学生自己走进文化经典中来。本节课的教学中，通过追溯历史，学生明确了南北朝时期世家大族的生活状态，同时了解了后来世家大族衰落的历史现实。于是疑问自然而然地产生了：世家大族为什么会衰落？老师进行了进一步的还原背景，从政治、经济、精神三方面罗列历史问题。通过这样一个逐层递进的过程，学生已经由一个对文本陌生的接受主体逐渐步行到文化经典的门口。紧接着，笔者设计了这样的环节：

> 师：如果你是世家大族的一员，你会怎么办？
> 生6：我会和家族同胞和一起来解决这些问题。
> 生7：我会制定一个制度，规范家族成员。
> 师：生活在北朝的颜之推也是这样想的，他写了一份家训，来规范自己家族成员的行为。下面请大家朗读《颜氏家训》的选段，然后小组讨论，看看哪一条家训能够解决刚刚提出的世家大族在政治上、经济上和生活上出现的哪个问题。

"如果你是世家大族的一员，你会怎么办？"正是这个问题，把学生引进历史现场，帮助学生叩响了经典文本的大门，让学生自己推门而入，自觉地到《颜氏家训》中寻找"宝藏"。这个环节的意义，正在于唤醒学生的"自发主体"意识。孙绍振先生将学生的主体性分为自发主体性和自觉主体性。"自发主体性是学生的原始水平，拿到课文，以为一望而知。"[5]但是，面对以文言文为载体的传统文化经典文本，学生"一望而知"的东西实在少之又少，甚至在"望"之前可能就已经在心里竖起了一道"墙"。因此，笔者认为，学生的"自发主体性"是需要开启的、需要调动的，只有开启和调动了学生的"自发主体性"意识，才能打破学生与传统文化经典之间的"墙"，进入到传统文化经典中来进行"沉浸式阅读"。等到学生的"自发主体"意识被唤醒之后，笔者又进行了以下设计：

"假如你是家长，你最想让孩子看到哪一则家训？"

"作为孩子，你最喜欢家长看到哪一则家训？"

在上课之前，笔者通过调查，收集了学生的意见。课堂上，笔者将选票最多的几则家训呈现出来，让学生们分别充分阐述自己选择的理由。在阐述的过程中，学生学会了换位思考，也逐渐理解了家长对孩子最普遍的期望。比如，我和一位同学的课堂交流：

师：（向一位李姓男生）李爸爸您好，请问作为家长，您最想让孩子看到哪一则家训呢？

生：作为家长，我想让我的孩子看到"积财千万不如薄技在身"这一句，因为我想告诉他，父母给你留下再多的财富，也不如你自己拥有一项技能，你要靠自己的双手养活自己。

师：感谢您，相信您一定能做一位优秀的父亲！

需要特别指出和强调的是，作为接受主体的学生应该是"进入"文本，而不能是被"推入"文本。因为一方面基于批判性阅读的文本分析，必须要追求文本事实的客观性，而作为执教者，老师很容易充当"牧师"的角色，在自觉或不自觉中将自己的价值判断传递给学生。需要明确的是，学生才是真正的"接受主体"，在教学中，只有当学生能动地、自主地去体察知识经验、认识事物并获得自己的感悟，激发起自己的情感的时候，才真正是一个主体。另一方面批判性思维是"理性的、反思性的，目的在于决定我们的信念和行动"[6]的思维，只有通过主体还原，让学习者进入传统文化本身，作为接受主体与本文进行相互观照，才有可能运用批判性思维"决定我们的信念和行动"。因此，笔者采取了主体还原的做法。在这一过程中，学生走进了文本，学生的体验由表层逐渐进入深层，学生对文本的理解之间接近客观。而只有做到这一步，才能引导学生对文本进行更深入的批判性思考。

三、让经典登上理性的思辨台

对于传统文化经典的学习，应当从理解开始，但不能仅仅停留于理解。因为经典本身就是一个历史性的概念。"如果仅以作品所宣扬的观念尤其是某一个维度的观念作为标准，那么几乎所有的经典都是值得怀疑的"[7]。作为学习者，只有让传统文化经典登上理性的思辨台，以现代理性的视角进行多元观照，质疑其矛盾，剖析其错误，才能真正实现"去粗取精、去伪存真"。因此，在学生预习《颜氏家训》之时，笔者让学生思考："你认为选文中哪些家训欠妥，理由是什么？"并在课堂上呈现了统计结果，来激发学生进行理性思辨。

师：经过统计，同学们认为在颜氏家训的选文里欠妥的有这样几条，我们按照得票多少分别来看。

（屏幕呈现：积财千万，不如薄技在身。）

师：请同学来阐明理由。

生8：这一则说，千万家财不如一门技术，但是技术也有好坏之分，如果他学的是偷鸡摸狗的"技术"，那这一则家训就有问题了。

师：你的意思是这个"薄技"没有清楚地定性，所以有歧义对吗？

生8：对！

师：那你能不能修改得没有歧义？

生8：积财千万，不如良技在身。

（现场鼓掌）

师：现在没有歧义了是吧？那大家现在看看，这句话还有没有什么不妥？

生9：我认为还是不妥，因为他说了千万家财不如有一门好技术，但是如果没有千万家财的话，你要一分一分地挣；有了千万家财的话，你的技术可以帮你挣更多的钱啊！

师：同学们同意不同意他的观点？如果你的父亲给你一千万，你要还是不要？

生10：当然要！

师：那这句话的问题在哪里？我们来分析一下，这句话说了哪两样东西？

生9："积财"和"薄技"

师：这句话用一个词阐述了它们的关系，哪个词？是什么关系？

生10：不如，不如就是一个对比关系。

生11（大悟）：老师我知道了，这句话把"积财"和"薄技"这两个东西对立了，其实两个东西并不是对立的，因为我们两个都想要！

师：那你能不能把这一句家训修改一下，让它们不是非此即彼的对立关系，而是互利共生的关系？

生11：积财千万，也要薄技在身！

（全场鼓掌）

师：结合最开始的质疑和修改，我们改成：积财千万，也要良技在身。现在并列了，两个都有了，但是请大家想想，钱和技能哪个更重要？

生12：我认为技能更重要，因为钱是已经有的，可以花完，但是技能可以帮你赚到更多的钱。

师：那怎么改一下，显得"良技"更重要一些？

生12：积财千万，更要良技在身。

在这一环节的教学中，我们看到了学生的现代思维与传统经典文化的激烈碰撞。在漫长的农业文明时代里，在儒家思想影响下，社会长期重农抑商，万般皆下品，唯有读书高。但是在商业文明极度发达的今天，人们的财富观已经发生了巨大变化，如果执教者忽视或者无视这一变化，而依然将传统经典中的准则奉为圭臬，就很有可能引起学生的困惑，甚至教出"孔乙己"式的人物。因此，笔者站在当代文化的维度，引导学生运用批判性思维，用客观的立场和理性的眼光来观照传统文化经典。一开始，学生就对"薄技"产生质疑，体现了学生一分为二的理性思考能力；紧接着，在教师的引导下，学生们慢慢体悟到了这则家训的问题实质，在于将"积财"和"薄技"理解为非此即彼的二元对立关系，能够意识到这一点，就意味着学生的批判性思维正式进入了客观理性的学术深层。因为"在我们的日常生活中，我们可以把所有的事物都看作非此即彼、非黑即白的。在学术领域，同一个问题可能有很多种答案"[8]

孙绍振先生认为，语文课堂要致力于"把学生自发主体提升到自觉层次"，而提升的方法"乃是在学生表层的感知中，触动学生深层的潜能。在其原始水平上感觉不到问题的地方提出问题，将不可言传的，转化为可以用语言表达的，将无序的吉光片羽，转化为有序的理性。激活学生的主体从感性向理性，从表层向深层转化"[9]。教师没有"简单地'竖起大拇指'去肯定什么，或'挥舞大棒'去否定什么"，而是采用"修改家训"的方式，不断地引导学生向更加客观、更加合理的深层推进，其目的就在努力于让学生从被动接受提升为主动思考，由自发主体上升为自觉主体。正是在这样的思考中，学生懂得了如何"从合理性的标准出发"，懂得了"在日常推理、论证中应遵循什么原则，思考什么问题，注意什么事项，避免什么错误。"更提醒学生："日常推理、论证常常并无绝对的正确与不正确之分，……人们都可以有不同的看法。"[10]

（本文发表于《中学语文教学参考（上旬刊）》2017年第1-2期，后被人大复印资料《高中语文教与学》2017年第8期全文转载）

参考文献：

[1] 董毓. 批判性思维原理和方法[M]. 北京：高等教育出版社，2010.

[2] 余党绪. 祛魅与祛蔽[M]. 北京：中国人民大学出版社，2016.

[3] 董毓. 批判性思维原理和方法[M]. 北京：高等教育出版社，2010.

[4] 程红兵. 课堂教学也是技术活[J]. 未来教育家，2016.

[5] 孙绍振. 钱梦龙的原创性：把学生自发主体提升到自觉层次[J]. 语文学习，2015(10).

[6] 董毓. 批判性思维原理和方法[M]. 北京：高等教育出版社，2010.

[7] 余党绪. 祛魅与祛蔽[M]. 北京：中国人民大学出版社，2016.

[8] 斯特拉·科特雷尔. 批判性思维训练手册[M]. 李天竹，译. 北京：北京大学出版社，2012.

[9] 孙绍振. 钱梦龙的原创性：把学生自发主体提升到自觉层次[J]. 语文学习，2015(10).

[10] 吴坚. 批判性思维：逻辑的革命[J]. 北京理工大学学报，2007(5).

为了学生的思想而教
——从执教《苏格拉底的申辩》想到的

2017年12月1—2日，中国语文报刊协会课堂教学分会第42届年会在深圳市明德实验学校召开。钱梦龙、程翔、程红兵、黄厚江、李华平、张广录、陈继英等语文名家齐聚明德，我有幸执教了《苏格拉底的申辩》一课，这是深圳明德实验学校开发的校本教材《西方思想名著选读》的内容之一。基于本节课的课堂实践，我对西方经典思想名著的教学进行了一些思考。

一、有一种差距叫思想

苏格拉底说：未经省察的人生没有价值，当省察我们的基础教育，我们不禁要惊出一身冷汗。

    1.尊重一切生命是一种道德义务吗？

    2.艺术家是否在其作品中刻意留下让人意会的内容？

    3.对摘自古罗马雄辩家西塞罗所著《论神性》的一段话加以解读。

这些题目，其实是法国的"高考题"。据法国媒体报道，法国高中生不论学文学理，哲学都是必考科目，与法语、数学、物理等不相上下。[1]面对别国这样的高考题，复旦大学附中资深特级教师黄玉峰老师发出感慨："面对这些尖锐的问题，我们讶然，这是高中生做的题目吗？在中国又有几个成年人有能力或者说有勇气去探讨这样的问题？"[2]

有一种差距，叫作思想的差距。习近平总书记说，"没有思想就没有灵魂"，极言思想之重要。人因思想而存在，一个人没有思想，则只能沦为一个工具、一具行尸走肉；一个民族没有思想，则极有可能在漫漫长夜中辗转轮回直至走向灭亡。作为民族之希望的青年人，在人生觉醒之时，如果缺乏了思想，它所带来的，将不仅仅是"落后就要挨打"如此简单。

2016年12月，《中国学生核心素养》面向全国发布，从中观层面深入地回答了"立什么德、树什么人"的根本问题，组成核心素养的三大方面——文化基础、自主发展和社会参与，"都和学生主体思想的培养有着极大的关联度，也就是说学校教育要培养学生的核心素养，就必须培养学生的思想能力"[3]。

我们的教育应该让中学生拥有思想！

二、思想是什么？

基于培养学生思想能力的核心素养如何落实呢？尹后庆先生说：通过课程的变革落实核心素养，即改变原来以知识为本的教学，转化为以素养为本的教学[4]。要让学生拥有"思想"的能力，就必须思考明白"思想是什么"的问题。

思想是人类思考的结晶。思想是爱与智慧的闪耀，更是一种思考的姿态。当远古洪荒时代，人类的先民仰望满天繁星，思考这个世界是怎样的时候，思想就产生了。作为现代的人，我们有时可能会讥笑古人将世界理解为"天圆地方"、理解为"由火组成世界"的幼稚与可笑，但是，我们谁又能断言，我们对世界的认知就是深奥、正确的呢？事实上，对于人类而言，有一些问题，是人类千百年间思考的永恒性问题，也是每一个人必须要思考的"终极问题"。梁漱溟先生说：人类生活中所遇到的问题有三不同，人类生活中所秉持的态度(即所以应付问题者)有三不同，第一问题是人对于物的问题，第二问题是人对于人的问题，第三问题是人对于自己的问题。[5]而前人的思考，犹如黑夜中闪烁的点点星光，能为我们后来者在生命旅途中指明方向。从另一方面而言，古人探究世界本质和认识自我的姿态，却是最值得我们敬仰的姿态，思考是人类最美的姿态！我想，这就是王小波所说的"思维的乐趣"吧。

程红兵校长说：人的思想是从思想中来的，其含义有二：第一个含义是指人的思想首先是从别人的思想中来，即从学习人类文明史上重要的思想成果而来；第二个含义，指的是学生在学习过程中要学会思想，即学会独立思考。[6]

所以，我们不仅从初中开始开设了"中国文化原典阅读"课程，一直开到高中，还在高中开设"西方思想名著选读"这一选修课程，我们将苏格拉底、柏拉图、亚里士多德、康德、黑格尔、马克思等哲学家的经典思想著作汇编成册，让学生与思想家对话，让学生在思想家的思想中汲取智慧，在思想家的思想中学会思想，进而在思想中塑造灵魂。

三、如何拥有思想？

苏格拉底说：教育不是灌输，是点燃火焰。学习思想经典的目的在于让学生感受思考的快乐，学会思考，进而建构自己的思考。那么，教师要做的，可能就是在课堂上点燃学生的思想，并建立起哲学与学生生活的"血肉联系"。笔者以为，课堂上有以下几个要素是必不可少的。

1.让学生像思想家一样思考

哲学是对人类基本和普遍问题的思考与研究。觉醒和思考，是人之成为人的价值所在，也是人之成为人的快乐源泉。因此，亚里士多德才说，人的本性在于求知。[7]因此，王小波才说：能够带来思想快乐的东西，只能是人类智慧至高的产物。[8]关于思想的教学首先要激发学生思考的快感，要让学生感受到思考的快乐。让学生真正进入思想家当时思考的"思维场域"，将会有效地促进学生像思想家一样的思考。比如在《苏格拉底的申辩》教学中，笔者在上课伊始就抛出一个问题：

据说最聪明的人是善于提问的人，请同学们就题目进行提问。

毋庸置疑，每个人都希望表示自己聪明，因此会争相提出自认为深奥的问题。但是，当一个学生提出"苏格拉底是谁"的问题时，有的同学笑了，因为他们认为这个问题过于简单，但是事实并非如此。于是笔者接着提问：

你认为苏格拉底是怎样的人？

学生通过追溯苏格拉底论证的逻辑思路，发现苏格拉底认为自己无知，但正是因为这一点，让他能够看到"未知"的那一部分，这也正是苏格拉底智慧的体现。分析到此，学生才真正体会到苏格拉底"认识到自己的无知，是真正的智慧"这一观点的价值所在。学生能够感受到这一思想的奥妙，正是在于还原，还原思考场景，还原问题、还原思维路径，让学生向思想家一样进行思考。

2.让学生思考思想家的思考

先哲们基于的思想结晶已然成为人类智慧星空上熠熠生辉的星辰，但是除了了解思想家智慧的价值，学生更需要追溯根本，追溯思想家们思想的动机何在的"思想动因"问题，或者以更高的视角思考思想家的思想有无局限性的"思想范畴"问题。比如在《苏格拉底的申辩》一课的学习中，学生发现，苏格拉底被判刑之前他的申辩与起诉苏格拉底的罪名似乎并不完全匹配。也就是说，苏格拉底面对"不敬神祇、败坏青年"的控告时，仅仅做了似是而非的申辩——将自己的哲学观点重新做了阐述。其实，这种"不吻合"的背后，恰恰是苏格拉底的"思想动因"所在。于是在课堂上，笔者尝试让学生来思考这位哲学家的思考，以发现其思想的动因。

师：让我们再次回到文本，看一下苏格拉底到底有没有不敬神祇？

通过思考，学生发现了苏格拉底真正的目的，是追求真正的智慧——

认识自己的无知。紧接着，笔者向学生呈现了苏格拉底"败坏青年"的罪证——苏格拉底与青年的话，他用层层追问的方式，让青年承认有时候欺骗也是符合道德的。学生明白了他自比为"牛虻"的背后，是一种大爱。而"爱"与"智慧"的聚合，恰好是哲学的含义，而追求"爱"与"智慧"，正是以苏格拉底为代表的思想家们永恒的"思想动因"。

3．让学生思考自我的思考

有人说：哲学是追问浩瀚星空的高深学问，哲学是离我们很远的玄思冥想。其实不然。马克思说：哲学不是在世界之外，就如同人脑虽然不在胃里，但也不在人体之外一样。[9]哲学不能脱离生活，让学生从经典思想中完善思想。学会"不断追问和反思"的思维方式，这才是学习思想的终极目的。而实现的途径便是——让学生思考自我的思考。

学习《苏格拉底的申辩》，让学生了解苏格拉底思想的伟大以及哲学家追求"爱"与"智慧"的职责，但这些都还不够，我们应该让学生思考苏格拉底的思想对于我们有什么意义。在课堂上，笔者询问学生："你能不能从自己的生活中找一个事例证明苏格拉底的观点？"能分享的学生寥寥无几，这恰恰说明了其实对于学生而言，因为不知道"省察"的价值，所以很少有自己做"省察"的功夫，也很少能体会到"省察"对于人生的意义。所以笔者通过一个"补充句子"的活动，让学生来感受"省察"的意义：

补充句子：因为知道自己无知，所以＿＿＿＿＿＿＿。

有一些学生提出了要学习、要倾听、要思考，但都集中在学习方面。笔者进一步引导，在我们的人际交往中，有没有"无知"的情况呢？你认为你的朋友做了对不起你的事情，你会如何处理？学生就能够得出要宽容、理性等方式，进一步，如果在处理国家事务、重大问题上呢？学生通过思考得出了要"民主"的答案。通过层层推进，学生逐渐进入到对自己以往的思考进行再思考的深层，从而明白了"认识到自己的无知"对于生活的价值。经过让学生思考自我的思考，才能把思想转化为如血液一般在学生体内流淌的精神养料。而不至于让思想变成空洞的概念和神秘的名词。

　　罗伯特·恩尼斯（Robert Ennis）说：批判性思维是理性的、反思性的思维，用来决定信念与行动[10]。该定义决定了批判性思维不仅是一种具有质疑与反驳倾向的思维，更是一种建构性的思维，人们可以凭借这种思维建构认知，指导实践取向。因此，余党绪老师说："'理性的反思'实际上是每个人都有的思维与认知活动，它就在我们的日常生活与实践之中，区别只在于个人的判断与选择是否合理，能否解决实际问题。"[11] 只有当学生通过思考自我的思考，学会了这样的思维方式，才能真正养成一种思维习惯，具备一种思维素养，真正地指导我们未来的生活。

（本文发表于中国语文报刊协会会刊《语文世界》2018年第7—8期）

参考文献：

[1] 法国哲学考试｜好庆幸生活在中国[EB/OL]．新华网，2015-06-19．

[2] 黄玉峰．"洋高考"试题让我们痛苦地看到差距——关于高考语文作文命题的反思[N]．文汇报，2012-07-12．

[3] 程红兵．思想从哪里来？[J]．上海教育，2017(28)．

[4] 尹后庆．学生核心素养落地，将如何影响我们的课堂？[N]．中国教育新闻网—中国教育报，2016-09-17．

[5] 梁漱溟，[美]艾恺．这个世界会好吗？[M]．生活·读书·新知三联书店，2015．

[6] 程红兵．思想从哪里来？[J]．上海教育，2017(28)．

[7] 亚里士多德．形而上学[M]．苗力，译．北京：中国人民大学出版社，2003．

[8] 王小波．思维的乐趣[M]．北京：中国人民大学出版社，2010．

[9] 马克思，恩格斯.马克思恩格斯全集（第41卷）[M].北京：人民出版社，2017.

[10] 诺希克，柳铭心.学会批判性思维——跨学科批判性思维教学指南[M].北京：中国轻工业出版社，2005.

[11] 余党绪.比教学范式建设更迫切的，是改善我们的思维[J].语文建设，2018(1).

切磋琢磨寻幽径

初中童话课，让学生的思维飞一会儿
——《皇帝的新装》教学尝试

童话是儿童的精神食粮，它承载着人类最初的美好想象。童话教学贯穿了整个童年的学习，甚至延伸到了初中阶段。然而，需要明确的是，初中的童话教学是承接着小学进行的，但是在教学的内容和重点上却有着明显不同，初中童话教学的层次应当在小学童话教学的基础上有所提升。然而，许多初中教师的童话课堂教学往往套用理清线索、概括中心、表演欣赏的简单模式，这样就不免出现了童话教学的低幼化和枯燥化倾向。为此，笔者尝试在八年级学生中开展《皇帝的新装》的童话教学尝试，以图探索初中阶段童话教学的新思路。现将教学环节与思考记录如下，以供批评指导。

在《皇帝的新装》备课伊始，我追问了自己三个问题：

(1) 这节课是给谁上的？答案是初中生（八年级的学生）。对于处于人生断乳期的初中生来讲，他们具有快乐的天性，又渴望自由的思想；他们身上游戏的本能尚未散去，又喜欢以大人的姿态评论自己看到的社会。因此，初中的童话教学既要顾及学生的游戏本能，让他们在课堂上"动"起来而不是停留在条分缕析地划分段落与层次，又要具备一定的深度，让学生能够透过童话看到某些社会现象，从而帮助学生认识社会、辨别是非。

(2) 初中生想从童话里学到什么？童话是能激发人的游戏本能的一种文学样式。正如意大利儿童文学家罗大里所言："我希望我的书像玩具一样快活有趣，希望它的生命力强，孩子永远玩不够。"正是这种游戏化的阅读心理，诱发着孩子们甚至大人们的阅读兴趣。具体而言，虽然学生早已经读过《皇帝的新装》，但是同样一则童话，在不同的年龄阶段阅读，或许会是完全不同的面貌。当然，对于初中生而言，这节课的童话教学不能仅仅停留在表象、肤浅的"游戏上面"，而应该深入到一种"思维游戏"，以童话为切口，思考现实与童话之间的复杂关系。因此，初中的童话课堂应该带领学生畅游童话的想象之美，打破成人观念的束缚，敞开多角度阅读童话的大门，搭建童话与现实之间的思维桥梁。

(3) 初中的童话教学应该如何教？语文课新标要求，初中的童话教学不仅需要理解作品的内容，描述印象最深的场景、人物、细节，表达自己对作品的情感，更需要能启发学生对于自然、社会、人生进行思考并从中获得有益启示。因此，我认为，初中童话教学不仅需要带着学生走向童话，还必须让学生带着童话走向现实：以童话为镜，让童话照进现实，培养学生明辨是非、感悟善恶的能力，让学生实现涵养学生"诗意栖居"的人文思考。

基于以上思考，我将这节童话课的授课时间定为两课时，并设计了自己的授课思路：

第一课时

课堂目标：

(1) 熟悉故事情节，并概括文章的中心思想。

(2) 辩证分析人物形象，体会主旨的现实意义。

我将本节课的教学重点和难点放在了让学生辩证分析童话中的人物形象并体会主旨的现实含义方面。果不其然，在熟悉故事情节、概括文章的中心思想的第一环节，学生很快便理清了这个骗局的来龙去脉并总结出了童话的第一层主旨：童话呼吁我们要像小男孩一样做一个诚实的人。可是，这个主旨在第二环节"分析人物"的时候，却发生了矛盾。我在第二环节设计了两个小问题：一是请选择故事中的一个人物进行评价，二是如果你是文中的某个人物，你愿意是谁？出人意料的是，大部分学生居然很欣赏文中的骗子，仅有一个学生愿意做小男孩。（我在另一个班教学时，竟然没有一个学生愿意做小男孩。）我意识到：这正是初中童话教学与小学童话教学的巨大差异之处，更是童话学习的必要之处。于是我尝试着和学生讨论这一问题：

师：欣赏骗子的同学请举手。

（全班整齐而自豪地高举双手，只有一个同学在犹豫）

师：同学，你没有举手，你说说你的看法。

生：（声音细微）我觉得我还是想做小男孩。

师：为什么？

生：因为要做一个诚实的人。

师：支持骗子的同学，能不能说说理由？B同学你来谈谈。

生B：因为骗子很聪明啊！

师：他的聪明体现在哪里？

生：他成功地骗了整个国家的人，还获得了很多金银财宝！

（一些同学附和其言论）

师：那你们欣赏骗子的原因是他成功了，他成功的标志是获得了很多金银财宝对不对？

大部分学生：对！

师：同学们，那大家有没有想过，他的钱是怎么得来的？

（全班默然，学生开始思考）

师：骗来的对不对？通过不正当的手段获取财富，这能不能成为"成功"的标志？

师追问：大家联系我们的生活实际想想，如果我们的周围都是这样不择手段的"成功人士"，这个社会会怎样？

生：这个社会会没有诚信，大家都相互欺骗。

师：说得具体一点，如果我们的食品生产者是这样的人，会怎样？

生D：就会出现三聚氰胺、皮鞋牛奶，现在我们都不敢吃东西了。

师：很好，如果我们的企业以赚取金钱为成功的标志，不择手段，不顾后果，会有什么结果？

生E：我们的产品质量会越来越差，我们的生活环境也会越来越差。

师：（总结）同学们，我们这个社会出现了越来越多的问题，读了这则童话，你们能够明白问题出在哪里了吗？没错，就是诚实的缺失。如果一个社会是功利化的，是金钱至上的，后果是不堪设想的。所以，安徒生老人为我们创作了这样一则童话，他在呼唤诚实，呼吁正义。这就是我们学习童话的现实意义。

师：当然，在这个社会说真话是很难的，请看——（呈现课件）

立　论

鲁迅

我梦见自己正在小学校的讲堂上预备作文，向老师请教立论的方法。

"难！"老师从眼镜圈外斜射出眼光来，看着我，说。"我告诉你一件事——一家人家生了一个男孩，合家高兴透顶了。满月的时候，抱出来给客人看，——大概自然是想得一点好兆头。一个说：'这孩子将来要发财的。'他于是得到一番感谢。一个说：'这孩子将来是要死的。'他于是得到一顿大家合力的痛打。说要死的必然，说富贵的许谎。但说谎的得好报，说必然的遭打。你……"

"我愿意既不说谎，也不遭打。那么，老师，我得怎么说呢？"

师：同学们，如果你是老师，你会怎么说？请小组讨论之后分享。

案例反思：这一环节在课堂上属于"突发情况"，可是这正是学生的真实想法，更是初中童话教学必须面对的问题，是教学的必要之处。初中学生的价值观尚在形成期，有时难免会产生偏差，作为老师，我有必要通过"人物分析"来告诉学生骗子错在哪里，还要让学生联系社会现实，分析骗子的危害之处，同时，再通过鲁迅的杂文，让学生进一步思考，我们应该如何做。我要感谢学生，从童话里看到了现实，我更要感谢安徒生和鲁迅，从现实中创造童话。

第二课时

课堂目标：

(1) 批判思考童话对现实的影射关系

(2) 批判思考童话与现实的差异之处

(3) 思考童话荒谬性对现实的启示

在第一个环节——批判思考童话对现实的映射关系时，我首先让学生评价皇帝这个人物，学生毁誉参半，但是认为受骗这件事情的主要责任在于皇帝的居多。于是紧接着，我向学生呈现了童话故事的第一段：

> 许多年前，有一位皇帝，为了穿得漂亮，不惜把所有的钱都花掉。他既不关心他的军队，也不喜欢去看戏，他也不喜欢乘着马车逛公园——除非是为了炫耀一下他的新衣服。他每一天每一个钟头都要换一套新衣服。人们提到他总是说："皇上在更衣室里。"

事实上，安徒生在《皇帝的新装》一开始就已经将皇帝预设为一位昏庸的不关心国家的国王。于是我向学生提问：如果将第一段删去，你认为这个骗局还有没有可能发生？如果能，请分析原因，并找出现实中的类似实例来论证。学生的思路一下子打开了，课堂上激辩不断。在大家各执一词之际，我又给学生呈现了另一则故事：

湖边有一棵树，树上结满了木瓜。一个木瓜熟了，从树上掉进湖里，咕咚一声，溅起了白色的水花。

兔子听见吓坏了，拔腿就跑，边跑边叫："快逃哇，咕咚来了！"猴子听见了，也跟着跑，边跑边叫："大家快逃哇，咕咚来了！"这下子可热闹了。动物们全跟着跑了起来，边跑边喊："快逃命啊，咕咚来了！"

大象走来了，拦住了大伙儿："咕咚在哪儿，你们看见了吗？""没看见，是兔子说的！"大象追问兔子："你看见咕咚了？"兔子摇摇头说："没有，我是在湖边听见的。"

大家悄悄来到湖边，正巧一个木瓜又落到了湖里。咕咚一声，溅起了白色的水花。大伙儿你看看我，我看看你，都哈哈地笑了！

紧接着，我引导学生比较《皇帝的新装》与《咕咚的故事》的相似之处，于是学生得出了结论：皇帝不昏庸也有可能发生，因为我们有从众心理，我们经常会人云亦云，而不自己思考。所以，通过这一环节，学生找出了《皇帝的新装》更深层次的主旨：不盲从别人，要有自己的思考。

第二个环节，批判思考童话与现实的差异之处，我大胆假设：如果骗子说的话是真的，他们真能织出人间最美的布，这种布不仅色彩和图案都分外美观，而且缝出来的衣服还有一种奇怪的特性——任何不称职的或者愚蠢得不可救药的人，都看不见这衣服。可是，整个国家的人都没有见过这种布，会产生什么结果？在学生讨论之后，我总结了大家改编之后的《皇帝的新装》：

很久以前，有两个人来到京城，他们能织出一种布，任何不称职的或者愚蠢得不可救药的人，都看不见这衣服。

国王听到之后，认为他们是骗子，将他们杀死了。

大臣向国王上书，认为他们是骗子，将他们杀死了。

一个小男孩说他们是骗子，于是大家都说他们是骗子，将他们杀死了。

我追问，这个改编的故事告诉我们什么道理？于是课堂上学生的思维再次被引入深水区，

生：这个故事告诉我们这个被大家认为的骗子都被杀死了。

师：可是他们是不是骗子？

生：如果他们真的能织出这种布的话，那这个国家就错杀了一个好人。

师：如果这些人是掌握先进科技或者真理的人呢？

生：这个故事让我知道了真理并不都掌握在多数人手里。

师：那现实中如果一个人掌握了真理，可是大家都不认可他的话，会怎么样？我们的历史中有没有这样的事？

生：噢，我知道了，哥白尼的故事，还有布鲁诺！

师：呈现课件——

布鲁诺1548年出生于意大利诺拉城一个破落的小贵族家庭里。少年进入修道院学习，青年时期逐渐对宗教产生了怀疑，反而成为哥白尼太阳说的热心宣传者，走上了为捍卫和宣传哥白尼学说而奋斗到底的道路。布鲁诺提出：在太阳系以外还有不计其数的天体世界。人类所看到的只是无限宇宙中极为渺小的一部分，地球只不过是无限宇宙中一粒小小的尘埃。布鲁诺为捍卫真理被教会烧死在罗马的百花广场。

师：大家有什么想法？

（生默然）

师：布鲁诺为什么会被烧死？被谁烧死的？

生：他为了捍卫真理而死，是被民众以民主的名义烧死的。

师（总结）：同学们，皇帝的新装在一开始就告诉我们这是一个骗子，骗子的骗局是整个故事的核心。可是，如果我们运用批判思维来重新审视这个问题的话，我们会发现不一样的道理，就像这一则改编的故事一样，生活中我们要防止上当受骗，更要注意不要以传统的思维扼杀真理，尽管它们暂时看起来荒诞不经。

紧接着，我将《皇帝的新装》的荒谬之处和改编的故事的荒谬之处进行了对比总结，让同学们发现了一个共同的道理——在《皇帝的新装》中，整个国家只有两种声音：①这件衣服真漂亮；②他什么也没穿（孩子）。在改编的故事中，整个国家同样只有两种声音：①我能织出这种布；②你是骗子！其共同点在于没有第三种声音。于是我进一步追问：这两则故事共同的荒谬之处告诉了我们什么道理？同时，我给学生呈现了这样的图片，让学生结合现实探讨社会中的现象，学生便自然而然地得出了"要允许不一样的声音，学会理性质疑，这是明辨是非的前提"的结论。

在课堂的最后几分钟，我带领学生回顾了我们本节课的思路历程。这节课，我们一路高举"批判思维"的旗帜，从童话与现实的关系中思考社会、思考人生，孩子们在各种形式新颖的文本中游走，孩子的思维在批判思维的引领下在不断地"游戏"。这短短的一节课结束了，但我相信孩子们对于童话的思考依然在继续，学生对于童话的兴趣会更加浓烈，孩子们也不再会认为"童话里都是骗人的"了。只因为这一堂童话教学课，我让学生的思维飞了一会儿。

（本文发表于《语文学习》2015年第10期）

中学阅读课应该教什么？
——基于《皇帝的新装》的教学思考

　　阅读课堂是中学语文课堂教学的最主要呈现形式，最新修订版的《初中语文新课程标准》对中学语文课程提出了10条总目标和若干具体目标，对新课程的实施提出了具体的要求。然而，放眼当下语文课堂，换汤不换药的低效课堂依然存在，其共同问题在于缺乏课堂思维流量。因此，推动新的阅读课堂，其目的和前提是要提高学生的思维力；提高学生的思维力，其前提和基础是重新思考学生、教材与教学的关系。正是基于这一思考，笔者设计了《皇帝的新装》这一堂课。其宗旨在于通过课堂的生态呈现，探索新型课堂下学生、教材与教学的关系，并尝试印证自己的一些想法。

一、中学阅读教学中，学生是搜索引擎还是思考引擎？

　　"国立台湾大学"教学发展中心教师发展组组长叶丙成说："传统教学追求升学绩效，着重让学生精熟各类型的题目，以获得高分。在这种教育方式下，很多孩子都被训练成了搜寻引擎，而不是思考引擎。"叶教授此番批评虽然是就中国传统教学整体而言，但是结合当下语文阅读教学的现实来看，却发现此话也击中了语文阅读教学的"命门"。一节"正常"的阅读教学课，似乎都必须有这些问题：故事的结构如何？行文的线索是什么？描绘了几个人物，如何描写的？人物有什么性格？文章表达了什么主题？等等。或深或浅，或直接或委婉。学生总是在文本中寻找答案，老师似乎总是有"标准答案"。如此模式下，学生必然成为一个搜索引擎。殊不知，阅读真正的魅力在于"吸收民族文化智慧。关心当代文化生活，尊重多样文化，吸取人类优秀文化的营养，提高文化品位"（《初中语文新课程标准》）。而做到这一切的根源只有一个，那就是——思考。好的课堂应该成为有思维流量的课堂（程红兵校长语），好的课堂亦应该让学生成为思考引擎。基于以上思考，笔者尝试在《皇帝的新装》中启发学生的思考：

> 许多年前，有一位皇帝，为了穿得漂亮，不惜把所有的钱都花掉。他既不关心他的军队，也不喜欢去看戏，他也不喜欢乘着马车逛公园——除非是为了炫耀一下他的新衣服。他每一天每一个钟头都要换一套新衣服。人们提到他总是说："皇上在更衣室里。"

事实上，安徒生在《皇帝的新装》一开始就已经将皇帝预设为一位昏庸的不关心国家的国王。于是我向学生提问：如果将第一段删去，你认为这个骗局还有没有可能发生？如果能，请分析原因，并找出现实中的类似实例来论证。学生的思路一下子打开了，课堂上激辩不断。在大家各执一词之际，我又给学生呈现了另一则故事：

> 湖边有一棵树，树上结满了木瓜。一个木瓜熟了，从树上掉进湖里，咕咚一声，溅起了白色的水花。
>
> 兔子听见吓坏了，拔腿就跑，边跑边叫："快逃哇，咕咚来了！"猴子听见了，也跟着跑，边跑边叫："大家快逃哇，咕咚来了！"这下子可热闹了。动物们全跟着跑了起来，边跑边喊："快逃命啊，咕咚来了！"
>
> 大象走来了，拦住了大伙儿："咕咚在哪儿，你们看见了吗？""没看见，是兔子说的！"大象追问兔子："你看见咕咚了？"兔子摇摇头说："没有，我是在湖边听见的。"
>
> 大家悄悄来到湖边，正巧一个木瓜又落到了湖里。咕咚一声，溅起了白色的水花。大伙儿你看看我，我看看你，都哈哈地笑了！

切磋琢磨寻幽径

紧接着，我引导学生比较《皇帝的新装》与《咕咚的故事》的相似之处，于是学生得出了结论：皇帝不昏庸也有可能发生，因为我们有从众心理，我们经常会人云亦云，而不自己思考。所以，通过这一环节，学生找出了《皇帝的新装》更深层次的主旨：不盲从别人，要有自己的思考。

在这一课堂中，学生从文本出发，不断地发现，不断地思考。一篇小时候耳熟能详的故事，在不断的思考中渐渐丰富、深刻起来。

二、教材是学习终点还是思维起点？

教科书是什么？关于这个问题，教育界讨论已久。不同的教材观，直接影响着不同的课堂形式。有人认为，教科书是国家教委和相关专家根据社会要求，精心编订的典范之作，如此观点下的阅读课堂，文本是被奉为圭臬的，老师是带着学生含英咀华的；也有人认为，阅读从来都不是封闭的系统，它是开放的，多元的，教材的作用，在于带领学生走进阅读之门，更好地体会人类文化的精髓。当然，笔者并不认为对教材"含英咀华"的课堂是不好的，但是打开阅读之门的阅读教学对于学生影响更大，而阅读之门打开的关键，在于在课堂上打开学生的思维之门。具体而言，就是让教材成为学生的思维起点而不是学习终点。因此，笔者在《皇帝的新装》阅读课堂中，通过对文本的各种变异与比较，试图打开学生的思维。

批判思考童话与现实的差异之处，我大胆假设：如果骗子说的话是真的，他们真能织出人间最美的布，这种布不仅色彩和图案都分外美观，而且缝出来的衣服还有一种奇怪的特性——任何不称职的或者愚蠢得不可救药的人，都看不见这衣服。可是，整个国家的人都没有见过这种布，会产生什么结果？在学生讨论之后，我总结了大家改编之后的《皇帝的新装》：

> 很久以前，有两个人来到京城，他们能织出一种布，任何不称职的或者愚蠢得不可救药的人，都看不见这衣服。

国王听到之后，认为他们是骗子，将他们杀死了。

大臣向国王上书，认为他们是骗子，将他们杀死了。

一个小男孩说他们是骗子，于是大家都说他们是骗子，将他们杀死了。

我追问，这个改编的故事告诉我们什么道理？于是课堂上学生的思维再次被引入深水区，

生：这个故事告诉我们这个被大家认为的骗子都被杀死了。

师：可是他们是不是骗子？

生：如果他们真的能织出这种布的话，那这个国家就错杀了一个好人。

师：如果这些人是掌握先进科技或者真理的人呢？

生：这个故事让我知道了真理并不都掌握在多数人手里。

师：那现实中如果一个人掌握了真理，可是大家都不认可他的话，会怎么样？我们的历史中有没有这样的事？

生：噢，我知道了，哥白尼的故事，还有布鲁诺！

师：呈现课件——

布鲁诺1548年出生于意大利诺拉城一个破落的小贵族家庭里。少年进入修道院学习，青年时期逐渐对宗教产生了怀疑，反而成为哥白尼太阳说的热心宣传者，走上了为捍卫和宣传哥白尼学说而奋斗到底的道路。布鲁诺提出：在太阳系以外还有不计其数的天体世界。人类所看到的只是无限宇宙中极为渺小的一部分，地球只不过是无限宇宙中一粒小小的尘埃。布鲁诺为捍卫真理被教会烧死在罗马的百花广场。

师：大家有什么想法？

（生默然）

师：布鲁诺为什么会被烧死？被谁烧死的？

生：他为了捍卫真理而死，是被民众以民主的名义烧死的。

师（总结）：同学们，《皇帝的新装》在一开始就告诉我们这是一个骗子，骗子的骗局是整个故事的核心。可是，如果我们运用批判思维来重新审视这个问题的话，我们会发现不一样的道理，就像这一则改编的故事一样，生活中我们要防止上当受骗，更要注意不要以传统的思维扼杀真理，尽管它们暂时看起来荒诞不经。

这节课讨论的问题，或许学生之前从来没有想过亦或许他们一时间无法给别人或者给自己一个确定的答案。但是，这节课讨论的问题，学生很有可能从此以后将会长久地思考下去，一堂课不应该是结束，而应当成为开始。

三、教学是封闭自满还是开放多元？

语文新课标明确要求，我们的教学要"以学生为主体，以教师为主导，充分发挥学生的主动性"。然而，有不少的中学阅读课，却依然处于封闭自满的状态。教师往往根据教学参考书确定教学目标、重点、难点和教学程序，并依此设疑提问。这样，学生没有参与学习目标的设置，就造成了教和学的油水分离，学生被动思考、被动接受。教学活动结束后，教师提出的问题得到了解决，而学生可能产生的疑点教师却未涉及。然而，请不要忘记艺术的源头恰恰就是而且只能是生活。语文不是天上掉下来的，也不是语言学家和教材编者头脑里特有的，语文是从现实世界中提炼出来的，生活中处处有语文。学生不能永远待在学校里，他们终归要回到社会中去，最终要成为社会人。如果我们不能真正把语文与社会联系起来，就永远不能让语文沁人心脾，更不能让语文发自肺腑。

具体而言，童话教学贯穿了整个童年的学习，甚至延伸到了初中阶段。然而，需要明确的是，初中的童话教学是承接着小学进行的，但是在教学的内容和重点上却有着明显不同，初中童话教学的层次应当在小学童话教学的基础上有所提升。然而，许多初中教师的童话课堂教学往往套用理清线索、概括中心、表演欣赏的简单模式，这样就不免出现了童话教学的低幼化和枯燥化倾向。初中的童话阅读课堂应该教什么？笔者认为，初中的童话教学既要顾及学生的游戏本能，让他们在课堂上"动"起来而不是停留在条分缕析地划分段落与层次，又要具备一定的深度，让学生能够透过童话看到某些社会现象，从而帮助学生认识社会，辨别是非。正如笔者在《皇帝的新装》中的尝试：

师：欣赏骗子的同学请举手。

（全班整齐而自豪地高举双手，只有一个同学在犹豫）

师：同学，你没有举手，你说说你的看法。

生：（声音细微）我觉得我还是想做小男孩。

师：为什么？

生：因为要做一个诚实的人。

师：支持骗子的同学，能不能说说理由？B同学你来谈谈。

生B：因为骗子很聪明啊！

师：他的聪明体现在哪里？

生：他成功地骗了整个国家的人，还获得了很多金银财宝！

（一些同学附和其言论）

师：那你们欣赏骗子的原因是他成功了，他成功的标志是获得了很多金银财宝对不对？

大部分学生：对！

师：同学们，那大家有没有想过，他的钱是怎么得来的？

（全班默然，学生开始思考）

师：骗来的对不对？通过不正当的手段获取财富，这能不能成为"成功"的标志？

师追问：大家联系我们的生活实际想想，如果我们的周围都是这样不择手段的"成功人士"，这个社会会怎样？

生：这个社会会没有诚信，大家都相互欺骗。

师：说得具体一点，如果我们的食品生产者是这样的人，会怎样？

生：就会出现三聚氰胺、皮鞋牛奶，现在我们都不敢吃东西了。

师：很好，如果我们的企业以赚取金钱为成功的标志，不择手段，不顾后果，会有什么结果？

生：我们的产品质量会越来越差，我们的生活环境也会越来越差。

……

就在这样的思考中，学生总结出了童话中的深刻内涵，就是呼唤诚实。如果一个社会是功利化的，是金钱至上的，后果是不堪设想的，所以安徒生老人为我们创作了这样一则童话。这也正是我们学习童话的现实意义。而这种"思维震荡"的思考过程，基于学生的思考，又反馈到学生的思维中，亦是文本对文本的搜索模式所无法达到的教育效果。

四、一些不足

回顾本节课的设计和教学，笔者最为激动的是学生思维的打开，但是不足也出现在学生思维打开的过程中。首先，任何一种思维习惯的形成，都是需要长期的训练的，批判思维更是如此。由于学生之前没有经历过思维能力的训练，所以本节课学生的问题发起点不高，即整节课基本上都是老师在发问，但这并不代表老师牵着学生走，因为学生在问题的思考上是自由、开放、深入的。然而，设计痕迹过于明显毕竟是这节课的不足之处。其次，本次课堂设计大开大合，容量巨大，学生的思考如过山车一般，不可否认产生了一种思维的高峰体验，但是进度过快，需要适当调整。

（本文发表于《教育文摘周报》2015年11月18日第46期）

阅读教学要有文体意识

由于历史的原因，我国中学阶段的语文教材是由文体各异的文章选篇构成的，阅读教学就是以这些文章为载体进行的，因此关注文本的文体应当成为阅读教学中不可忽视的一个方面。文体就是独立成篇的文本的体裁或样式、体制，是文本构成的规格和模式。然而，在现实教学中，忽视文体的语文教学并不少见，比如用写实的手法教寓言，就闹出了"鹬蚌为什么会说话"的笑话；用普遍的手法教个性化的散文，于是便有了"朱自清和郁达夫的散文一样，他们是不是兄弟"的疑惑；甚至用非语文的方式看语文，便扯出了"朱自清父亲违反了交通规则"的荒诞结论。究其原因，是教师与学生文本意识的缺失导致阅读教学走向了模式化，即在教学过程中，忽视甚至无视文本的文体特征，简单粗暴地用一种模式套所有的文本，如此操作的阅读教学不仅会使阅读教学进入食古不化的死胡同，更会阻碍学生的文体意识的形成，进而阻碍学生语文素养的提升。因此，阅读教学一定要注重文体意识的培养。

一、文体意识对语文教学的重要性

基于文体意识的研究是中国古已有之的方法。三国时曹丕在《典论·论文》中就已经开始关注文体的差异："夫文本同而末异，盖奏议宜雅，书论宜理，铭诔尚实，诗赋欲丽。"刘勰在《文心雕龙·序志》中云："若乃论文叙笔，则囿别区分；原始以表末，释名以章义，选文以定篇，敷理以举统。"明确提出了进行文章研究首先必须对其进行科学分类，进而做到"振叶以寻根，观澜而索源"的思想，并用十多章的篇幅和精力对不同的文体进行了深入的研究。到了近代，以白话文为主体的现代语文教育起步之后，文体分类研究依然是语文教学的重要方法。比如鲁迅先生曾说："凡有文章，倘若分类，都有类可归。"夏丏尊先生在《文章作法》中提出了"记事文""叙事文""说明文""议论文"四种文体。新中国成立后，对于文体分类的观点逐渐淡化。到了20世纪80年代，教育心理学家潘菽提出："阅读体裁不同的文章，理解的难易不同，对思维活动提出不同要求。"他还进一步指出："文无体不立"。不管是阅读还是写作，"精要、好懂、有用"的文体知识，都是形成能力不可或缺的基础。关注文章的文体知识，可以帮助学生更好地把握文体特征，提升思维能力。

基于文体意识的认知是语文工具性与人文性统合的纽带。"工具性与人文性的统一，是语文课程的基本特点。"这是新课标对语文的课程性质做出的明确解释，也早已成了大家的共识。但是在实际教学中，片面强调某一方面的特点的做法俯拾即是，如何实现工具性和人文性的"统一"的途径却莫衷一是。王尚文先生说："将人文与语文看作两个实体而来谈论它们之间的关系，我认为这将永远不可能真正解决人文和语文的关系问题。人文原在语文之中，它渗透于对语言文字正确理解与运用的整个过程。"他又说："语文课程真要达成使学生正确理解和运用祖国语言文字这一宗旨，就必须将人文精神全面地渗透其中；语文教学就是以正确理解和运用祖国语言文字为基本内容的教学，而不是除此之外还有另外一个人文教育的基本内容。"事实上，任何一个文本的工具性和人文性都是应当且只能统合在"这一篇"的特殊文体之中，以文体的意识关照文本，既可以关注到文本的体裁、样式、语言特征等"工具性"的特点，又可以体悟到该篇文章的目的、对象、情感等"人文性"的特质。"文体"正是语文工具性与人文性统合的纽带。

基于文体意识的阅读教学是提升核心素养的前提。语文教学的目的在于提升学生的语文素养，而语文素养的核心就是"正确理解和运用汉语文的能力"。有专家提出，语文的核心素养包括"语言建构与运用""思维发展与品质""文化传承与理解"及"审美鉴赏与创造"。事实上，通过教学树立文体意识，本身就是"一种综合性语文素养"，因为只有基于文体的认知，学生才能体会到不同文体的语言建构与运用方式，才能通过这种文体的文本来思考、理解并鉴赏。因此，《人民教育》2013年第6期在开设"关注语文教学的文体意识"专题的"编者按"中提出："文体意识的培养不仅要清楚文体知识，更重要的是在语文实践中与体验、感悟、理解等语文素养相互链接、交叉、渗透，这样形成的文体意识才能更好地帮助学生阅读、写作和表达交际。"由此可以看出文体意识在学生语文素养提升过程中的价值。

二、阅读教学中文体意识的培养途径

文体是文章最基础和最明显的特征，文体知识是解读文本的抓手和钥匙，教师的教学没有文体意识，往往会走向方枘圆凿的生搬硬套或模式化教学，即使课堂环节设计得再精妙，也不过是"暖风熏得游人醉，直把杭州作汴州"；学生的学习没有文体意识，就无法真正走进文本，更遑论自主、探究、感悟和体验。在阅读教学中引导学生关注文体特征，让学生在具体的文章中感受到不同文体的特点，学会不同的鉴赏方法，应当是培养学生的文体意识的合适途径。具体而言，大致有以下几个方面。

1. 从类属阅读中提炼文体特征

认知心理学家大卫·奥苏伯尔认为，当学习者获得一定的类属于原有概念或命题的新知识以后，就会使自身原有的概念或命题进一步精确化，这种学习方式就叫类属化学习。在阅读教学中，将同一体裁的文章进行归类学习，可以帮助学生找到关于文体的共同规律，掌握文体概念。比如王君老师在《诗词五首》的教学中，就采用了类属化学习的方式。王君老师将温庭筠的《望江南》和李清照的《武陵春》放在一起进行教学，在引导学生领会两位词人的不同的愁之后，还引导学生注意品味愁的不同表达形式，"品味一下两首词在具体描绘愁时的艺术方法各有什么妙处"，于是课堂上出现了这样的生态：

生：我觉得《望江南》中最动人的是"斜晖脉脉水悠悠"，情景交融，很有感染力。

生：这首词只有三十个字，却从早上写到傍晚，从人写到楼写到船写到江还写到了洲，内容含量还是很大的。

生：人物情感的变化也很有层次，从希望写到失望写到断肠，很让人揪心的。

生：最妙的是虽然只写到了人物的动作，却可以让我们想象出人物的表情和心情。文字很少，留给读者的空间却很大。

师：评得不错，还涉及了艺术表现的空白艺术。

生：《武陵春》中有两句很著名。一句是"物是人非事事休，欲语泪先流"，一句是"只恐双溪舴艋舟，载不动许多愁"。

生：是的，前一句是欲说还休入木三分。而后一句是想象奇特出人意料。她把抽象的愁写出了重量。

　　王君老师的课堂，不仅让学生理解了两位词人的"愁"有何不同，更让学生明白了词（至少是这两首词）中所凸显的文体特征，而这种对词的文体特征的学习，正是通过归类的学习实现的，也是学生对词这种特殊文体的更加系统、深度的认知。需要特别说明的是，如果学生没有对这种文体的系统、深度的认知，他们将无法真正鉴赏文体的独特之美。比如在古代散文教学中，如果仅仅局限于篇的概念，教给学生的就只能是碎片化的知识，加之文言知识的阻隔，学生会逐渐认为所有的文言文都是由古奥的词句组成的看不懂的话。而如果能运用类属阅读的形式，把同一题材的散文进行归类研究，则能很好地帮助学生建构关于一类散文的系统认识，比如滨河中学初中部贾美兰老师在进行古代散文教学时，有意识地将《小石潭记》和《醉翁亭记》放在一起，让学生进行类属化的学习，找一找文章在结构上的相似之处，学生很快就发现了古代山水游记类散文的文体特征：描写简洁传神，情景经常交融，抒发人生感慨。学生在学习其他的山水游记时便能很轻松地理解和感悟作者情感，并懂得如何去鉴赏和品味山水游记之美。

2. 从比较变异中感受文体魅力

一直以来，几乎所有的教学都在致力于寻找事物的"共同性"知识，而世界著名教学论专家、瑞典哥德堡大学马飞龙（Marton）教授于20世纪90年代提出了变异理论，强调通过对所学内容的关键属性（差异性）进行区分，从而掌握教学内容。因此，在教学中，教师运用比较变异的方式，不仅要提出标准正例（如梨子），更要提出反例（如苹果），就能够帮助学生通过理解其关键属性来理解知识。概括起来就是"要想知道梨子的味道，不仅要亲口尝一尝梨子，还要同时尝一尝非梨子"。比如在《锦瑟》的教学中，笔者将锦瑟的原诗和著名翻译家许渊冲先生翻译成英语的《锦瑟》进行比较阅读，并让学生寻找两首诗的不同：

锦　瑟

The Sad Zither

Why should the zither sad have fifty strings?

Each string, each strain evokes but vanished springs:

Dim morning dream to be a butterfly；

Amorous heart poured out in cuckoo's cry.

In moonlit pearls see tears in mermaid's eyes;

From sunburnt emerald let vapour rise.

Such feeling cannot be recalled again；

It seemed long lost e'en when itwas felt then.

　　　　　　　　锦瑟无端五十弦，

　　　　　　　　一弦一柱思华年。

　　　　　　　　庄生晓梦迷蝴蝶，

　　　　　　　　望帝春心托杜鹃。

　　　　　　　　沧海月明珠有泪，

　　　　　　　　蓝田日暖玉生烟。

　　　　　　　　此情可待成追忆，

　　　　　　　　只是当时已惘然。

通过变异，学生很快便找到了其中的差异性。有学生从第一句找到了

"无端"被翻译成了"why"所带领的问句，笔者请学生来分析这其中的差别。学生分析道：无端是一种较为平淡的情感，而"why"所引导的问句中有一种强烈的疑问。笔者进一步引导学生思考，对于李商隐的这首诗歌而言，哪种表达更好？学生说："无端"更好，因为这个词能够表现出李商隐看似平静实则无奈的情感状态。有学生说："望帝春心托杜鹃"中的"托"本身是一个中性词，但是在英语翻译中却翻译为"cry"，情感更加具体了。教师问学生，你喜欢哪种，学生说前者，因为他留给了读者更多的想象空间。还有学生说道，翻译和原文最大的差别体现在颔联和颈联，原因在于这两联是作者用典的手法，而翻译却将其直译出来，缺少了一种深度的想象美，虽然译者加入了"cry"等表示情感的词语，但这种情感太明确，减少了情感的丰富性，使得诗歌的朦胧美消失了。笔者还引导学生注意诗歌形式和格律的变化，学生马上便理解了律诗的形式之美。通过比较，学生对于中国古典诗歌中字的丰富的艺术表现力有了更加深刻的感受，也对李商隐的诗歌的"朦胧"特征有了更具体的理解。由此可见，在阅读教学中，通过比较变异来感受文体的"关键属性"，能够帮助学生更好地理解文体的魅力，进而能够引导学生更加深刻地理解文本的情感，鉴赏文本之美。

3. 从还原阅读中体会文体奥妙

我国古代文体学家刘勰非常注重对文体的源流演变及创作特征的分析，他提出了"原始以表末，释名以章义"的研究思路。在阅读教学中，"原始"与"释名"的功夫同样重要，所不同的是，阅读教学中的"原始"是指追踪这一文体的文本的具体创作情景和作者、对象，"释名"是指牢牢把握文本的文体特征。这种"将事物返回到其所在的整体系统与原初状态中去进行考察、以获得对事物的真实把握的思维方式"，叫作还原思维。而还原思维是帮助学生体会文体奥妙的有效途径。《陈情表》一文的教学，很多执教者将精力聚焦在作者李密如何"孝"上，甚至搬出了宋人赵与时的"读诸葛孔明《出师表》而不堕泪者，其人必不忠；读李令伯《陈情表》而不堕泪者，其人必不孝"的话来恐吓学生。其实，执教者恰恰忽略了文本的文体特征——表，这是一篇臣子李密写给晋武帝的奏章，写奏章的理由——陈情，即表明自己不能出来做官的理由是奉养祖母。但是注意，这个理由并不足以成为他不愿意出仕的充足理由，因为皇帝会想方设法让奉养祖母与出仕兼得，同时还会怀疑李密不做官是否有别的用心。所以，李密既要在情方面打动晋武帝，又要在理方面说服晋武帝，而且"以理服人"的作用更大、效果更明显。因此，在本课的教学中，如何让学生体会"表"这种文体的魅力，进而体会李密奏表的说理艺术，才是文章的核心所在。深圳明德实验学校王玉东老师在执教本节课时，就运用了还原的思维。首先通过"释名"，让学生明确，这是一篇写给皇帝的奏表，其次通过"原始"，还原事件的前因，让学生以晋武帝的身份写一封诏书给李密，要求他出来做官（晋武帝已经知道李密家中有祖母）。课堂上学生以小组为单位，推选了一名"皇帝"宣读诏书。教师将学生诏书中让李密出来做官的理由一一列举，学生列举的理由有李密才能出众，可以把祖母接出来等，然后教师让学生在文中寻找，哪些句子回答了皇帝的话。学生在文中一一寻找到了相关的语句，如"今臣亡国贱俘，至微至陋"，用自己的无才浅薄来回复皇帝，第一段自述身世和"臣密今年四十有四，祖母今年九十有六"则回答了接祖母出来供养的问题。有学生说，可以用让他为国尽忠，老师适时巧妙地引入了"为什么晋武帝不敢说尽忠的事情"这一问题，并通过进一步地还原背景，让学生明白司马氏从曹魏手中篡夺政权的"原始"，让学生明白"圣朝以孝治天下"的原因。如此，学生便理解了李密在奏表中以奉养祖母为名不去做官的理由，为何会最终被晋武帝同意。可以看出，王老师本节课教学的成功之处，正是在于引导学生在文体意识的关照之下走进文本，并通过还原思维，让学生找到了文本的对象，进而理解了文章作者的"心意"。学生对语言的得体有了新的理解，对奏表的写作思维有了更深的思考，从而更好地理解了文本，学会了鉴赏文章之美。

（本文被评为第十届"四方杯"全国优秀语文教师选拔大赛"全国优秀语文教师教研能手一等奖"。）

参考文献：

[1] 童庆炳．文学理论教程[M]．第五版．北京：高等教育出版社，2015．

[2] 刘勰．文心雕龙[M]．北京：中华书局，2012．

[3] 鲁迅．且介亭杂文[M]．北京：人民文学出版社，1973．

[4] 潘菽．教育心理学[M]．北京：人民教育出版社，1980．

[5] 王尚文．关于语文课程与教学的十对关系[J]．课程·教材·教法，2008(5)．

[6] 王君．王君讲语文[M]．北京：语文出版社，2008．

[7] 彭明辉．现象图析学与变异理论[J]．教育学报，2008(5)．

[8] 许渊冲．许渊冲文集(6)：许渊冲译唐诗三百首[M]．北京：海豚出版社，2013．

[9] 曹苇舫．论还原思维[J]．人文杂志，2005(1)：108-110．

温情的呵护——深圳明德实验学校教学札记

切磋琢磨寻幽径

聚焦 21 世纪核心素养　培养学生批判性思维
——以深圳明德实验学校初中语文课堂教学变革为例

　　中国的教育要培养21世纪未来公民，就必须高度重视学生核心素养的提升。作为最受重视的公民素养，批判性思维的培养是初中语文教学的重要使命。遗憾的是，根据PISA测试相关结果显示，批判性思维依然是中国学生的"薄弱环节"。为此我们开展了"基于思维流量的课堂模型群的构建"的探索，引入批判性思维，开启了初中语文教学的变革之路。

　　在最近发布的《中国学生发展核心素养》研究成果中，科学精神成为六大素养之一，批判质疑成了学生科学精神的重要体现。无独有偶，世界教育创新峰会(WISE)与北京师范大学中国教育创新研究院发布的《面向未来：21世纪核心素养教育的全球经验》研究报告显示，批判性思维（critical thinking）成了最受重视的公民素养之一。培养学生的批判性思维，成为了基础教育阶段尤其是初中语文教学的重要使命。由此而产生的新一轮教学改革，必定要将重心由以往关注知识的教授转移到关注思维的发展上来。因此，在具体的课堂中，如何开启学生的批判性思维之门，提升课堂的思维流量，应该成为一线教师思考探索的重要问题。

　　但是反观当下的语文教学现状，不难发现，为了挖掘深意而"碎尸万段"的课堂有之，为了整体感悟而"袖手旁观"的课堂亦有之，培养学生思维的课堂却少之又少。这些问题背后的共同原因，就在于忽视了师生的思维碰撞对于课堂的价值。事实上，正如程红兵校长所言："课堂的本质是师生之间的即时性对话交流，语文课堂的本质就是语文课上师生之间关于语文的即时性对话交流，对话的核心意义在于激活学生的思维，从而真正提升学生的语文能力，评价语文课堂效益如何、价值如何，首要的标准就是思维，就是看课堂当中的思维流量到底如何。"因此，程校长提出了构建明德课堂模型的总体构想，提炼出了语文课堂教学中激活学生思维的七大要素，并将"批判反思"作为课堂模型的重要组成部分。基于以上思考，明德教师开启了培养学生批判性思维的探索之路，尝试在中学语文教学中寻找培养学生批判性思维的方法。现将笔者的一点心得总结如下。

一、开放思考是批判性思维的钥匙

批判性思维是一种理性的、反思性的思维，其重要作用在于"引导人们冲破盲从"。常见的批判性思维教学的方法是问题探究式教学，而探究的前提，就是开放思考。"我们需要认识到，我们的判断可能是错的。这种认识会使我们抱有一定程度上的谦虚态度，以及严肃地考虑与我们观点相异的观点的开放性。"笔者在执教人教版七年级上册的《皇帝的新装》时，就尝试着让学生将思路打开，将文本打开，从而培养学生的批判性思维：

（课堂任务：①选择故事中的一个人物进行评价；②如果你是文中的人物，你愿不愿意做小男孩，为什么？）

师：你们小组对哪个人物感兴趣？

生：骗子！

师：请你评价一下他们？

生：我觉得骗子最聪明，他们操纵整个骗局，把一个国家的人都骗了！

师：（感觉到氛围不太对）大家都欣赏骗子吗？欣赏骗子的同学请举手！

（全班整齐而自豪地高举双手，只有一个同学在犹豫）

师：同学，你没有举手，你说说你的看法。

生：（声音细微）我觉得我还是想做小男孩。

师：为什么？

生：因为要做一个诚实的人。

学生的思路打开之后，我们惊奇地发现，竟然在孩子们的心中，他们更加喜欢"假丑恶"的骗子，却不愿意做"真善美"的孩子，在这样的开放思考推动之下，学生批判性思维的大门缓缓打开。

二、深入理解是批判性思维的基石

批判性思维可以培养学生理性的怀疑和反思的态度，其核心精神是求真、公正、开放、反思。南京大学哲学系教授张建军把批判性思维态度概括为"合理怀疑、合理置信"。但在常规的思维里，人们往往容易把"批判性思维"等同于"批判"，从而片面、狭隘、极端、情绪地看待事物，在笔者执教的《皇帝的新装》的课堂中，恰好出现了学生的"盲目批判"：

师：支持骗子的同学，能不能说说理由？B同学你来谈谈。

生B：因为骗子很聪明啊！

师：他的聪明体现在哪里？

生：他成功地骗了整个国家的人，还获得了很多金银财宝！

（一些同学附和其言论）

师：那你们欣赏骗子的原因是他成功了，他成功的标志是获得了很多金银财宝对不对？

大部分同学：对！

师：同学们，那大家有没有想过，他的钱是怎么得来的？

（全班默然，学生开始思考）

师：骗来的对不对？通过不正当的手段获取财富，这能不能成为"成功"的标志？

    师追问：大家联系我们的生活实际想想，如果我们的周围都是这样不择手段的"成功人士"，这个社会会怎样？

学生在课堂上出现这种现象，是批判性思考的过程中必须经历的现象，亦是批判性思维的课堂上最为常见的现象。然而需要指出的是，在批判性思维的课堂上，深入理解、公正判断是基础，而以上现象中学生对"骗子"的独特见解，很明显是没有深入全面地理解骗子的动机和行骗后果的，所以，笔者与学生展开了一场辩论，在辩论中引导学生更加深入和全面地理解人物，理解童话"呼唤诚实"的主题。如果没有深入理解文本而盲目地开展批判，那么不仅会造成对文章主旨的曲解，更有可能对学生的价值观产生误导。

三、比较辨析是批判性思维的关键

根据马飞龙教授的变异理论，在学习和知识应用过程当中，共同性和差异性同等重要，要想深刻认识某一事物的属性，既要给出相同的事物，还要给出相似或相近的事物，更要给出相反或相对的事物，然后进行审辨。在批判性思维的培养中，辨析不同前提下结论的相似性，从而在比较过程中思考其共同因素，这是批判性思维的关键所在。笔者在《隆中对》的教学中，引导学生学习了诸葛亮的言论之后，引入了另一个言论与诸葛亮极为相似的人物——苏秦，并通过其言论的结果的差异，引导学生思考相似的言论，为什么一个成功，一个却失败了。紧接着笔者介绍了苏秦的家庭背景，让学生直观地感受到苏秦一家的"功利"之心，从而与诸葛亮高卧隆中、志向高远进行比较。在反例的比较之下，学生很容易就分清楚了诸葛亮与苏秦的差异，即一个是以"复兴汉室"为梦想而为天下奔走的高士，另一个却是以"功名利禄"为追求的势利小人。那么，学生对《隆中对》流传千古的原

切磋琢磨寻幽径

因，便有了更深一层的认识——贤君刘备的求贤若渴，高士孔明的雄心壮志，在那个茅庐之中，产生了强烈的共鸣，共同汇聚成复兴汉室的伟大梦想，从而演绎出一段流传千古的佳话。在反例的对比之下，学生从另一个方面认识了《隆中对》的价值和意义。

四、质疑评价是批判性思维的精髓

批判性思维作为一种高阶思维，其目的在于指导人们建立起更加合理公正的认识和分析与解决问题的能力，它的作用不是否定一切，而是合理判断；不是压倒对方，而是澄明自己。华中科技大学董毓教授指出："批判性思维不是负面批判，也不是专门针对别人的。其实，批判性思维首先是针对我们自己的观念的反思，而且它的过程和目标都是找到更好的观念，做出合理的行动。"在批判性思维中，我们不是为了争输赢，亦不是为了彰显自己的聪明智慧，而是为了完善我们自己的理性和思想，为我们解决问题指明方向。

在笔者执教的《唐雎不辱使命》的课堂上，就出现了这样的情形：

> 师：（总结）文章最后一段可以看出，唐雎以万夫不当之勇最终使得秦王色挠，出色地完成了出使的任务，唐雎不辱使命！大家还有什么疑问？
>
> 生：老师，我想知道，唐雎真的用唇枪舌剑逼退了秦王吗？
>
> 生：唐雎能不能活着走出秦国宫门？
>
> 生：安陵国的最后命运如何？

一段历史佳话，学生没有选择热情讴歌，而是冷静地思考，经过质疑，学生发现唐雎的做法只不过是饮鸩止渴，秦王纵使在当时不杀他，也会在人身危机解除之后将他处死，甚至唐雎的行为还会给安陵国带来灭顶之灾。唐雎的言行于外交法则背道而驰。在课堂上，笔者抓住了学生的这一"质疑点"，留出空间让学生来讨论，激发学生开展批判性思维。也唯有经过这样的思维训练，学生才能真正具备理性、公正地看待事物的批判性思维，只有具备了这样的思维，才能面对21世纪对公民的能力需求。

结语

人是有思想的苇草，从古至今，思维的质量都决定着也必将一直决定人的生活质量。深圳明德实验学校的课堂模型建构探索，以激发学生主动探讨知识为目的，通过培养学生的批判性思维，带领学生成为信息的主动探索者和分析者。可以相信，这些探索将有效地帮助学生提高其批判性思维能力，而作为21世纪核心素养的批判性思维，将帮助学生在未来纷繁复杂的信息中找到真正有价值的信息，进而找到自我，而不会迷失在信息的丛林中。

（本文被评为中国教育学会初中教育专业委员会第十八次学术论文评选二等奖，并在《教育文摘周报》2017年3月1日第9期发表）

参考文献：

[1] 刘坚，魏锐，刘晟，等．面向未来：21世纪核心素养教育的全球经验[J]．华东师范大学学报（教育科学版），2016(1)．

[2] 翟晋玉．批判性思维是素质教育的核心部件[J]．教师月刊，2015(1)．

[3] 董毓．批判性思维原理和方法[M]．北京：高等教育出版社，2010．

[4] 程红兵．"课堂模型"之明德设计[J]．上海教育，2015(10)．

永恒的《故乡》 永恒的鲁迅

鲁迅是我国现代文学史上的伟大作家。温儒敏先生曾经说："鲁迅的出现是个艺术，鲁迅是我们民族精神普遍溃败时的中流砥柱。鲁迅和陀思妥耶夫斯基、克尔凯郭尔、帕斯捷尔纳克、布罗斯基这些思想家，是同一水准的。"[1]钱理群教授也认为："鲁迅属于为数不多的具有原创性的、民族精神源泉性的文学家和思想家，鲁迅作品是现代汉语文学语言最高典范。"[2]正因如此，人教版初中的教材共收录了鲁迅的6篇文章，《故乡》就是其中之一。

然而，审视国内的语文课堂对《故乡》的解读，不难发现，执教者大都将视线聚焦于小说的时代批判性，将学习重点放在对闰土一句"老爷"背后所体现出的封建等级思想对人性的毒害上。这样的做法虽然并无不可，但是这样的教学并没有让学生深刻、全面地领悟到鲁迅作品的思想魅力，对于鲁迅作品的理解仍不免失之偏颇、肤浅。

首先，正如孙郁先生所说："鲁迅说过一些极端的话，给人以假象，好像蔑视传统。"但事实上，"民国年间，以鲁迅为首的一些人批评旧文化，都是有特指的。"如果没有理解这个时代的"特指"，就很难对鲁迅的思想有准确、深刻的认知。其次，"鲁迅形象，多是大学教育和中学教育里面的话语塑造的（以前是意识形态塑造的，这里不去谈它）。这里有很大的问题，因为呈现不出其知识结构，面目就不太清楚。"[3]笔者认为，这里的"知识结构"不仅包含了鲁迅本身的知识构成，还应该包含读者在解读鲁迅这类经典作家的经典文本时应该具备的知识结构。

毋庸置疑，文学作品兼具时代性和永恒性价值。文学的永恒性，即文学作品所反映的人性的普遍性，是审美的永恒性对历史与时代的一种超越。这种超越既在于给具有普遍性的事物以正确的表现，使作者创造的"这些人物是自然的，也是永存的""他们的喜怒哀乐能够感染各时代和各地方的人们"，又剖析人性深处形而上和形而下双重欲求的拼搏和由此引起"人情"的波澜与各种心理图景。[4] 邓晓芒教授认为："文学艺术本质上是在一个异化社会中趋向和促进着人性同化的因素。""凡是不朽的艺术作品都是深刻地表现和反映了人性的普遍本质并使各种不同的人类都对之怀抱向往或理解的作品。"遗憾的是，在历来强调文学艺术具有阶级性的文化风潮中，我们的课堂对鲁迅的解读，似乎"忘记了文学艺术的本质就是要从现实生活中提升起来，上升到一般人性的觉醒，将阶级关系中所暴露出来的人性的深层结构展示在人们面前，使不同阶级的人也能超越本阶级的局限性而达到相互的沟通"。[5] 如此呈现出来的鲁迅，只能局限在其"阶级性"中，如此呈现的课堂亦只能在"时代性"上徘徊。

因此，在教授鲁迅作品的过程中，执教者只有带领学生超越其"时代性"，以一种理性、客观的视角去审视鲁迅的作品，才能不断地趋近于"鲁迅"本身，亦才能更深地理解鲁迅作品永恒的精神价值。事实上，鲁迅的永恒价值，正体现于他站在一个新的角度对事物所进行的"怀疑"与"批判"。与此同时，程红兵校长在《"课堂模型"之明德设计》中提道："质疑、反思、批判是培养学生批判思维的有效途径。"[6] 笔者认为，引导学生运用"批判性思维"对文本和鲁迅本身进行关照，应该是学习鲁迅作品一种非常恰当的做法。

基于以上思考，在对《故乡》进行了两课时的学习之后，笔者给学生布置了作业：请阅读小说的结尾（84～88段），提出你最不理解的几个问题。通过对学生提交的问题的整合与梳理，这几个问题成了学生的焦点：①"高墙"是什么？②"我"为什么孤独？③为什么"我"不愿意宏儿和水生过我的生活？④为什么"我"会害怕希望？我认为这几个问题体现了学生对小说主旨和鲁迅思想的理解困惑，研究这几个问题，正能帮助学生深刻地理解文本，深入地了解鲁迅。经过准备，我将这几个问题带进了课堂，和学生一同探究。

一、质疑追问，反思关键细节

课堂呈现：

师："高墙"是什么？这个问题是由大家提出来的，我们来进行分步研究，首先，大家在课文中找一找，结尾是如何写"高墙"的。

生：（读）"我只觉得我四面有看不见的高墙，将我隔成孤身，使我非常气闷。"

师：根据大家之前学习的理解，这个"高墙"是什么？

生：应该是故乡人的封建等级思想。

师：大家之前的理解是这样的对吧？我们要认可这个结论，就必须找到支撑它的论据。从文中找一找支持这个结论的论据，看看跟"高墙"有关联吗？

生：第59～61段写："他站住了，脸上现出欢喜和凄凉的神情；动着嘴唇，却没有作声。他的态度终于恭敬起来了，分明的叫道：'老爷！……'我似乎打了一个寒噤；我就知道，我们之间已经隔了一层可悲的厚障壁了。我也说不出话。"可见，"高墙"就是这"可悲的厚障壁"，它就是闰土"老爷"这两个字所折射出的封建等级思想。

师：也就是说，这个"障壁"是由闰土竖起来的对吗？

生：（点头）

师：现在有了论据，我们是不是就可以认为"'高墙'是闰土竖立起来的，是封建等级思想的象征"这个结论是对的呢？请大家再找找，文中的"我"见到闰土时，有没有"障壁"？

生：有的，第57～58段说："我这时很兴奋，但不知道怎么说才好，只是说：'阿！闰土哥，——你来了？……'我接着便有许多话，想要连珠一般涌出：角鸡，跳鱼儿，贝壳，猹，……

但又总觉得被什么挡着似的，单在脑里面回旋，吐不出口外去。"

师："但又总觉得被什么挡着似的，单在脑里面回旋，吐不出口外去"是什么意思？

生：就是说"我"见了闰土说不出话？

师：为什么说不出？

生：（思考）

师：那此时的"高墙"在哪里？是由谁竖起来的？

生："我"。

师：那这个高墙是什么？

生：（思考）

师：我们追踪了"高墙"的信息来源，居然有了惊人的发现。按照以往的理解，这个高墙，是闰土用他的意识中的"封建等级思想"竖立起来的。但是，经过分析，我们发现，竖起"高墙"的不仅有闰土，居然还有"我"，按照我们的惯常思维，"我"是正确的客观的存在，但是现在看来，"我"也参与了"高墙"的构建。那么，我们在解读文本时，不仅要对文中的闰土进行审辨式思考，还要对"我"进行理性的反思。

在小说《故乡》的解读中，绝大多数的执教者都将视线放在小说的时代批判性上，将小说解读为"对封建思想的批判""对麻木灵魂的鞭笞"。然而，学生追问到"高墙"，正体现了他们对小说时代意义背后的一种怀疑。在批判性思维中，判断一个论辩成立与否，其基本要求就是要"检查他人所用的证据"[7]，而检查证据最便捷的手法，就是遵照其信息的源头。因此，在这一环节，笔者引导学生寻找"高墙"的成因，让学生跳出小说的时代性界限，进而开启学生批判性思维的大门。正如谢小庆老师所说，审辨式

思维就是"不懈质疑，包容异见，力行担责"。这一步"质疑追问"，正是追寻小说永恒价值的起点。

二、多维比较，批判文本主旨

刘思源先生说："鲁迅的伟大在于有暗功夫。"这种"暗功夫"是摸不到的，是虚的存在，但爆发起来，却有大的内力。[8]小说《故乡》中的"高墙"便是一个很好的体现。而追寻"高墙"背后的原因，则是开启小说永恒性价值探索大门的钥匙。另一方面，批判性思维强调，要准确地理解一个观点，就需要阅读者能够"读出言外之意，看穿表面现象"[9]。因此，第二个环节，笔者通过多维比较的方式，引导学生在质疑的基础上探求"高墙"的潜在信息和内涵意义，读出《故乡》的言外之意。

课堂呈现：

师：大家想想，以我们以往的理解，一个离别故乡多年的人回到故乡时，看到故乡人，应该是怎样的心情？

生：开心！

师：太笼统！能不能找一些诗句来证明？

生：我记得《回乡偶书》："少小离家老大回，乡音无改鬓毛衰。儿童相见不相识，笑问客从何处来。"

师：从这首诗里，能看出诗人与故乡人关系如何？

生：我很怀念故乡，虽然白头了，却依旧乡音未改，故乡人也很善良纯真，笑问客从何处来。

师：说得很好，但是大家找找看，《故乡》中的"我"一开始见到故乡的时候是什么心情？

生：文章第3段写道："时候既然是深冬；渐近故乡时，天气又阴晦了，冷风吹进船舱中，呜呜的响，从蓬隙向外一望，苍黄的天底下，远近横着几个萧索的荒村，没有一些活气。我的心禁不住悲凉起来了。"

师：我们讲过，"我"为什么悲凉？

生：因为他这次要永别他的家乡，

师：如果你要永别你的母校，你会觉得它更美了还是更破旧了？

生：更美了。

师：可是"我"却觉得故乡萧索荒凉，那他的"悲凉"似乎还有别的意思吧？大家再看，"我"回乡后第一次见到杨二嫂，是怎样写的？

（展示课件）："哈！这模样了！胡子这么长了！"一种尖利的怪声突然大叫起来。我吃了一吓，赶忙抬起头，却见一个凸颧骨，薄嘴唇，五十岁上下的女人站在我面前，两手搭在髀间，没有系裙，张着两脚，正像一个画图仪器里细脚伶仃的圆规。

师：大家觉得对杨二嫂的描写，体现出"我"对杨二嫂有什么态度？

生：尖利的声音，像个圆规，可以看出"我"很讨厌杨二嫂？

师：为什么讨厌？这个杨二嫂是来看"我"的，20年来没有见的老乡，见了第一面就这样形容，正常吗？

生：不正常！

师：那大家思考，"我"为什么一开始就对故乡没有好感？"我"为什么会感到孤独？

生A：我认为这也许是"我"离开故乡太久了。

生B：我同意，因为他离开故乡太久了，所以没有办法走进故乡，和故乡人之间产生了隔阂。

师：我们深圳是一个移民城市，大家现在都在城市里生活，可是当大家回到老家时，有没有和文中的"我"一样，觉得农村并不好？我们和故乡人没有交流的共同语言？思考到这一步，我们就会发现，《故乡》所写的情感，似乎并不仅仅是封建思想那样简单。我们来看一篇文章：

　　展示课件：《回不去的故乡——对话梁鸿：乡愁是一种隐约的恐惧感》[10]

　　在本环节的教学中，笔者采用了多维视角来进行反思批判，通过古诗中的回乡和小说中的回乡进行比较，体会传统意义上的故乡情怀与小说《故乡》中的故乡情怀的不同；再进一步深入，通过对"我"与"杨二嫂"的第一面的描写分析，让学生反思："我"对故乡的情感为什么是消极拒绝的？再引入课外文本，让学生结合小说来谈感悟，学生最后总结出"《故乡》中人物的龃龉折射的是现代文明下的人与农村文明下的故乡的冲突，《故乡》所表达的，是人们在现代文明中的'根'的凋落，是精神中故乡的缺失，故乡是永远回不去的乡愁"这一结论。而这一点，正是"人性深处形而上和形而下双重欲求的拼搏和由此引起的人情的波澜"（胡良桂语），也正是"使各种不同的人类都对之怀抱向往或理解"的"人性的普遍本质"，是小说《故乡》超越时代性之上的永恒价值。值得一提的是，多维反思的方式，为学生超越时代性来关照文本主旨提供了便捷的通道。

三、矛盾质疑，批判作者思想

　　毋庸置疑，运用批判性思维的目的，在于让人们更加"智慧"地生活。因为"它（批判性思维）不再简单地'竖起大拇指'去肯定什么，或'挥舞大棒'去否定什么。它只是从合理性的标准出发，告诉人们，在日常推理、论证中应遵循什么原则，思考什么问题，注意什么事项，避免什么错误"。[11]但是，我们在运用批判性思维时，都会或多或少地遇到障碍，这其中就包含"权威服从"和"情感因素"。学生在解读鲁迅的作品时便是如此。事实上，"在学术范畴内，一个新理论可以挑战根深蒂固的信念和由来已久的假设。而不论一个学生有多么聪明，他可能都很难接受这种情况"[12]。唯有祛除学生对鲁迅的"权威服从"和"情感因素"，才能真正准确、深刻地理解鲁迅，理解小说《故乡》的深刻内涵。

课堂呈现：（呈现问题）

1."我"为什么害怕希望？

2.为什么说"这世上本没有路，走的人多了，也便成了路"？

生A："我"害怕希望，主要是因为害怕宏儿、水生和我一样离开故乡，过"辛苦展转"的生活。

生B："害怕希望"是因为"我"的希望很渺茫，"这世上本没有路"也是这个意思。

师：哇，鲁迅竟然这样悲观！可是他也说"走的人多了，也便成了路"，这该怎么理解呢？

生：鲁迅是现代伟大的作家，我认为他是在告诉我们要勇敢地去往前走，要更多的人一起努力，这样才会有新的路。

师：可是鲁迅也说"希望本无所谓有，无所谓无的"，这该如何理解？

（生思考）

师：为了方便大家理解，我们来看一下这段材料：

（展示课件）

鲁迅不是"导师"，今天我们的读者，特别是年轻读者如果想到鲁迅那里去请他指路，那就找错了人。鲁迅早就说过，他自己还在寻路，何敢给别人指路？我们应该到鲁迅那里去听他"随便谈谈"，他的特别的思想会给我们以启迪。是"思想的启迪"，和我们一起"寻路"，而非"行动的指导"，给我们"指

切磋琢磨寻幽径

路"，这才是鲁迅对我们的意义。 ——钱理群

生A：看了这段材料，我明白了，其实鲁迅自己也没有找到路，所以希望我们一起边走边找。

生B：我们一直以为鲁迅只会"骂人"，他是高高在上的，可是，通过这篇小说，我知道了，原来他跟我们一样，他也有孤独，也有迷茫。

师：那《故乡》永恒的价值是什么？除了对等级思想的批判之外。

生A：回不去故乡的孤独感。

生B：还有对故乡未来发展的困惑与思考。

解析：本环节的教学，其实是对文章的思想情感进行了把握。但是需要强调的是，笔者在课堂引入了矛盾质疑的方法，让学生来辩证地思考鲁迅。有人认为鲁迅只有批判，也有人认为鲁迅如一个"神"，向我们指明了方向。然而，通过矛盾的辨析，学生逐步还原了鲁迅的本色。正如钱理群教授所言："鲁迅和我们一样：他不是神，是人，和我们一样的普通人。""鲁迅从来就不是，也从来没有成为'方向'。"[13]就在这种平凡与伟大之中，成就了鲁迅的独特性及其作品的永恒性。也只有运用批判性思维，去掉学生心中的鲁迅的"光环"，把他当作一个"人"来关照他的作品，才能发现他隐藏在时代的外衣下的永恒价值。

华中科技大学董毓教授指出："批判性思维不是负面批判，也不是专门针对别人的。其实，批判性思维首先是针对我们自己的观念的反思，而且它的过程和目标都是找到更好的观念，做出合理的行动。"运用批判性思维，学生逐渐向思维的纵深处漫溯，最终体悟到了"我"对自己对待故乡态度本身的反思，而这才是隐藏在小说背后的重要精神价值，也是一直以来被

忽视的价值。正如鲁迅在小说的结尾中所说："然而我又不愿意他们因为要一气，都如我的辛苦展转而生活，也不愿意他们都如闰土的辛苦麻木而生活，也不愿意都如别人的辛苦恣睢而生活。他们应该有新的生活，为我们所未经生活过的。"鲁迅先生在《故乡》中表达的情感，不仅仅是为了展现封建农村的凋落残败，亦不是为了彰显的聪明智慧，而是为了更加理性地思考"故乡"这一灵魂深处的永恒命题。

参考文献：

[1] 温儒敏．今天为什么需要鲁迅[EB/OL]．凤凰网，2012-06-15．

[2] 钱理群．我们为什么需要鲁迅[M]．北京：中国海关出版社，2007．

[3] 孙郁．鲁迅的暗功夫[J]．小说月报，2016(9)．

[4] 胡良桂．文学价值的时代性与永恒性[J]．理论与创作，2011(1)．

[5] 邓晓芒．艺术作品的永恒性[J]．浙江学刊，2004(3)．

[6] 程红兵．"课堂模型"之明德设计[J]．上海教育，2015(10)．

[7] 斯特拉·科特雷尔.批判性思维训练手册[M]．李天竹，译．北京：北京大学出版社，2012．

[8] 孙郁．鲁迅的暗功夫[J]．小说月报，2016(9)．

[9] 斯特拉·科特雷尔．批判性思维训练手册[M]．李天竹，译．北京：北京大学出版社，2012．

[10] 回不去的故乡——对话梁鸿：乡愁是一种隐约的恐惧感[J]．中国周刊，2012(1)．

[11] 吴坚．批判性思维：逻辑的革命[J]．北京理工大学学报，2007(5)．

[12] 斯特拉·科特雷尔．批判性思维训练手册[M]．李天竹，译．北京：北京大学出版社，2012．

[13] 钱理群．我们为什么需要鲁迅[M]．北京：中国海关出版社，2007．

还原思维视阈下的现代散文教学
——以《故都的秋》教学为例

现代散文是中学语文的主导文类，也是语文教学的重要内容。但由于散文本身概念定位的原因，教学中对散文文体特征的把握不够明确，进而使得散文教学的内容呈现出杂乱无章的状态。还原思维是一种将事物返回到其所在的整体系统与原初状态中去进行考察，以获得对事物的真实把握的思维方式。在散文教学中注重运用还原思维，可以帮助学生有效地建立与"这一位"作家、"这一篇"课文的链接。本文拟以《故都的秋》教学为例，来阐释还原思维视阈下现代散文教学的新路径。

现代散文是中学语文课本中占比最大的一类文体，也是我国中小学阅读教学的主导文类，但是根据王荣生教授的研究，现当代以来，对于散文的理论研究却是"几近阙如"。在现实的散文教学中，教学内容杂乱无章的现象时有发生，将散文教成说明文、议论文甚至"非语文"者有之，脱离散文文本的独特性，跑到"外在的言说对象"或者跑到"概念化、抽象化的思想、精神上去"教学者亦有之[1]。笔者认为，在散文教学中，对散文问题特征的认识不够明晰和散文文体特征本身产生的教学难点，是困扰目前散文教学的重要原因。

一、现代散文的文体特征及教学难点

在当代文学理论中，"散文"是一个用"排除法"定义的概念。散文有广义和狭义之分，广义的散文"既包括诗歌以外的一切文学，也包括一般科学著作、论文、应用文章"，狭义的散文"是指与诗歌、小说、剧本等并列的一种文学样式，包括抒情散文、叙事散文、杂文、游记等"[2]。中学语文教学中主要涉及的散文，一般是指"狭义的散文"。由此可见，"散文并不是一种严格意义上的文体概念，它只是在文学实践过程中约定俗成的文类概念"[3]。定义的模糊性直接导致了现代散文的文体特征的特殊性，正如散文家李广田所说："诗必须圆，小说必须严，而散文则比较散。"有专家指出，散文文体具有"主体性、开放性、散漫性"等特征[4]，即散文是作家主体意识的坦诚流泻，是"真诚"的表达，是自我情思的广泛、自由表达，更是洒脱不羁、变化多端的"散漫"表达。王荣生教授将其概括为："个性化的言语表达、个人化的言说对象、独特的情感认知"。

现代散文的独特的文体特征对散文教学提出了巨大的挑战。实际操作中的散文教学，往往容易呈现以下几种问题：

1.学生看不见

散文《说屏》，陈从周先生说："屏风，这是很富有诗意的名词。"学生很容易能读出屏风的用处，"诗意在何处"却不容易看见，因为如今屏风已经从我们的生活中消失了，学生与屏风所承载的中国文化的味道之间就有了"隔"。《小狗包弟》，巴金先生说："我怀念包弟，我想向它表示歉意。"学生不理解：为了避免小狗被红卫兵杀掉，"我"把包弟送去了医院，为什么还要致歉？因为学生看不见红卫兵时代"抄家"的社会背景，看不见巴金送走包弟的另一层含义，更看不见巴金在这个说谎成风的时代，坦然地解剖自己的内心的"良心"。总而言之，在散文阅读和教学中，学生之所以"看不见"，是因为随着时代、环境的变迁，文章的土壤、背景不被学生知晓了，学生与文章之间产生了"隔"。

2.学生看不清

《阿长与〈山海经〉》，鲁迅先生写了阿长的"切切查查"，写了她不雅的睡姿。学生不解，为什么要写这些与"山海经"无关的东西？《端午的鸭蛋》，汪曾祺先生详细介绍了故乡的鸭蛋是如何出名，有多么好吃，他写这些到底是为了什么？如果课堂上教师不设法将学生与作者联上线，学生就只能读到散文中一堆散乱的文字，至于鲁迅对于阿长的情感如何复杂，汪曾祺先生的生活如何充满情趣，就无从感知了。

3.学生看不明

《藤野先生》，鲁迅先生写到"我的讲义已经从头到末，都用红笔添改过了，不但增加了许多脱漏的地方，连文法的错误，也都一一订正"时，心头产生一种不安和感激。教师为他改作业，他为什么会"不安和感激"？学生看不明，原因是学生不明确当时鲁迅先生赴日留学时的背景，以及中国学生在日本的遭遇。只有教师在课堂上引导学生去寻找文字背后的"情感认知"，才能避免散文学习流于蜻蜓点水的浅显解读。

事实上，散文的阅读和教学，最关键的是要"建立学生与'这一篇'课文的链接"[5]，散文教学必须保证：学生面对的学习对象，是"这一篇"的独特文本而非其他。就好比学生学习《从百草园到三味书屋》，教者教给学生的必须是"这一篇"中写的"三味书屋"，而不是别人眼中的私塾。其次，"散文阅读和教学，始终都在这一篇散文里"，即散文的写实不是客观的写实，而是"这一位"作者根据其独特的人生体会而生发的极具个人色彩的真实感触。就好比学生在学习朱自清的散文《背影》时，教者一定要教学生品味出朱自清眼中、笔下的背影而不是别人看到的背影。

二、还原思维在散文教学中的运用

散文的独特文体特征使得散文教学必须面临"隔""散"和"浅"的问题，如何解决这三个问题呢？"还原"是一个较为有效的方式。正如孙绍振先生所说，还原法"就是根据艺术形象提供的线索，把未经作家加工的原生形态想象出来，找出艺术形象和原生形态之间的差异，有了差异就不愁没有矛盾了"[6]。这说明，还原的方法是通过把"未经作家加工的原生形态"分析出来，进而通过"原生形态"和作家创作的"艺术形象"进行比较，明确差异的方法。但是笔者认为，"还原"不仅是一种方法，更是一种解读文本的思维；在解读文本时，不仅需要将"原生形态"和作家创作的"艺术形象"进行比较，更关键的是要将"读者心中的形象"和作家创作的"艺术形象"进行比较，进而将作家创作的"艺术形象"的特点进行分析和归纳，从而寻找到"这一位"的"这一篇"艺术特色。

1. 还原思维可以"去隔"——帮助进入"这一篇"的独特环境

还原思维是"将事物返回到其所在的整体系统与原初状态中去进行考察、以获得对事物的真实把握"[7]的思维方式，这种思维方式与散文创作高度契合。因为写作活动是人的精神活动，作家的写作是建立在对外部世界与自我内在世界真实而独特把握的基础之上的，作家的创作必须依赖于还原的思维。因此，在散文教学中，有目的地运用还原的思维，能够帮助学生打开"这一篇"散文的大门，进入属于"这一位"作家的散文世界里去。在《故都的秋》教学伊始，笔者就注重引导学生运用还原的思维。

师：同学们，我们今天学习的课文叫什么？

生（齐）：《故都的秋》。

师："故都"是哪里啊？

生：北京！

生：北平！

师：同学们都预习了，你认为哪个称呼更准确？

生：北平，因为这篇文章写于1934年。

师：1934年的北京的确应该叫北平！所以《故都的秋》，实际上就是北平的秋天。那同学们，假如让你为北京选一幅最具代表性的秋景，你选哪里？

生：故宫！

生：长城！

......

　　师：这是同学们心中的北京的秋天，但是这些似乎并不是郁达夫心中的那个故都的秋，郁达夫笔下"故都的秋"有何特点呢？请同学们在文中找出相关的描写。

　　根据王荣生教授的研究，散文阅读的要领有两点："①分享作者在日常生活中感悟到的人生经验；②体味精准的语言表达。"王荣生教授特别强调：分享，是指分享作者的感受，而不是自己的感受；分享是体察、认识和理解，不是"占有、具有"。但是，由于散文的"客体"（人、事、景、物）具有"两栖性"，即既是客观存在，又是作者思想感情的承载体，所以在散文教学时，"很容易用自己的既成经验，去过滤、同化甚至顶替散文中作者的经验，乃至忘记了去体察作者独特的情感认知"[8]，因此，建立学生与"这一位"作家、"这一篇"课文的链接是散文阅读教学的关键所在，其目的在于把散文还原到作者自由地书写真实情感的原初状态中去。本环节是教学的开始环节，但是教师的几个问题都在提示学生将自己还原到郁达夫的那个"故都"、那个"秋"当中去。只有学生走进了郁达夫的故都的秋，而不是自己印象中的秋天，才能真正体会《故都的秋》的秋味儿。

　　2.还原思维可以"聚拢"——精准定位散文言和意的独特性

　　据研究，写作中的还原思维包含三个内容：原初态、原生态和原觉。其中，原初态和原生态"均指客观自然物的存在形态"。而原觉，则是"主体接触外物时在'第一瞬间'所获得的感觉"[9]。而散文的特殊之处和魅力所在，恰恰在于最大限度地将"这一位"作者在"这一瞬间"的所见、所闻、所思、所感呈现了出来。因此，在散文阅读和教学中，还原思维的运用可以让学生将虚无杂乱的感觉拂去，精准定位到散文不拘一格的语言背后独特的经验抒发。比如，在《故都的秋》的教学中，学生可以轻松地找到文中"故都的秋"，也可以明确郁达夫所钟情的故都的秋的特点是"清、静、悲凉"，但是很少思考秋景与1934年这个年份以及1934年的郁达夫有何联系，这就需要发挥还原思维的定位功能。

为什么郁达夫偏偏喜欢这种"清、静、悲凉"的秋味儿，则

师：请一位同学分享一下文章中你觉得最能表现出"清、静、悲凉"的秋景。

生："在北平即使不出门去罢，就是在皇城人海之中，租人家一椽破屋来住着，早晨起来，泡一碗浓茶、向院子一坐，你也能看得到很高很高的碧绿的天色，听得到青天下驯鸽的飞声。"

师：你认为这一段体现了秋的什么特点？

生：早晨起来一个人，可以坐在院子里看天，听鸽子的飞声，显得很清静。

师：是显得清静，但是为什么要"租人家一椽破屋"呢？

生：破屋的残破应该现出一种"悲凉"的味道吧？

师：是有点悲凉的味道。那这样，让郁达夫在江南哪个地方，也"租人家一椽破屋"，也"泡一碗浓茶"，也坐在院子里看天，听鸽子的飞声，这样你觉得"清、静、悲凉"吗？

生：……

生：好像不太悲凉了

师：为什么会有这样的变化呢？

生：因为它不是"故都的秋"了。

师：对得非常好，不是"故都的秋"了，不是郁达夫喜欢的"故都的秋"了。对于江南的秋天，郁达夫明确地说，他并不是很喜欢，为什么呢？

生：因为"总看不饱，尝不透，赏玩不到十足"。

师：为什么呢？

生：文中说"一个人夹在苏州上海杭州，或厦门香港广州的市民中间，浑浑沌沌地过去"。

师：大家知不知道，郁达夫在1934年前后过得如何？

生：（摇头）

师：（展示郁达夫在1934年前后的经历和自叙传《住所的话》）

对于郁达夫而言，他喜欢故都的秋，喜欢这"一椽破屋""一碗浓茶"，但是它们是建立在一个背景中的，即"清、静、悲凉"之美。同样，这种"清、静、悲凉"之美亦是建立在一种大的空间和时间背景中的，这种背景便是作者的生活经历和心理状态，如果不对其加以还原，学生就很难品味到这"一椽破屋""一碗浓茶"背后的"精神"。而还原思维具有定位功能，即"将事物放在时间和空间的大背景中找回它的位置，使之摆脱割裂状态与漂泊无依感"。[10]众所周知，散文往往呈现出"散"的特征，作家看似"运笔如风、不拘陈法"的散笔，汇聚起来却使得文章有了一种独特的"神"。在散文阅读和教学中，我们需要一种能够"由散变聚"的思维工具，而还原思维的定位功能，恰好能够将事物与其背景联系起来，并发现此事物与他事物的关联性。

3.还原思维可以"透视"——帮助学生品味形上之"神"、言外之"意"

学生阅读散文时，往往会产生一种"雾里看花、水中望月"的感觉，这是因为散文个性化的语言表达，往往承载的是作家"在日常生活中感悟到的人生经验"。但是由于这种人生经验是"我们的日常生活经验最为接近的"[11]，所以很容易被忽视、蒙蔽或者扭曲，使读者往往容易被作家个性化的语言表象所迷惑、所遮蔽，使得散文阅读停留于"镜花水月"的浮光掠影。而对于隐蔽于散文形上之"神"与言外之"意"，则需要运用还原思维进行"解蔽"和"透视"，在《故都的秋》的教学中，引导学生理解郁达夫喜欢的"清、静、悲凉"的秋味儿的原因，应该是理解散文的关键所在，而要回答这个问题，就必须要在文中找到"透视点"。

师：郁达夫不喜欢南国温暖的秋天，他最喜欢的是那"一椽破屋""一碗浓茶"的秋天，最喜欢的是故都的破壁下的蓝朵，落蕊、秋蝉、秋雨和秋果，因为故都的秋来得那么"清、静、悲凉"。那大家从文中第11段找找看，郁达夫为什么喜欢故都的秋？

生：这一段说：北方的秋，有一种"中国的秋的深味"。

师：那"中国的秋的深味"是什么？能不能具体说明？

生：文章说"中国的文人学士，尤其是诗人，都带着很浓厚的颓废色彩，所以中国的诗文里，颂赞秋的文字特别的多"。

师：但是外国的诗人也有很多吟咏秋天的诗句啊！

生：因为"有情趣的人类，对于秋，总是一样地能特别引起深沈，幽远，严厉，萧索的感触来的"。

师：也就是说，秋天是一种独特的文化符号咯？

生：是的，秋天是萧瑟肃杀的一种符号。

师：但是郁达夫说："不单是诗人，就是被关闭在牢狱里的囚犯，到了秋天，我想也一定会感到一种不能自已的深情"，这是一种什么深情？

生：这应该是对生命即将走到尽头的一种感慨，在生命即将结束时意识到生命短暂的深情。

师：说得不错，其实不光是生命即将结束时的人在秋天会有"这种不能自已的深情"，有一句诗"死如秋叶之静美"。秋天给我们带来的，是一种"向死而生"的最后的光芒，也是一种对生命短暂的深刻的觉悟。这估计也就是郁达夫说"是这秋的深味，尤其是中国的秋的深味，非要在北方，才感受得到的"的原因了。

师：那接下来，我们再回到郁达夫笔下的秋景中，看看能不能读出这一种"秋的深味"。

巴尔扎克说：诗人或作家身上往往拥有一种透视力，这是一种"难以明言的，将他们（作家）送到他们应去或想去的地方的力量。"[12] 而作家正是依靠这一透视力，来"看见需要描绘的对象、或者是这个对象来接近他们，或者是他们自己走去接近对象"。散文创作更是如此，还原思维具有解蔽和透视的功能，能够使得"客体世界在人们的意识中呈原真状态显现"，而不是被语言表层所负载的意蕴或者读者本身固有的经验所蒙蔽。本环节追问郁达夫喜欢故都的秋的原因的过程，其实就是透视郁达夫"秋的深情"究竟为何的过程，通过透视，把作者本身的心理感悟呈现出来，然后再让同学们带着这种属于郁达夫气质的心理，去反观他笔下的秋景，就能够让学生有机会品味到出现的这种"不可解释的、非常的、连科学也难以明辨的精神现象"背后的"神"和"意"来，而这"神"和"意"即"这一篇"散文的独特价值所在。

（本文发表于《中学语文教学参考（上旬刊）》2018年第1—2期）

参考文献：

[1] 王荣生. 散文教学教什么[M]. 上海：华东师范大学出版社，2014：12.

[2] 童庆炳. 文学理论教程[M]. 第五版. 北京：高等教育出版社，2015：217.

[3] 王荣生. 散文教学教什么[M]. 上海：华东师范大学出版社，2014：25.

[4] 曹明海，魏艳. 散文文体特征与教学审识[J]. 语文建设，2016(2)：4-9.

[5] 王荣生. 散文教学教什么[M]. 上海：华东师范大学出版社，2014：6.

[6] 孙绍振. 名作细读：微观分析个案研究[M]. 上海：上海教育出版社，2009.

[7] 曹苇舫. 论还原思维[J]. 人文杂志，2005(1)：108-110.

[8] 王荣生. 散文教学教什么[M]. 上海：华东师范大学出版社，2014：29.

[9] 曹苇舫. 论还原思维[J]. 人文杂志，2005(1)：108-110.

[10] 曹苇舫. 论还原思维[J]. 人文杂志，2005(1)：108-110.

[11] 王荣生. 散文教学教什么[M]. 上海：华东师范大学出版社，2014：30.

[12] 巴尔扎克. 《驴皮记》初版序言（1831年）[M]. 中国社会科学院文学研究所. 古典文艺理论译丛（第10册）. 北京：知识产权出版社，2010.

温情的呵护——深圳明德实验学校教学札记

切磋琢磨寻幽径

教新闻应重思维培养

在信息时代和科技化浪潮的浸润下，人们每天都要接触到大量的信息，其中最主要的渠道就是新闻，新闻阅读能力在信息时代尤为重要。正因为如此，现行的高中语文教材中，新闻类作品在各版本中都有涉及。但是遗憾的是，在实际的教学中，中学新闻教学依然基本是以语文教学附属品的身份尴尬地存在。如何在信息时代的背景下开展中学新闻教学，笔者尝试以深圳明德实验学校程红兵校长提出的课堂模型建构为理论指导，通过一系列教学尝试，来探索中学新闻教学的一些方法和策略。

随着互联网的兴起，人类跨入了飞速发展的信息时代。人们每天需要接收大量纷繁复杂的信息和资讯，也不自觉地成为信息的产生者和传递者，人们的生活、学习也越来越多地受到各种信息的影响。这其中，新闻是人们接收信息和资讯最主要的载体。中学新闻教学也随着时代的需要，而愈发凸显出了它对于中学生语文素质培养的重要性。正因为如此，在现行的高中语文教材中，新闻类作品在各版本中都有涉及。然而，与之形成强烈反差的是，在实际的教学中，新闻教学却始终处于"食之无味、弃之可惜"的尴尬境地。教师不重视新闻的教学，学生对新闻学习的兴趣也不浓厚。究其根源，恐怕在于在中学新闻教学中没有处理好新闻是什么、新闻教什么、新闻怎么教这三大问题。

首先，新闻是什么？在传统的定义中，新闻是一种"通过报纸、电台、广播、电视台等媒体途径所传播信息"的文体，于是大多数课堂选择了"教知识"，侧重于教授新闻所传递的知识本身。但是，当下是一个信息爆炸的时代，信息的更新速度何其迅速，学生接触信息的渠道大大拓宽，各种搜索引擎可以轻松实现"答疑解惑"，教材的新闻早已变成了"旧闻"。事实上，一些经典新闻之所以能入选教材，其目的不是要学生"学习过时的新闻内容，而是学习作者如何进行出色的报道"[1]。当然写作的过程正是一种思维的过程，所以新闻所传递的不再仅仅是信息本身，更重要的是一种态度立场和思维方式。如果教师在课堂上没有注意到这一时代变化，依然故步自封地讲解旧知识，自然无法引起学生的兴趣，更不可能教会学生掌握在信息时代阅读新闻的技能。

其次，新闻教什么？在传统的新闻教学中，教师将新闻定义为一种专业文体，于是将新闻教学的侧重点放在"文体教学"方面，聚焦于"六要素""三大特征"的教授。但是，随着新媒体时代的到来，传统的"新闻"的概念已经在很大程度上被推翻，新闻不一定需要通过传统媒介来传递，甚至不需要完全按照传统的格式来写作，有些新媒体新闻甚至"颠覆了原本稳定的叙述模式"[2]。在这样的背景下，新闻教学究竟应该教什么？或者说在新闻教学中教师应该发挥怎样的作用？这个问题至关重要。《普通高中语文课程标准（实验）》强调："阅读实用类文本中的新闻，应引导学生注意材料的来源与真实性，事实与观点的关系，基本时间与典型细节，文本的价值去向与使用效果。"事实上，在信息时代的背景下，新闻教学应该聚焦学生的思维，提高学生对社会信息的评判能力和思考能力。因此，笔者认为信息时代的新闻教学应该注重学生思维的培养。

程红兵校长提出了"基于思维流量的课堂模型的建构"的理论框架。将课堂上师生之间的"思维流量"作为课堂的评价标准，提炼出了能够提升课堂思维流量的七大要素。这正与新时期新闻教学的目的相吻合，因此在程校长的理论指导下，笔者尝试探索一些基于培养学生思维的新闻教学的方法和策略。

一、还原主体体验，走进新闻现场

新闻传播是由传播主体、收受主体、传播媒介和传播内容四大要素构成的一个双向传播过程。在传播学中，研究受众的一般心理，进行传受双方的心理调谐，是传播的重要内容。因此，在新闻教学中，教师首先要重视"读者"这一受众的心理状态，对于课本教材的新闻选篇而言，教师要注意还原读者的主体体验，让学生"走进"新闻现场。在《奥斯维辛没有什么新闻》一课教学伊始，笔者就采用了图片的形式，进行现场还原。

师：（播放鲜花簇拥奥斯维辛集中营死亡墙的照片）请同学们猜一下，这里是哪里？

生：是奥斯维辛集中营。

师：从哪里看出来的？

生：我在其他书上看过，这是德国纳粹杀害犹太人的"死亡墙"。

师：对的，这就是奥斯维辛集中营的"死亡墙"。1958年，美国记者罗森塔尔参观了这个集中营。我们今天也去参观一下，看看这里曾经发生过什么。

（展示集中营的大量照片）

师：看完这些照片，你有什么感受？写一段观后感。

（生开始写作）

师：请几位同学来分享一下你参观的感受。

生：我感到很震惊，纳粹居然杀死这么多无辜的人。

师：（板书关键词）震惊。

生：我感到很愤怒，他们连老人小孩子都不放过，这真的是禽兽不如！

师：（板书关键词）愤怒。

生：我感到悲伤，有这么多鲜活的生命，在这个地方遭受这样残忍的虐待，直至死去。（生哽咽）

师：（板书关键词）悲伤……

著名战地记者卡帕说过："你拍得不够好，是因为你离得不够近。"对于新闻受众而言，要想深入地了解事件本身，必须要和事件"离得足够近"。笔者用图片这种"一目了然"的形式，正是出于这一考虑。因为相对于文字报道而言，图片报道更为感性动人，现场感更强，因此对于读者的影响也更为直接。通过图片展示，学生还原了自身的主体体验，进入到了新闻的现场。而只有进入这一新闻的现场，身临其境，在视觉的冲击下了解事件的真实状况，才能激发学生心灵颤动的力量，引起学生在新闻背后的思考。

二、开展比较变异，抓住新闻核心

新闻倡导"用事实说话"。但是传播学认为，呈现给传播受众的新闻报道已经是经过传播主体"加工"之后的内容，不管新闻报道如何客观，都无法避免其态度和倾向，正是这种"态度和倾向"导致了新闻的差异性。瑞典哥德堡大学马飞龙（Marton）教授的变异理论认为，学习源于变异，学生需要通过对所学内容的关键属性进行区分，从而掌握教学内容。程红兵校长在《"课堂模型"之明德设计》一文中专门强调了"理解迁移讲究还原"的要素，其中第二种还原即变异理论所涉及的"还原变异"[3]。因此，在新闻教学中，教师应该抓住"典型细节"，通过"审辨"的方式，来引导学生探究新闻报道独有的价值取向。比如，《奥斯维辛没有什么新闻》一课的教学，笔者在学生进入新闻现场，产生主体体验之后，让学生阅读新闻，并提出一个问题：

罗森塔尔也是一个参观者，但是在他的新闻中主要写了什么？

学生很快找到了罗森塔尔的新闻主要在写"参观者"这一差异，于是笔者进一步追问：你觉得有哪些东西他没有写出来？为什么不写？

笔者请之前分享感受的学生再次起来谈。学生发现，罗森塔尔并没有写出自己作为一个参观者的"震惊、愤怒和悲伤"，而是通过参观者的表现来体现奥斯维辛集中营的惊悚场面。学生进一步分析，不写自己的情感，就是为了保证新闻报道的"真实性"。在笔者的介绍下，学生深入理解新闻的"零度写作"的表达技巧。也有学生进一步分析：这样看似"平淡"的写作，给人一种冷静感，是为了提醒读者不要忘记这一段历史，更是为了提醒人们要冷静思考奥斯维辛的灾难是由谁来制造的。可以看出，通过关键属性的比较，学生的思考逐渐深入到了新闻的核心。

再比如，在笔者执教《别了，"不列颠尼亚"》一文时，在学生站在新闻文体知识的基础上阅读了文本之后，笔者向学生展示了其他国家和地区对这一事件的报道：

> 路透社：6月30日午夜时分，当查尔斯王储将香港归还中国时，英国结束了一度强大的大英帝国历史。
>
> 美联社：随着午夜国旗的交换，焦虑不安和兴奋的香港今天摆脱了156年的殖民时代，并开始了在欢欣鼓舞的共产党中国主权下捉摸不定的新时代。[4]

通过比较，学生很明显地看到了英国媒体在香港回归时对自己国家的强大不再的无奈和不甘，美国媒体则表现出对香港前景的怀疑和对中共领导的不信任。然后笔者让学生再次阅读出自新华社的原文，学生很快就明白了在香港回归之时，作为一个中国人对中华民族洗雪百年耻辱、扬眉吐气的自豪感。而正是由于比较和变异，学生才能够体验与分辨新闻的典型细节，抓住新闻的核心。

三、追溯写作意图，培养学生思维

众所周知，选入教材的新闻，已经不再属于严格意义上的新闻，而是沉淀为新闻经典的名篇，但是新闻教学仍然可以以这些名篇为依据，就是因为它们"至今重读，仍震撼人心"。显然，这种震撼力并不仅仅来源于新闻事实本身，而更多地来源于"记者对事实的出色报道"[5]。那么，在新闻教学中，我们不仅要教会学生"从新闻中读取观点，读出作者的微言大义和'春秋笔法'，还要能够以反思性和批判性的眼光来对待新闻报道"[6]。笔者认为，通过文本来追溯作者的写作意图，是实现这一目标的有效途径。

《人民解放军百万大军横渡长江》是毛泽东同志的新闻经典。王君老师在执教本课时，设计了一个这样的问题：

> 东路军很烦恼，因为他们被毛主席安排在新闻四个层次的最后一层，他们不服气，认为自己的位置完全可以往前移动，你以为如何呢？你能说服他们理解毛主席的安排吗？[7]

王君老师设计的这个问题的智慧之处，恰恰在于把学生放在了作者的位置，至少是和作者同向的位置来看待新闻，其根本目的就是引导学生来追溯毛主席的写作意图，以此来培养学生的新闻写作思维。笔者在执教此文时，设计了一个类似的问题：这篇新闻的导语已经很明确地说明了"人民解放军百万大军横渡长江"这一消息，后面又分别详细地讲各路军的情况，是不是太啰唆了？能不能请毛主席删去一部分内容？通过这一问题，学生开始追溯毛主席的写作意图，发现毛主席在新闻中写明详细时间，是为了体现解放军渡江速度之快；写明详细地点，是为了凸显解放军渡江范围之广，气势如虹；这样写作，就是为了凸显解放军的势不可当，也是为了显示国民党军队的溃不成军，从而体现出国民党挑起内战是不得人心之举。通过追溯作者意图，毛主席的宣传智慧清晰可见，也培养了学生的写作思维。

再比如，在学生学习了《奥斯维辛没有什么新闻》一课之后，笔者提出一个问题：这篇新闻还有过一个题目，叫作《布热金卡：阳光明媚，鸟语花香》，你认为哪个题目更好？这是一个开放性的题目，有的学生认为《奥斯维辛没有什么新闻》更好，因为它体现了作者罗森塔尔想要警示人们不忘历史、深刻反思的写作目的；也有同学认为，作为一篇新闻，《布热金卡：阳光明媚，鸟语花香》这个标题更好，因为它更符合新闻的实际，通过对比，同样能体现出作者想要警示人们不忘历史、深刻反思的写作目的。而前面一个标题有一点"标题党"的嫌疑，似乎不符合罗森塔尔的写作本意。通过追溯作者的写作意图，实现了批判性思维所倡导的通过"评估、比较、分析、批判和综合信息"[8]来让我们的思维更加理性的目的。

（本文发表于《语文建设（中旬刊）》2017年第2期）

参考文献：

[1] 朱春玲．新闻教学的价值、内容及策略[J]．语文建设，2016(5)．

[2] 胡勤．新媒体新闻教学探索[J]．语文建设，2016(5)．

[3] 程红兵．"课堂模型"之明德设计[J]．上海教育，2015(10)．

[4] 张勇．香港回归报道的比较分析[J]．新闻大学，1998(春季刊)．

[5] 倪文尖．新闻教什么怎么教[J]．语文建设，2016(5)．

[6] 张春田．国家课程标准高中实验课本（试编本）新闻：阅读与写作[M]．
    上海：上海教育出版社，2007．

[7] 王克强．依体导学——探究有效的新闻教学策略[J]．语文建设，2016(5)．

[8] 董毓．批判性思维原理和方法[M]．北京：高等教育出版社，2010．

变异理论指导下的原型辨析教学尝试
——以《隆中对》课堂教学为例

　　根据瑞典哥德堡大学马飞龙（Marton）教授的变异教学理论，学生需要通过对所学内容的关键属性进行区分，从而准确深入地掌握教学内容。通过观察研究我们发现，"理解迁移讲究还原"正是明德课堂模型所需要的要素。因此，笔者尝试设计并执教了《隆中对》的课堂教学。

　　变异理论是世界著名教学论专家、瑞典哥德堡大学马飞龙（Marton）教授于20世纪90年代提出的、在国际上有相当影响力的一种学习理论。该理论强调的，正是通过对所学内容的关键属性进行区分，从而掌握教学内容。"学习过程被视为学习者经验周边世界现象的能力的变化，也就是能够审辨并关注这个现象的关键属性上。"[1]基于这一点，程校长在《"课堂模型"之明德设计》一文中专门强调了"理解迁移讲究还原"[2]的要素，其中第二种还原即变异理论所涉及的"还原变异"。程校长要求，明德的课堂教学既要考虑知识点的标准正例，也要考虑各种非标准正例，还要考虑反例，从而让学生全面深入地理解所学内容的关键属性。笔者在设计《隆中对》教学时，尝试以《隆中对》故事原型为标准正例，以"三顾茅庐"的故事为非标准正例，以苏秦游说列国的故事为反例，从而引导学生准确掌握《隆中对》的核心思想。

一、创设情境，提供非标准正例

　　创设情境，这是当今课堂经常使用的教学方法。事实上，情境教学能够"有效地促进学生掌握并迁移知识，有利于促进学生真实地学习，有利于学生主体性的构建"[3]。因此，在《隆中对》教学一开始，笔者也使用了这一方法进行解题：

师：同学们，"对"是什么意思？

生：应对、回答。

师：在哪里应对？

生：隆中

师：谁在问谁在答？

生：刘备问，诸葛亮答。

师：那这个故事大家熟悉不熟悉？哪位同学来讲一讲？

生：这个故事叫作"三顾茅庐"，讲的是诸葛亮隐居在隆中，刘备三次去拜访他，请他出山，最终诸葛亮被刘备的诚意打动，决定辅佐刘备打江山的故事。

师：故事讲得很好，大家要注意：是谁被谁感动了？

生：诸葛亮被刘备感动了。

师：《隆中对》中记载的真实情况是不是这样呢？我们一起来学习。

在课堂一开始，通过题解的方式，笔者为学生提供了一个熟悉的故事情境。这一情境激发了学生的学习兴趣，也让学生自然而然地讲出在人们"常识"中所理解的"三顾茅庐"的故事原型，当然。这一原型是非标准正例，原因在于它与《隆中对》的原型有相似之处，即基本的故事情节是相似的，但也有关键属性的差异，即"对"的内容以及"对"背后刘备和诸葛亮两人的想法意图是不同的。这一非标准正例的提出，为学生"审辨"文章的关键属性做了铺垫，也为学生学习《隆中对》提供了便利。

二、品读细节，比较关键性差异

根据变异理论，学生在学习一种概念的属性时，必然会分辨和注意概念的相关属性，而如果没有概念的相关属性不同维度的呈现，学生是不可能把握其关键属性的。因此，在学生回顾了"三顾茅庐"的故事之后，笔者开始带领学生进入文本，来真正学习《隆中对》。

师：大家事先预习了课文，谁能告诉我，哪一段是写"对"的？

生：第4段。

师：我们先不看第4段，我们先看看刘备和诸葛亮"对"完之后，发生了什么。一起来读一下第5、6段。

生：（读5、6段）。

师：哪位同学说一说发生了什么？

生：诸葛亮和刘备成了好朋友。

师：从哪个词看出来的？

生：情好日密，就是关系一天比一天好。

师：好到什么程度？跟关羽、张飞比呢？

生：那也比不上，因为文中说："孤之有孔明，犹鱼之有水也。愿诸君勿复言。"

师：那么说明什么？是谁感动了谁？

生：是诸葛亮感动了刘备。

师：原来是诸葛亮感动了刘备啊！好像与三顾茅庐的故事有些不同哦，那诸葛亮怎么感动刘备的，他的哪些话感动刘备的，我们一起来看。

在这一环节，笔者通过对"情好日密"，以及刘备的一些话语的细节的品读，引导学生逐渐思考《隆中对》与"三顾茅庐"的故事在哪些关键属性上存在差异，最终得到了两个相反的结论：是刘备感动了诸葛亮，还是诸葛亮感动了刘备。而这正是《隆中对》的"对"的核心所在。于是在接下来的教学环节，笔者引导学生认真品读第4段，厘清了诸葛亮对曹操和孙权的评价，并找到了诸葛亮为刘备设计的政治蓝图："霸业可成，汉室可兴。"事实上，正是这运筹帷幄的谋略，正是这宏伟的政治蓝图，使得刘备完全被诸葛亮的政治谋略所折服。

可以想见，学生在学习《隆中对》时，如果没有"三顾茅庐"的另一种呈现，是不能准确理解当时诸葛亮为刘备设计的政治蓝图对刘备的震撼效果的，更不能理解为何刘备会在关羽、张飞二人"不悦"的情况下，还会说"孤之有孔明，犹鱼之有水也。愿诸君勿复言"这样的话。在于非标准正例的比较之中，学生理解了同一故事背后的差异性，从而准确理解了"隆中对"成为千古美谈的关键属性，这其中不仅有刘备三顾茅庐的诚意，也有诸葛亮三分天下的谋略。

三、反例对比，品味人物关键属性

变异理论认为，学习源于变异，变异（Variation）、审辨（Discernment）和同时性（Simultaneity）是变异理论的三要素。而正是由于变异，我们能够体验与分辨学习对象的关键方面。当不同的变异出现在同一时段时，它们使学习者认识到学习对象的不同方面。通过非标准正例的比较，学生看到了诸葛亮的慷慨陈词在这一事件中的关键作用。然而，类似的陈词是否会起到相似的作用呢？笔者引入了另一个故事当作反例，来启发学生思考。

师：同学们，我们来读这些句子：

（展示课件，生齐读）荆州北据汉、沔，利尽南海，东连吴会，西通巴、蜀，此用武之国，而其主不能守，此殆天所以资将军，将军岂有意乎？益州险塞，沃野千里，天府之土，高祖因之以成帝业。刘璋暗弱，张鲁在北，民殷国富而不知存恤，智能之士思得明君。

师：从这一段话中，我们看到诸葛亮对天下大势意气风发的评说，才能想到刘备听到这番言论之后的心潮澎湃。可见诸葛亮能够施展抱负，与他的这一番话有紧密联系。不过，老师翻看史书，找到了一个人也说过类似的话，大家看。

（展示课件）（苏秦）说惠王曰："秦，四塞之国，被山带渭，东有关河，西有汉中，南有巴蜀，北有代马，此天府也。以秦士民之众，兵法之教，可以吞天下，称帝而治。"

师：大家看，语言多么相似，可是苏秦的结果却是这样：

（展示课件）秦王曰："毛羽未成，不可以高蜚……"弗用。

师：为什么会有这样的差异？

生：苏秦没有找到一个像刘备这样的招贤纳士的君王。

师：有道理，还有没有别的原因？

生：沉默，思考。

师：老师给大家看一下苏秦这一家人

（展示课件）（苏秦）说秦王书十上，而说不行。黑貂之裘敝，黄金百斤尽。……归至家，妻不下红，嫂不为炊，父母不与言。

师：同学们从这一段里看到了什么？

生：他家好有钱，黄金百斤。

师：是真的有钱吗？

生：不是，应该是借的，因为"妻不下红"，妻子还要做手红，可见家里穷。

    师：那苏秦为什么要借黄金去游说？

    生：想做官发财。

    师：那他失败之后家里人的表现呢？

    生：他的嫂子不给他做饭，他的父母都不看他一眼，可见苏秦一家都是势利之人。

    师：那么诸葛亮是一个怎样的人呢？大家读一读第1、2段。

在本环节，笔者引入了另一个言论与诸葛亮极为相似的人物——苏秦，并通过其言论的结果的差异，引导学生思考：为什么相似的言论，一个成功，一个却失败了？事实上，从这一环节开始，笔者就试图通过苏秦这一反例，来引发学生思考《隆中对》一文的另一个核心价值。一开始已经有学生提到了君主的问题，但是这不是笔者引入反例的真实目的，于是笔者又引入了苏秦的家庭背景，让学生直观地感受到苏秦一家的"功利"之心，从而与诸葛亮高卧隆中、志向高远进行比较。在反例的比较之下，学生很容易就分清楚了诸葛亮与苏秦的差异，即一个是以"复兴汉室"为梦想而为天下奔走的高士，另一个却是以"功名利禄"为追求的势利小人。那么学生对《隆中对》流传千古的原因，便有了更深一层的认识：贤君刘备的求贤若渴，高士孔明的雄心壮志，在那个茅庐之中，产生了强烈的共鸣，共同汇聚成复兴汉室的伟大梦想，从而演绎出一段流传千古的佳话。在反例的对比之下，学生从另一个方面认识到了《隆中对》的价值和意义。

当然，笔者在本节课的尝试还是粗浅的、生硬的，需要更长时间的磨炼。不过，在本节课上笔者以变异理论为指导，带领学生从不同的方面来关照文本，就好比给学生提供了各种图片，让学生以心为镜，仔细品味其中的细微差别，找到不同，就是找到了文本独一无二的核心价值。

（本文发表于《语文教学通讯（B刊）》2016年第5期）

参考文献：

[1] 彭明辉. 现象图析学与变异理论[J]. 教育学报，2008(5).

[2] 程红兵. "课堂模型"之明德设计[J]. 上海教育，2015(10).

[3] 王传明，刘少坤. 浅议课堂教学情境创设的策略[J]. 中国科教创新导刊，2008(3).

还原思维，为理解文本拨云见日

——《邹忌讽齐王纳谏》教学尝试

系统论认为，宇宙、自然、人类社会，按照不同的参照系，都可以划分到相应的系统中去。从这个角度来讲，宇宙、自然、人类社会通通属于物质与精神世界这个复杂巨系统。然而，在研究和学习中，我们往往需要把事物返回到其所在的整体系统与原初状态中去进行考察，于是就产生了"还原"的思维。所谓还原，就是一种把复杂的系统层层分解为其组成部分的过程，是一种由整体到部分、由连续到离散的操作，是对研究对象不断进行分析，恢复其最原始的状态、化复杂为简单的过程。

语文是一个兼具人文性和工具性的学科。然而，在日常的教学中，教师对于文本美学价值的过分关注，往往导致课堂停留在语言欣赏的浅层。而对于作者的真实目的和真正意图却置之不理。如此的课堂，就会导致学生在文本的吉光片羽中晕头转向，对于文章的真正意图却是丈二和尚摸不着头脑。基于以上现象，程红兵校长在《基于思维流量的语文课堂模型群建构》中提出了"还原思维"的概念，程校长认为"将语文教学中所涉及的问题推导或问题解决的思维过程直观呈现，便于学生理解掌握"。笔者认为，在语文教学的过程中，还原作者的思维，让学生绕到文字表象的背后，返回到作者写作的当时当地，能够帮助学生了解作者的思考过程，理解作者的真实目的，从而达到拨云见日的效果。因此，笔者尝试运用还原作者的思维的方法，设计了《邹忌讽齐王纳谏》一文的课堂教学。

一、题解切入，探求文本思路

马克思主义哲学认为，事物的内在本质与外在表现是一对对立统一的辩证关系。对于一篇文章而言，文本的外部呈现形式和实际目的之间，也是现象与本质的辩证关系，通过文章的语言这一"现象"把握作者的意图这一"本质"应当是语文教学的主要任务。马克思主义认为，要透过现象抓住本质，首先就要在实践的基础上，积累大量的现象，尽可能多地占有丰富和真实的感性材料，这是科学认识透过现象抓住本质的前提条件。语文的课堂教学同样需要从语言出发，积累"现象"，形成感性认识。在《邹忌讽齐王纳谏》一课中，笔者从题解切入，引领学生探求文本的思路。

师：同学们，我们今天学习《邹忌讽齐王纳谏》，你能从题目中了解到什么信息呢？

生：我了解到了人物：邹忌和齐王。

师：他们之间发生了什么事？

生：邹忌在"讽"齐王采纳建议。

师：大家注意"讽"是什么意思？

生："讽"是讽谏的意思，就是用暗示、比喻之类的方法委婉地规劝。

师：（展示课件，呈现问题）那大家来找一找，哪一段集中展示了邹忌"讽谏"的内容？他是用什么来"暗示、比喻"齐王的？

生：（读文，找到第二段。齐读）

师：谁来说一说？

生：邹忌先说自己问不同的人他和徐公谁更美，结果得到了不同答案的事情，然后向齐王进言。

师：能不能具体一些，用什么来比喻什么？

生：用"妻"来比喻"宫妇左右"，用"妾"来比喻"朝廷之臣"，用"客"来比喻"四境之内"。

切磋琢磨寻幽径

本环节的教学，笔者引导学生从题目切入，紧扣"讽"这个字，指导学生通过理解讽谏的含义，让学生明白，这是一篇大臣写给君主的劝谏之文，从而确立学生对本文的真实目的的直观感悟，激发学生探求文本的兴趣。紧接着，笔者引领学生沿着常规的理解思路，寻觅文章中集中体现"讽谏"的核心内容，进一步让学生体会"讽谏"的艺术。

二、矛盾质疑，寻觅说客思路

文中的邹忌是一名大臣，甚至可以说是一名说客，他的目的是想让齐王听取他的建议。然而，文章在他进言之前，故意花了大量的篇幅生动形象地写他与徐公比美的事情，学生如果将视线集中在"比美"这一环节，就很容易乱花渐欲迷人眼。因此，笔者尝试在教学中引入矛盾，让学生去寻觅邹忌这名说客的思路。

师：大家回想一下题目，邹忌讲话的真正目的是什么？

生：劝谏齐王。

师：从这个角度来看，第二段哪一句话最关键？

生：王之蔽甚矣！

师：那他前面说的比美的事情有什么作用？

生：这就是"讽"的作用，他举了自己的例子，更加生动具体，齐王更容易接受。

师：那就是说，邹忌比美这件事仅仅是他向齐王进言的一个引子对不对？那大家思考一下，邹忌作为一名大臣、一名说客，到底是首先想给齐王进言，然后再想到了比美的例子呢？还是首先比美了，然后才想起来这件事很有哲理，要给齐王说一说？哪种可能性更大？

学生激烈讨论。

马克思主义哲学指出，现象是事物的外部联系和表面特征，是事物的外在表现。然而，现象按它表现本质的不同方式，可以区分为真相和假象。在文学的创作过程中，有些作者为了使自己的文章更加吸引读者，往往会在结构上和语言上故意颠倒错乱，制造一种"陌生化"的效果。因此，教师引导学生阅读的时候，必须要对语言表象以及它们之间的关系进行科学分析和研究，从而去伪存真，寻找隐藏在现象背后的原本意图。在本环节的教学中，教师引入了矛盾，其目的是要让学生质疑，从而启发学生还原邹忌这名说客的思路，进而拨开文本语言的迷雾，见到文章的真正思路。

三、逆向推导，感悟作者意图

经过讨论，学生逐渐还原了邹忌的思路，即他的主要目的是劝谏齐王，而比美事件只不过是他实现进言的一种手段，甚至有学生怀疑，邹忌有可能根本没有做过比美这件事。然而，纵使我们认为邹忌比美确有此事，这件事也极有可能是有策划、有预谋的，这是由他的身份和意图决定的。当然，这只是学生还原了邹忌的思路之后的推测。然而，文章却在第一段不厌其烦地描绘了邹忌比美这件事，于是，笔者启发学生阅读第一段，尝试从文章中找到能够证明比美这件事是"有意为之"的"证据"。

> 师：通过讨论，邹忌比美这件事也极有可能是有策划，有预谋的，但是这只是大家的推测，能不能从第一段里找出"证据"来，证明邹忌比美是有意为之的？
>
> 生：邹忌第一天分别问了妻和妾，可是"旦日，客从外来"，他还问这个问题，这就说明，"我孰与城北徐公美"这个问题并不是邹忌一时兴起说的，很有可能是精心准备的。
>
> 生：从"明日徐公来"这一句，可以看出，等到第三天，徐公来到了邹忌家，这背后很有问题。为什么徐公来邹忌家？很有

可能是邹忌去请他来的，由此更能看出，邹忌是精心设计了"比美"这件事的。

生：不仅如此，他还"暮寝而思之"，这件事他想了很久，痕迹太明显了！

生：而且他在比美过程中找的人，正好可以对应国君的"宫妇左右""朝廷之臣""四境之内"。

师：那同学们更深一层想一想，作者在写邹忌讽齐王纳谏这件事的时候，为什么要把比美这件事写在最前面？

生：（思考）

生：我觉得作者是按照时间顺序写的，所以在前面。

师：有一定的道理，但是还有没有更有说服力的理由？

生：（思考）

师：大家想一想，如果这篇文章是这样写的："邹忌欲谏齐王，故与徐公比美，朝服衣冠，窥镜，谓其妻曰……"效果会怎样？

生：我知道了，这样写会觉得邹忌太有心机了！

生：这样会削弱邹忌忠言进谏的效果和形象。

众所周知，《战国策》是我国古代的一部历史学名著，是集中记载战国时期游说之士的著作，书中优美的文辞，生动的语言，富于雄辩与运筹的机智，乃是它最大的价值；另一方面，对于这些纵横捭阖之辞，如果仅仅着眼于文字表象，而不能绕到文字背后，了解作者、说客的创作意图，便很容易拘泥于文章言辞而很难品味出其中的智慧之趣。本环节的教学，笔者让学生设身处地地将自己带入写作场景，以作者的视角还原了写作的过程。正是这种思维的还原，为学生提供了写作教学的指导。

回顾本节课的教学，笔者并不是让学生带着欣赏的眼光来"膜拜"邹忌，而是通过还原邹忌的游说思维、还原《战国策》编订者的创作思维，直观呈现思维过程，让学生绕到文字表象的背后，了解作者的思考过程，理解作者的真实目的，拨云见日，水落石出。

（本文发表于《中学语文教学》2016年第7期。发表时有修改）

多维反思，推动历史文化的深层思索
——以《诗坛双星》教学为例

批判性思维本身，就是一种"理性的、反思性的思维，其目的取决于我们的信念和行动"[1]。培养学生的批判性思维，就必须引导学生开展多维反思。程红兵校长在《基于思维流量的语文课堂模型群建构》中提道："质疑、反思、批判是培养学生批判思维的有效途径，第一种方式可以从多维角度来反思批判，简称'多维反思'"[2]笔者认为，多维反思不仅是课堂思维流量提升的必要手段，更是深入全面地体会文本的重要途径。

学校开发中华文化原典阅读课程，其目的就在于"培养学生的中华文化基因"，这"文化基因"所指的，正是作为中国人的价值观、社会观、伦理观、思维方式等。因此，中华文化原典阅读必须以"思维"作为教学的重点抓手。正所谓"横看成岭侧成峰、远近高低各不同"，多维反思更能有效促进学生从广泛的文学与历史的素材中博观约取、高屋建瓴，从而提炼文化精华，深入领悟中华文化的精神魅力。基于以上思考，笔者与历史老师朱晓章设计了《诗坛双星》的课堂教学，试图以多维反思的方法来帮助学生体会李白与杜甫的精神魅力。

一、原型辨析，建构直观体验

瑞典学者马飞龙（Marton）教授的变异理论强调：正是通过对所学内容的关键属性进行区分，从而掌握教学内容。[3]与此同时，能够准确地理解知识的关键属性，也是批判性思维的基石。程校长要求，明德的课堂教学既要考虑知识点的标准正例，也要考虑各种非标准正例，还要考虑反例，从而让学生全面深入地理解所学内容的关键属性。在本节课的教学中，笔者尝试通过原型辨析的学习方式，帮助学生有效建构对李白和杜甫的直观体验。

课堂呈现：

　　1.印象李白

　　如果你为李白画一幅画，你会如何设计？请以诗句来证明这样画的理由。

- 以何为背景？
- 有何道具？
- 发型如何？
- 有何神情？
- ……

　　让学生展开想象的翅膀，勾勒出印象中的李白，学生自然而然地将李白描绘成为一个飘逸潇洒的浪漫主义诗仙。不可否认，这一种直观的理解，是不甚标准的，可以称为李白的"非标准正例"。紧接着，教师呈现李白的代表作《行路难》，让学生寻找自己认为最具有浪漫色彩的诗句，从而进一步构建学生对于李白的直观体验，逐步完善李白的形象与特色。在学生对于李白的"浪漫"有了直观体验后，最终建立了诗仙太白的"标准正例"。

二、矛盾切入，激发思维兴趣

　　学贵有疑，质疑不仅是有效阅读的手段，更是批判性思维的开端。在课堂教学中，学生头脑中的"疑点"应该而且必须成为教学的切入点。当然，对于某些熟知的文化现象来讲，学生反而更容易"司空见惯"，这是因为我们对某种文化现象存在"先入为主的想法、偏见、反感、信仰"，从而"没有意识到自己的思维受到哪些影响"。这样的思维是不准确的，而引导学生发现"疑点"，则能够激发学生的思维兴趣，开启学生的批判性思维大门。在《诗坛双星》的教学中，笔者这样引导学生发现疑点：

　　在学生对李白的"浪漫"特质有了直观的体会之后，老师继续引入

《将进酒》的学习，让学生体会这首诗的情感，有的学生很轻松地品读出了李白的浪漫，但是有的学生还发现了李白的"愁"。笔者进一步引导学生在诗歌中体会"李白为什么而愁"，学生又总结出了"人生短暂""壮志未酬""圣贤寂寞"等要素。由此，学生发现李白似乎不仅仅是以往理解的"浪漫"，他的性格中有豁达浪漫，更有一种"浓得化不开的愁"，李白的性格为何是乐与愁的交织体？这就是学生从李白形象中自然而然地生发出来的"疑点"，学生对李白的思维兴趣由此被激发了出来。

再比如学习杜甫：

请用一句话或者一个词来概括你所了解的杜甫。

有相当一部分学生选择了"杜甫很忙"，由此可以看出，学生对于杜甫诗存在"偏见"，这个偏见是学生不理解杜甫忙的根源，更是学生体会杜甫精神的最大障碍，当然，也是课堂的"兴趣点"。所以，老师进一步引导学生通过阅读杜甫的诗歌思考："杜甫在忙什么？杜甫为什么很忙？"从而打开了学生批判性思维的大门。

三、历史还原，探索深层原因

课堂生成的"疑点"，是课堂的兴趣点，也是批判性思维的起点，但是要发展学生的批判性思维，不能仅仅止步于"怀疑"，还需要利用更加充足的信息，更加深入地进行思考、判断、整合，从而形成一个新的、更加客观、更加深刻的立场。在学生开始怀疑李白为什么有时浪漫有时愁时，笔者引导学生走进历史和文化的长河中，思考李白诗歌背后的文化渊源。通过李白的"壮志未酬"和"圣贤寂寞"，学生找到了这样的文化根源：

知我者谓我心忧，不知我者谓我何求。——《诗经》

士不可以不弘毅，任重而道远。仁以为己任，不亦重乎？死而后已，不亦远乎？——孔子

通过李白的"及时行乐"与"飘逸浪漫"，学生找到了这样的文化根源：

甘其食，美其服，安其居，乐其俗，邻国相望，鸡犬之声相闻。——《老子》

北冥有鱼，其名为鲲。鲲之大，不知其几千里也。……怒而飞，其翼若垂天之云。——《庄子》

同时，老师还结合历史材料，介绍了唐朝中国文化中"三教合流"的现象，从而让学生探索李白精神的根源，在于他既执着于儒家的理想，又披着道教的外衣。学生逐步提炼出了诗仙李白貌洒脱而实执着的文化精神。

四、文史互补，体会文化精神

中国文化原典阅读教学的优点，在于打破了学科的封闭结构，"横看成岭侧成峰，远近高低各不同"，有助于通过多维反思有效促进学生从广泛的文学与历史的素材中博观约取、高屋建瓴，更在于帮助学生做到"不畏浮云遮望眼，自缘身在最高层"，提炼文化精华，深入领悟中华文化的精神魅力。要让学生体会杜甫的精神，就必须将杜甫放在"安史之乱"的历史背景之下，正如程校长所说：要让学生理解《石壕吏》，就必须让学生知晓安史之乱，要让学生理解安史之乱，杜甫的《石壕吏》就是最形象的教材。在课堂教学中，在笔者引导学生对《石壕吏》进行了初读之后，学生提出了"为什么要抓人""为什么不抓杜甫"等问题，历史老师对安史之乱进行了初步的还原。紧接着笔者提出了这样一个问题："安史之乱"谁之过？

通过引入杜牧的诗句，学生得出了历史上众多文人总结安史之乱的结论：杨贵妃有过错。紧接着，笔者进一步追问：安史之乱真的仅仅是因为"红颜祸水"吗？学生的思维再次向深层漫溯，老师引入以下历史事实：

李林甫是唐玄宗在晚年任用的宰相，李林甫非常能干，深得玄宗信任，但是他"媚事左右，迎合上意，以固其宠；杜绝言路，掩蔽聪明，以成其奸；妒贤疾能，排抑胜己，以保其位；屡起大狱，诛逐贵臣，以张其势"。

"杨国忠的智慧和能力都不能够胜任宰相，但他的裙带关系使他能够胜任（指的是杨国忠凭借妹妹杨贵妃的关系当上了宰相），他不仅当宰相还兼职其他四十几个官职，除了弄权和索贿以外，不知道对国家的责任是什么。一个巨大的贪污网，在他的手里迅速建立"。

——引自《中国人史纲》第257页

有学生通过总结，得出了唐玄宗后期日益奢华、不理朝政、任用奸相、政治腐败等原因。经过总结，有学生认为安史之乱是中央政权的腐败导致。基于以上理解，笔者引导学生再次阅读《石壕吏》，并且还原《石壕吏》的历史背景：

唐肃宗乾元元年（758），郭子仪等九位节度使率领20万大军包围安庆绪于邺城。第二年春，由于指挥不统一，被史思明援军打败。唐王朝为补充兵力，便在洛阳至潼关一带，强行抓人当兵，人民苦不堪言。这时杜甫逃难路经这些地方，于是就其所见所闻写成了著名的组诗"三吏""三别"，《石壕吏》是"三吏"中佳作。

学生精准地抓住了"唐王朝为补充兵力，便在洛阳至潼关一带，强行抓人当兵"的细节，理解了唐朝的军吏忌惮杜甫的身份而不敢抓人的事实，同时理解了安史之乱的深层原因还有地方节度使以及官吏的腐败；通过"这时杜甫逃难路经这些地方"等信息，理解了杜甫"流落饥寒，终身不用，而一饭未尝忘君"（苏轼语）的伟大情怀。在老师的引导下，学生体会到了杜甫诗歌中忧国忧民、为民请命、以天下为己任的大"仁"。假如一个人冻饿而死，却依然以诗歌明志；假如一个人一面目睹着自己的孩子饿死，一面依然关注邻居老人的饥荒；假如一个人在战乱中自身难保，却依然用诗歌记录人民的苦难，这样的情怀难道不值得我们铭记与歌颂吗？通过学习，学生对杜甫的理解更上一层楼，也明白了鲁迅对杜甫"中华民族的脊梁"的赞誉。杜甫所代表的文化精神在学生心中逐渐明朗，并且熠熠生辉。

参考文献：

[1] 董毓. 批判性思维原理和方法[M]. 北京：高等教育出版社，2010.

[2] 马飞龙. 从变异理论看国际比较中数学教与学的差异[J]. 上海教育科研，2002(8).

[3] 程红兵. 解读"明德课堂模型"[J]. 上海教育，2015(10).

[4] 斯特拉·科特雷尔.批判性思维训练手册[M]. 李天竹，译. 北京：北京大学出版社，2012.

教古文不妨用用新技术
——例谈运用微课等现代技术开展古文教学

　　古代散文是中华优秀传统文化的重要载体，在高中语文课本中的比重非常大，但是目前的高中古文教学形态依然主要是"用旧方法教古文章"。笔者尝试将微课、思维导图等现代信息技术引入古文课堂，依托现代信息技术，让学生走进古代散文的语言现场，从而真正帮助学生喜欢并理解古代散文，并从中汲取真正对个人终身发展有益的精神养料。

　　习近平同志强调：中华优秀传统文化是"中华民族的基因"，是"民族文化的血脉"和"中华民族的精神命脉"。在中学语文教学中，引导学生从中华优秀传统文化中汲取智慧，不仅是语文课程标准的要求，更是实现中华民族伟大复兴的必然要求。古代散文作为中华优秀传统文化的重要载体，在高中语文课本中的比重非常大，但是目前的高中古文教学可谓举步维艰，其中一个很重要的原因，就是"用旧方法教古文章"，古文教学课堂上老师不是深陷于字词的释义，就是满堂灌输其深奥思想。事实上，在古代散文的教学中，只有让学生走进古代散文的语言现场，才能真正帮助学生喜欢并理解古代散文，从而从中汲取到真正对个人终身发展有益的精神养料。

　　中共中央办公厅、国务院办公厅印发的《加快推进教育现代化实施方案（2018－2022年）》（以下简称《实施方案》）中明确提出，"大力推进教育信息化"，要求在五年内"着力构建基于信息技术的新型教育教学模式""促进信息技术与教育教学深度融合""推动以互联网等信息化手段服务教育教学全过程"。《实施方案》为学校和教师从课堂教学入手推进学校教育信息化指明了方向，对于中学语文教学尤其是古代散文教学的课堂而言，依托现代信息技术手段进行变革势在必行，也迫在眉睫。笔者通过在古代散文课堂教学的实践探索，认为微课、思维导图等现代信息技术手段的运用，能够更好地为学生走进古文的语言场域，理解并吸收古代散文所承载的中华优秀传统文化服务。

一、微课助力，剧情再现

中国拥有五千年的文明史，在古代历史长河中积淀下来的经典散文便是我们民族发展的见证，是中华民族的宝贵历史财富，但是，当作为文化载体的古代散文穿过千年的风尘走到今天的读者面前，却在学生心目中产生了陌生感和距离感，因此，在古文的课堂教学中，如何创设生动有趣的情境，让学生走进历史的现场，是学生理解古代散文的起点。

微课是近年来在信息技术背景下基于课堂教学应运而生的一种新的教学途径，其核心组成内容是课堂教学视频（课例片段）。微课通过现代化的音视手段为观众营造了"一个半结构化、主题式的资源单元应用小环境"，主要特点正在于其资源结构的情境化和趣味性，因此在古文教学中，引入微课来为学生搭建台阶和桥梁，可以让学生更快地走进历史的现场。

《荆轲刺秦王》是人教版高一第一册的一篇历史散文，选自《战国策·燕策》，由于时代久远，语言较为古奥，学生往往很难感受到数千年前那个瞬间的生死攸关。因此，笔者为学生播放了陈凯歌导演的同名电影中"上殿刺秦"的片段，让学生很快沉浸在了历史的现场当中。然后，笔者向学生提问：

1. 在电影中，你觉得拍得最好的镜头是哪一个？

2. 这个镜头在古文《荆轲刺秦王》中是如何写的？

3. 古文的描写和电影的镜头之间有什么不同？为什么？

学生很快就找到了很多文本中非常精妙的写法。有的说，秦武阳（《史记》中为"秦舞阳"）色变振恐时"荆轲顾笑武阳"，这一个对比，高下立现。有的说，看到荆轲来刺杀，秦王"绝袖"的细节，生动地描绘出秦王的惧怕和狼狈……在微课的辅助之下，学生对《战国策》丰富而精湛的文学的手法、个性化的语言和传神的描写有了更加生动的理解，荆轲这个舍生忘死、反抗强暴的英雄形象也在学生心中逐渐树立起来了。

二、思维导图，追本溯源

教育部出台的《普通高中语文课程标准》（2017年版）进一步明确了语文的核心素养。值得注意的是，"思维发展与提升"[1]的素养的提出，进一步强调了语文教学在发展学生思辨能力、提升思维品质方面的任务。对于老师而言，如何引导学生从语言的表象走入思维的深处，是课堂教学的关键。

由英国人托尼·博赞（Tony Buzan）开创的思维导图（The Mind Map），是一种表达思维的非常有效的图形思维工具，应用于学习、思考等领域，非常有利于人脑扩散思维的展开，形成思维的"地图"。在《荆轲刺秦王》的课堂上，当学生沉浸于荆轲在秦宫那血肉横飞的搏斗场面之时，笔者有意识地设计了这样的一个问题，让学生的思维向深处漫溯：

荆轲刺秦王为什么会失败？

并且让学生以小组为单位，画出思维导图，经过小组讨论，一张张思维导图呈现出来：

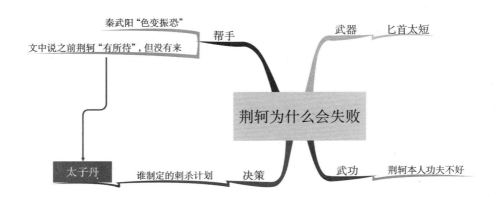

古希腊哲学家亚里士多德说："原因是我们的起点，我们知道原因，我们就有了科学知识，了解一个事物的本质就是了解它为何如此。"[2]想要从本质上理解荆轲刺秦王这一政治事件，就必须进行推理辨析，追问它"为何如此"。由于"荆轲刺秦王为什么会失败？"这一问题的启发，学生开始进行课堂讨论：

    生：荆轲刺秦王的剑太短了，不然一下子就会刺死秦王的。

    生：刺杀秦王的剑不能太长，因为是藏在地图里的，太长的话都不可能带进宫殿。

    生：荆轲自己的武功不行，所以才失败的。

    师：他不是有帮手吗？

    生：秦武阳还没有接近秦王早已经吓得瘫软在地，这个帮手不行。

    师：那这个帮手是谁选的？

    生：是太子丹啊！还有文中说"荆轲有所待"，就是在等另一个人作为他的帮手，但是太子却"疑其有悔改，复请之"，还用话语激荆轲。所以，太子对刺秦失败负有主要责任！

在讨论过程中，学生逐渐从外部的"客观原因"向人物这一"主观原因"的深层推进。越来越多的学生发现，在刺秦王这件事情上，太子丹有很多欠妥的做法，比如选了秦武阳作为荆轲的副手，比如在还没有准备充分的情况下催促荆轲前往秦国。

三、比较质疑，批判思考

接受美学认为，一篇文章不是孤立的，它在不同时期对不同读者的影响是不同的，而不同时期的不同作者对文本的理解又汇聚起来，形成一种文化磁场，影响着当下的读者对文本的理解。很多经典选文在读者开始阅读之前，一种先入为主的"成见"就已经在脑海中筑起了一道墙。以荆轲刺秦王为例，很多学生在真正接触课本选文之前，荆轲的英雄形象就已经在脑海中岿然屹立了很多年。但是，在文学的世界里，形象的伟大和事实的正确性并不是完全匹配的，只有让学生跳出固有的成见，客观地理解人物形象，才能真正理解荆轲，才能去粗取精，去伪存真，真正汲取传统文化的精神养分。

于是，在课堂上，笔者向学生们提出了另一个问题？

假如荆轲刺杀秦王成功了，会有什么后果？

学生纷纷发言，有人认为，天下就不会有暴政，不会有战争，人民过上幸福的生活。但是也有同学认为，秦王死了，天下可能没有那么快统一，各国之间的混战会持续，战国的时期可能会更长，战争会更多。带着这个问题，笔者为学生播放了另一个微课素材——张艺谋导演的《英雄》中无名和秦王对话的片段，让学生对比荆轲和电影中的"无名"做出评价。于是有同学说：

生：我更尊敬荆轲，因为荆轲可能知道这个事件不可能成功，但是面对"秦兵旦暮渡易水"，燕国危在旦夕，比起灭国这件事而言，即使概率再小，只要有一丝成功的可能，也要去试一试。

生：荆轲的精神让我们很敬佩，但是他也是一个有着思想局限的人，他甘愿舍去个人之躯，希望以个人的牺牲来换取国家安宁，但是可能在他的脑海中，从来没有天下这个概念。

在荆轲与其他刺客的变异中，学生逐渐地澄清了荆轲的人物形象：他是一位仗义助人、路见不平、替天行道的侠士，他有强烈的社会责任感、扶贫济困、惩恶扬善的精神。这样一种精神可以概括为"侠义精神"，他有他的浪漫与可贵之处但他的悲剧之处，亦在于怀着一颗浪漫的心去完成不可能完成的事业。

瑞典哥德堡大学马飞龙（Marton）教授提出的变异教学理论认为："学生需要通过对所学内容的关键属性进行区分，从而准确深入地掌握教学内容。"[3]这其中的关键在于"辨析"，即程红兵老师提出的"既要考虑知识点的标准正例，也要考虑各种非标准正例，还要考虑反例"[4]。在古文教学的课堂上，有目的地、恰当地运用微课等手段，可以更好地组织学生开展比较质疑，进行批判性思考，从而让学生在高中历史散文的学习中，拥有"拨开历史风尘的睫毛，看透岁月篇章的瞳孔"，汲取真正对学生生命成长有益的精神养料。

（本文获得第二届"语文报杯"全国语文微课大赛"微课学术论文"专项评比一等奖）

参考文献：

[1] 中华人民共和国教育部. 普通高中语文课程标准（2017年版[M]. 北京：人民教育出版社，2018.

[2] 董毓. 批判性思维原理和方法[M]. 北京：高等教育出版社，2010:263.

[3] 彭明辉. 现象图析学与变异理论[J]. 教育学报，2008(5).

[4] 程红兵. "课堂模型"之明德设计[J]. 上海教育，2015(10).

在"变异"教学中练就学生的火眼金睛
——浅谈变异理论在初三语病复习课的运用

　　复习课是初三的常规课型，对培养和提高学生运用知识解决问题的能力有至关重要的作用。然而，放眼当下的复习课堂，大家似乎更多地聚焦于对知识点的"本相"和原型的认知，从而强调知识的深度理解和掌握，但是对与知识点相关的差异属性的辨析则较少关注。长此以往，学生往往"只见树木，不见森林"。笔者认为，初三复习课的"牛鼻子"，恰恰在于让学生能准确辨析该知识点的关键属性的同时，打通各知识点的壁垒，逐步构建本学科的知识体系，从整体和全局的高度把握知识、运用知识。

　　如何让学生准确辨析知识的关键属性呢？世界著名教学论专家、瑞典哥德堡大学教授马飞龙提出的"变异理论"为我们提供了一个很好的途径。他认为人们认识事物的一个最基本的事实就是人们总是通过对比、区分来认识和理解事物。[1]比如，我们说某一个人个子很高，是因为我们曾经见识过各种不同高度的人。因此，变异理论强调的是通过对所学内容的关键属性进行区分而掌握教学内容。这一理论不仅能帮助学生更好地理解知识，更能帮助学生更好地实现知识的迁移。

　　正是基于此，程红兵校长在《"课堂模型"之明德设计》[2]一文中专门强调了"理解迁移讲究还原"的要素，程校长要求，明德的课堂教学既要考虑知识点的标准正例，也要考虑各种非标准正例，还要考虑反例，因此，笔者在尝试设计了一堂初三语病复习课，试图运用变异理论开展复习教学，以期在"变异"教学中练就学生的火眼金睛。

一、暴露问题，在错误中发现知识漏洞

　　对于复习课的教学，很多老师都懂得一个道理：学生懂的老师不用讲，

切磋琢磨寻幽径

老师讲的是学生不懂的知识。然而，在现实的教学中，出现的情况往往要复杂得多：同一个知识点，有一部分学生懂了，一部分半懂不懂，还有一部分完全不懂；同一个知识点的不同要素，学生理解的程度也不同。教育是面向个体的行为，因此教学必须基于学生个体的差异性，在课堂上充分暴露问题。正如程红兵校长所言："源于学生，是教学的本质之一。所谓源于学生，就是我们课堂教学的起点必须来自学生，学生的错误就是教学的起点。"[3]

以下句子没有语病的一项

· A：电门一关，就可以阻止电流不再进来。

李慧明、郭德铭、黄润钦

· B：内容正确与否是衡量作品优劣的一个重要标准。

江彦莹、颜合隆、陈诗蕊、陈泓仰、邹雨辰

· C：我们无论如何不能不承认，太阳不是从东方升起西方落下的。

· D：经过整顿，场内外秩序明显好转，出入场不再相互拥挤，无票入场的现象已经杜绝。

赵楚萱、李泽昊、李思澄、魏普淳、梁晓杨、胡雨彤、李宇翔

基于以上思考，笔者将语病复习课的起点，定位于学生做过的一道错误率较高的语病选择题。笔者统计出了选择各个选项的学生（如左图）。由于没有学生选择C选项，笔者现场询问是否有同学选C，结果有2位同学举手，经过这一环节，学生在这一道语病题上就形成了4个阵容。接下来笔者将4个选项进行了归类，引导学生寻找其中的共同点（如左图）：

分类

· A：电门一关，就可以**阻止**电流**不再**进来。

· C：我们无论如何**不能不**承认，太阳**不是**从东方升起、西方落下的。

否定词

· B：内容**正确与否**是衡量作品**优劣**的一个重要标准。

两面词

· D：经过整顿，场内外秩序明显好转，出入场不再相互拥挤，无票入场的现象已经**杜绝**。

文言词

师：我将A和C选项放在一起，把关键词标注了红色，大家发现了什么共同点？

生：这两句话中都有两个以上的否定词。

师：那我们能不能将它们归类为"含有多个否定词的句

子"?

　　生：（点头表示同意）

　　师：那其他的两个选项有什么特点？

　　生A：B选项是含有两面词的句子。

　　生B：D选项是含有文言词的句子。

　　就这样，笔者引导学生将语病题的知识点进行了分类，从而清楚地了解到哪些学生在哪些关于语病的具体知识点上存在问题，只有以此为起点，才能对症下药，解决问题。

二、矛盾质疑，从审辨中总结关键属性

　　在对学生的问题进行充分暴露之后，不同学生的知识漏洞显露了出来，接下来要做的，就是为学生填补漏洞。在这种情况下，教师往往会单刀直入，进行重点突破。在这种情况下，教师交给了学生"什么是对的"，但是对学生而言，自己"为什么错了"依然不甚清楚。按照马飞龙教授的变异理论："我的基本理念是理解任何事物的第一步就审辨。"[4]因此，笔者针对每一类型的知识点，分别设计了"辩论"环节，让认为该选项正确的学生做"正方"，其他同学做"反方"，在相互的攻辩质疑中逐渐提炼该知识点的关键属性。于是课堂上就有了这样的生生对话：

　　生（反方A）：A选项的意思是"电门切断，电流也能进来"，它是错的啊！

　　生（正方A）：选项里不是说了"阻止"进来吗？

　　生（反方B）：可是在"阻止"之后还有一个"不再"啊！

　　生（正方B）：哦，我记起来了，老师讲过"防止……不再发生"是错的，"阻止"和"防止"相近，这个是双重否定，所以A也是错的，我选错了。

生（反方C）：C选项的"不能不"也是双重否定啊！C同学，你选错了。

生（正方C）：可是后半句里还有"不是"啊！

生（反方D）：这就像数学里的"负负得正"一样，"不能不"是负负得正，再加上不是，就又变成负了。

师：你的思路很好，请你到讲台上用数学符号来表示一下！

学生上台用"+""-"号表示，正方C同学懂得了多重否定的判断方法。

古人云：学贵多疑。小疑则小进，大疑则大进。一切知识的获得，大都从发问而来。《语文新课标》也特别强调发挥学生在学习中的主体作用，激发学生的创造力。因此，教师应把提问的权利交给学生，引导他们在学习活动中发现并提出一些问题，通过互相提问、互相诘难，不仅能让学生自己解决问题，找到知识点的关键属性，总结出基本方法，还能培养学生的问题意识，锻炼学生思维严谨。

三、多重变异，在变型中提升运用能力

马飞龙教授的变异理论认为，审辩是学习基础，而变异是学习的关键。为了认识某一个事物，就一定要注意到此事物和其他事物间的不同关系。在这个过程中，找到能够区分该事物突出特点的关键变异性维度至关重要[5]，比如认识"颜色"概念，至少需要经历两种变化：一是这个维度的不同值或特征之间的变化，如看到红色、绿色或蓝色等至少两个值的变化；二是这个维度与其他相关维度之间的变化，如看到事物的颜色、形状、大小等不同属性。在本节课的教学中，笔者尝试以不同的"变型"来深化学生对基本知识的认识，在迁移中提升运用能力。

比如，在学生学习了含有多个否定词的病句判断方法之后，笔者呈现

了这样的课件：

1. 我无时无刻都在想着考高中这件事。
2. 饮食有三忌：一忌脂肪不可过高，二忌糖分不可过量，三忌吃饭时间不可无规律。

让学生在判断中总结出"无时无刻""忌"等本身含有否定意义的文言词出现时，应该如何判断病句。紧接着，笔者又呈现了基于原型例句的变形例句：

我们怎么能不承认，太阳不是从东方升起、西方落下的呢？
（原型例句：我们无论如何不能不承认，太阳不是从东方升起、西方落下的。）

让学生进行判断，学生总结出了"反问句也相当于一重否定"的规律。同样，在学生了解了含有两面词的病句判断的基本方法之后，笔者先后呈现了"一面对两面""两面对一面"的误例，和"本身含有两面关系"的非标准正例变式，让学生对含有两面词的病句有了更加深刻的理解。

在学习知识和应用的过程当中，共同性和差异性同等重要，要想深刻认识某一事物的属性，既要给出相同的事物（即标准正例），还要给出相似或相近的事物（即非标准正例），更要给出相反或相对的事物（即标准反例），才能让学生在审辩中理解事物的关键属性，在变型中提升知识的运用能力。唯有如此，才能让学生在各种题型的"变"的表象中，练就一双"不变"的"火眼金睛"。

（本文发表于《语文教学通讯（B刊）》2016年12期）

参考文献：

[1] 马飞龙. 从变异理论看国际比较中数学教与学的差异[J]. 上海教育科研，2002(8).

[2] 程红兵. 解读"明德课堂模型"[J]. 上海教育，2015(10).

[3] 程红兵. 学科本质与教学本质[J]. 上海教育，2016(4).

[4] 马飞龙. 从变异理论看国际比较中数学教与学的差异[J]. 上海教育科研，2002(8).

[5] 植佩敏，马飞龙. 如何促进学生学习——变易理论与中国式教学[J]. 人民教育，2009(8).

整本书阅读基本课型的建构

　　整本书阅读是高中语文课程的重要组成部分，是提升学生语文学科核心素养的重要方式，但在实际的中学语文课堂上，大多数整本书阅读的教学依然流于零散的指导。笔者尝试通过对"整本书阅读"进行课程层面的系统化建构，确定整本书阅读的基本课型，厘清中学语文中整本书阅读课程的实施路径。

2017年版的《高中语文课程标准》发布后，"整本书阅读"成了中学语文教学关注的焦点。在新课标中提到的18个学习任务群中，整本书阅读不仅是其中之一，而且其他11个任务群中也明确提出了整本书阅读的要求，一时间全国各地都在进行整本书阅读的理论和实践探讨。但是一个不争的事实是，语文课堂上，有不少整本书阅读的教学依然流于"简单化"的零散指导，甚至"将知识教学、篇章教学甚至应试训练的经验直接移植到整本书阅读中"[1]。出现这种现象的原因在于：一方面，目前中小学语文教材是以单篇文章组合成单元的形式进行编写的，此种体例在较长的时期影响了中学语文教学的立足点和着眼点；另一方面，阅读教学虽然是语文教学的主体内容，但较多的"阅读方法"的研究和指导中，"有很多只能说是阅读习惯或阅读策略"，而且几乎都以单篇的阅读指导为主，在课程层面对阅读方法（尤其是整本书阅读的方法）的系列化建构依然少之又少。要让基于单篇阅读的方法和策略"成为语文课程中的阅读方法（即关于阅读的方法性知识），还需要进一步的筛选和提炼"[2]。

　　众所周知，整本书阅读与单篇阅读是有巨大区别的，这种差异不仅仅体现在文本的长度上。以长篇小说为例，卡尔维诺认为，它是"一种百科全书，一种求知方法，尤其是世界上各种事件、人物和事务之间的一种关系网",是一种"繁复"的文本。[3]笔者认为,整本书阅读与单篇阅读的核心差异,在于作者通过长篇幅的文本所建构的复杂的文学系统,这个系统涵盖语言、环境、人物、结构、主题等,即余党绪老师所说的"内容的复杂性、主题的多元性、结构的多样性、语言的多义性"。因此,教师在整本书阅读教学中要实现对学生的阅读指导,就必须"从'课时观'走向'课程观',从'机械接受'走向'自主建构'"[4]。事实上,2017版的语文课程标准中,对整本书阅读教学的开展已经进行了课程层面的要求——在课程结构层面,将"整本书阅读"贯穿于必修课程、选择性必修课程和选修课程始终,并明确了学分设置。由此可见,只有探究整本书阅读在课程层面的价值,对整本书阅读教学进行系统的构建,才能真正实现整本书阅读在中学语文教学中的价值。

截至目前,已经有一些学者从课程层面对阅读方法进行整体设计和炼制,如四川师范大学靳彤老师以阅读目的为依据构建的"松塔模型",将阅读分为"基础性阅读、理解性阅读、检视性阅读、鉴赏性阅读、研究性阅读、批判性阅读"[5]。结合整本书阅读的教学实际,笔者认为,以整本书阅读行为的发生过程"导读—初读—研读—悟读"为线索,在不同阶段的关键节点进行整本书阅读的指导与研究,建构整本书阅读课程的基本课型,有助于教师和学生更好地开展整本书阅读活动。

一、导读课——激趣授法,自主体验

真正的阅读应如饮食一般,是发自内心、源于精神的一种需求。整本书的阅读应该是从学生的自由阅读开始的,但是,对于绝大多数学生而言,初次开展整本书阅读时,学生与文本还是陌生的。这就需要教师在学生整本书阅读的道路上做好"拐杖",因此,整本书阅读应该从导读开始。

归纳梳理整本书阅读导读课的基本教学任务,大致有以下三点:一曰激发兴趣,二曰教授方法,三曰自主体验。在激发兴趣的环节,教师可通过设计教学策略来让学生带着好奇和希望开启整本书的阅读之旅。山西长治的崔晓燕老师，通过"书名设疑""从封面和封底入手""设置悬念、主动参与"等策略的运用，较好地激发了学生的阅读兴趣。[6]对于学生已经初步有了一点认知的整本书而言，教师如果使用悬念设疑、复述故事的方式，则能更好地激发学生的阅读兴趣。

钱梦龙先生说："语文课要实实在在地教会学生读书。"对于整本书阅读的导读课而言，阅读方法的指导尤为重要。在2017年版的语文课程标准中，关于整本书阅读，就明确提出了在整本书阅读教学的设计中要进行阅读方法的指导，因此，老师应在导读课堂指导学生学习阅读策略并示范。例如靳彤老师在其"松塔"模型中，针对不同阶段的阅读侧重点，提炼出了阅读规则和阅读策略（见表1）。

表1 靳彤老师"松塔"模型的阅读方法归类

序号	分类	阅读方法
1	基础性阅读	认读、朗读、默读、略读、精读……
2	理解性阅读	复述式、概括式、述评式……
3	检视性阅读	检读、浏览、跳读……
4	鉴赏性阅读	文本细读、知人论世、以意逆志……
5	研究型阅读	问题式、比较式、拓展式……
6	批判性阅读	质疑式、创新式……

需要强调的是，正如叶圣陶先生所言："阅读要靠自己的力，自己能办到几分务必办到几分。"在学生已经对整本书阅读充满兴趣并且掌握了阅读方法之后，教师就必须放开手脚，让学生进入整本书的世界中自主体验。只有尊重了学生的个性化的原初阅读体验，才能避免将学生的整本书阅读带进功利化的怪圈，也只有在学生"个性化的问题、兴趣，甚至思维障碍的引领下，教师巧妙设置语言认知情境"，才能"引导学生在阅读体验中真正达到理解力的提升，进而让学生达成更高层级的阅读原初体验"。[7]

二、自读型——确定母题，任务推进

整本书阅读是提升学生语文素养的重要载体，也是当下语文教学的难点所在。除了难在学生阅读方法的缺乏，可能还在于整本书阅读的丰富性和多元性使得教师难以找到指导的"抓手"，于是，就出现了无视整本书的文体特质、偏离文本核心价值的随意散漫的解读，以及无视中学生的认知需求，将整本书阅读教学搞成了专业讲授课的以讲带读现象，其根本问题在于教师对"学习任务群"的目标缺少基本的理解，对整本书阅读缺乏必要的课程设计与教学安排。

温儒敏教授在解读统编教材的编写依据时提出："通过学习任务群搞清某个单元或者某个课主要围绕学会哪些基本知识，哪些关键的能力，有哪些干货，有利于克服语文教学的随意性。"[8]可见，学习任务群"是一个指向素养的，相对独立的、体现完整教学过程的课程细胞"，学习任务群的核心在于"任务"。因此，教师在引导学生开展整本书阅读的过程中，只有设计出语文核心素养、经典文本价值、学生阅读现状三者都切合的阅读规划和驱动，即"任务"，才能在学生与经典之间架起桥梁，让学生走进文本，实现文化的理解与传承。

余党绪老师选择以"母题"切入文本，用"母题"来确定文本的价值，原因在于"母题是人类在生存与生活中必须思考的基本问题。对这些问题的不同思考，体现了各民族不同的价值取向与文化特质"，"在宏观的层面，母题具有普适的基础性、广泛的开放性与多维的关联性，母题的探讨有助于学生对社会、历史与文化的理解；而在微观层面，母题又具有个体的切己性，体现了生活的同构性与生命的共通性，母题的探讨有助于学生的精神发育与社会成长"[9]。可以看出，余老师以"母题"为立足点设计的"任务"，不仅满足了经典文本的价值，满足了学生的阅读现状，更为学生通过整本书阅读提升语文核心素养搭建了台阶，是设计整本书阅读任务的一种很好的思路。

当然，一千个读者心中有一千个哈姆雷特，教师在设计整本书阅读的"任务"时，除了以"母题"切入指导之外，还需要更多地基于学生的阅读体验，教师可以通过调查问卷、讨论、问答等多种方式理解学生在"初读"环节遇到的问题，然后善于优化提炼问题，提取并设计好有价值的阅读教学任务，为学生读懂读好经典文本搭好台阶。如在《朝花夕拾》的阅读中，于保东、郭青晓老师通过调查，发现了学生在"作者精准的语言、反讽手法、叙述视角的转换、鲁迅探索救国之路的心路历程"等方面存在困难，然后基于学情设计阅读任务群[10]，就是很好的做法。

三、研读型——专题研讨、思辨分析

辩证唯物主义认识论认为，感性认识是认识的第一阶段，理性认识是认识的第二阶段，感性认识需要上升到理性认识。学生的阅读同样遵循这一过程。要想通过整本书阅读"促进学生对中华优秀传统文化、革命文化、社会主义先进文化的深入学习和思考，形成正确的世界观、人生观和价值观"[11]，就必须让学生在整本书阅读中经历理性分析与论证的过程，而教师则需要搭建台阶，帮助学生从认识的"第一阶段"上升到"第二阶段"。因此，在整本书阅读中，研读课至关重要。

整本书阅读研讨课的开展，应围绕专题进行集中研讨。在作品的"母题"下，确定思维的边界、方向和焦点。比如徐逸超老师在组织学生开展《红楼梦》阅读时，基于学生的理解力和感悟力，确定了三个专题研读的方向：

专题1：宝黛钗故事；
专题2：宁荣府大事；
专题3：大观园琐事。

让学生至少选择一个专题，重新细读相关文章，以小组合作的形式进

行理解性、探究性阅读[12]。再比如孙涛老师在组织学生阅读《水浒传》时，通过筛选和修改回目，让学生紧紧围绕鲁智深的生平经历，精选出其中五回来深入研读[13]，这些策略，都能够很好地促进学生整本书阅读走向深处。

但是，笔者认为，整本书阅读的研讨课，应该更加注重引导学生进行思辨分析。在阅读中，质疑一定是打开理性思维的钥匙，批判性思维一定是走向理性认识的必由之路。教师应该积极鼓励学生在阅读中大胆质疑，或者在关键细节处设问，在学生无疑处质疑，帮助学生启动理性思考。余党绪老师在《水浒传》阅读时，引导学生思考"林冲是不是一位英雄"，并且将林冲与鲁智深、武松等水浒人物进行比较分析，最终让学生理解了林冲原本是"有着正常的生命感觉和生活热望的人"，"他最后忍无可忍，不得不杀了仇人，足见社会之险恶，足见恶人之不可饶恕；但他并不因此就滥杀无辜，他守住了为人的底线"[14]，从而引导学生对小说人物的理解走向思维的深处。

笔者在组织学生进行《水浒传》阅读时，有不少学生提出质疑："林冲的忍耐是懦弱的表现。"基于学生的这一观点，笔者组织学生研读文本，进行课堂辩论。在辩论过程中，学生逐渐明白了林冲的"忍耐"，并不是一种懦弱，而是正常理性控制下的常规选择，而唯有理解了这一点，学生才能真正明白林冲"逼上梁山"的原因。

需要指出的是，整本书阅读的研讨课，其目的在于以问做旗，引领学生的思维向高阶迈进。不可否认，课堂教学中要注重学生的"主体性"，然而，在课堂上教师的"主导性"同样必不可少，正如布鲁纳所指出的：发现学习中，探索是在教师的精心安排的情境下进行的。同样，一个有深度的课堂，必须是老师与学生的"合作的、反思的"对话与学习。正是在这样一个"合作的、反思的"对话与学习中，教师指导学生逐步建立了"针对我们自己的观念的反思，而且它的过程和目标都是找到更好的观念，做出合理的行动"。这才是批判性思维的精髓所在[15]。

四、悟读型——复读鉴赏，成果展示

成果展示和评价是学习过程的重要环节，成果展示是调动学生学习兴趣、培养学生能力的重要平台，也是对学生的学习进行评价的重要形式。2017年版的课程标准关于整本书阅读的学习目标与内容中，也有关于成果展示的明确要求："用自己的语言撰写全书梗概或提要、读书笔记与作品评介，通过口头、书面的形式或其他媒介与他人分享。"[16] 因此，在整本书阅读的过程中，有必要给学生时间来进行"悟读"。

"悟读"者，参悟之读也。围绕母题进行的研读，可以说是电光石火，划破天际，但对于整本经典而言，亦有可能只是冰山一角。经典作品经历过历史的大浪淘沙，必然有超越时代的永恒性，需要学生再次深入到文本中去，带着研读的经验成果，进行鉴赏感悟，这就是"举一反三，融会贯通"。"悟读"者，读有所悟也。纸上得来终觉浅，绝知此事要躬行。通过多元化的活动组织，促进学生将阅读的心得感悟进行汇总展示，不仅可以激发阅读兴趣，更能够提炼升华。

徐逸超老师组织同学们进行《红楼梦》阅读后，设计了诸如"红楼剧表演、红楼知识大赛、红楼雅集，红楼趣味辩论、集体参观大观园"等活动，同时要求学生在完成整本书阅读后提交一份综合性读写成果，并提供了五大类写作方法——章回鉴赏类、人物赏析类、问题探究类、想象创作类、跨文体媒介类，并鼓励学生进行互相评价和自我评价是整本书阅读成果展示的优秀案例。[17]

笔者所在的教研组，在组织学生进行《水浒传》整本书阅读的过程中，通过"水浒人物辩论会"的形式，让学生激情辩论，为自己喜欢的人物代言，同时，举办了"梁山英雄会"，让每一个学生选择一名梁山英雄人物，制作英雄帖，以手抄画报的形式全方位介绍一位水浒人物，并组织年级同学观摩投票，然后评选出图文俱佳的作品，进行奖励，极大地激发了学生的阅读兴趣，引导学生更加深入地理解《水浒传》的人物形象，体悟小说主

旨。与此同时，好书推介会、经典作品话剧展演等形式，也是促进整本书阅读深化开展的有效形式。

总而言之，好书不厌百回读，熟读深思子自知。通过复读鉴赏、成果展示等形式，教师需要让学生汲取中华经典文化的精髓，更需要让学生爱上经典、爱上阅读，让学生的生命成长因整本书阅读而受益。

（本文被评为第十一届"四方杯"全国优秀语文教师教研论文（课例）一等奖）

参考文献：

[1] 余党绪．切忌简单化，谨防复杂化，追求清晰化——整本书阅读教学的两个误区及改进[J]．语文教学通讯，2019(7-8)．

[2] 靳彤．阅读方法的整体设计与炼制[J]．语文建设，2019(7)．

[3] 卡尔维诺．未来千年文学备忘录[M]．沈阳：辽宁教育出版社，1997：73-74．

[4] 李煜晖．略谈整本书阅读课程方案的设计[J]．中学语文教学，2017(2)．

[5] 靳彤．阅读方法的整体设计与炼制[J]．语文建设，2019(7)．

[6] 崔晓燕．整本书阅读从导读课开始——上好整本书导读课的几种策略[J]．新课程（小学），2018(6)．

[7] 于保东，郭青晓．设计切适的阅读任务群是深度阅读整本书的关键——以《朝花夕拾》整本书阅读为例[J]．教育科学论坛，2019(9)．

[8] 于保东，郭青晓．设计切适的阅读任务群是深度阅读整本书的关键——以《朝花夕拾》整本书阅读为例[J]．教育科学论坛，2019(9)．

[9] 余党绪．整本书阅读教学中的母题、议题、问题——思辨需要方向、框架与抓手[J]．语文学习，2018(9)．

[10] 于保东，郭青晓．设计切适的阅读任务群是深度阅读整本书的关键——以《朝花夕拾》整本书阅读为例[J]．教育科学论坛，2019(9)．

[11] 中华人民共和国教育部．普通高中语文课程标准（2017年版）[M]．北京：人民教育出版社，2017．

[12] 徐逸超．《红楼梦》整本书阅读课程形态探索[J]．语文建设，2019(7)．

[13] 孙涛．基于主题学习的整本书阅读策略探究——以《水浒传》中的鲁智深形象为例[J]．语文建设，2019(7)．

[14] 余党绪．关于《水浒传》的阅读与教学——兼与黄玉峰老师商榷[J]．语文学习，2015(1)：211．

[15] 斯特拉·科特雷尔．批判性思维训练手册[M]．李天竹，译．北京：北京大学出版社，2012．

[16] 中华人民共和国教育部．普通高中语文课程标准（2017年版）[M]．北京：人民教育出版社，2017．

[17] 徐逸超．《红楼梦》整本书阅读课程形态探索[J]．语文建设，2019(7)．

丹心 一片赤子情

理想的校园应该是什么模样？我们跟随程红兵校长，一起思考理想的教育，一起追寻理想的课堂，我们和同伴们在校园里一起耕耘，我们和学生在校园里一起成长，我们希望：当孩子们走出校门、走向社会，当他们为人父母、垂垂老矣，每当回忆起我们相遇的那个校园、我们相伴的那段时光，都能有一种幸福在心中荡漾。

教育的真谛，是教人求真

"千教万教，教人求真；千学万学，学做真人。"这是教育家陶行知先生说过的一句朴素却深刻的教育名言。说它朴素，是因为陶先生用"求真"这一在大家看来稀松平常、没有任何创新的词语来总结教育的真谛；说它深刻，是因为"求真"这一在大家看来最基本、最应该甚至不屑于提及的常识，却在我们的教育中经常缺席。

一、被"设计"的即兴演讲

前不久参加了一个全国校长培训会，组织方准备得很细致，活动内容也很丰富，其中有一个环节，叫作"TED校长闪电演讲"，由全国各地的校长报名，在8分钟的时间内，做一个主题演讲，然后由一位专家对校长的演讲内容进行简短点评。虽然这个环节放在晚上，属于自主研修，但是会场还是聚集了上百人，而且，窃以为，相较于往常开会领导们脚踩西瓜皮式的漫无边际的所谓培训、演讲，TED这种简短、丰实、快节奏的演讲形式，更加能够提升学习效率。在当晚的演讲进行到一半的时候，主持人上台，向所有参会的老师、校长们说道：为了让活动更精彩，今天晚上，会议特别安排了仅有的一个抢话筒的机会，要求抢到话筒的校长、老师即兴上台演讲，有想法的老师可以举手抢话筒。事出突然，一时间大家都有点紧张，正在犹豫期间，有一位年轻小伙子大胆举手上台演讲，大家为这位朋友的勇敢而热情鼓掌。这位青年慷慨激昂地介绍了自己奋斗的经历，他因病瘫痪，被人抛弃，但在母亲和继父无私的呵护之下，成长为一位身残志坚的公益慈善家。台下的校长老师们都被他感人的事迹和深情的演讲深深打动了，有一些老师甚至听得热泪盈眶。这时候，主持人走出来问大家："大家觉得刚才这个演讲是即兴的还是提前安排的？"大多数老师被这位青年自强不息的精神所打动，自然举手认为是即兴的，但是主持人却洋洋得意地宣称这是提前安排好的，还骄傲地介绍自己组织会议的艺术，就是从教育中总结出的艺术：要善于设计，要留白……

说实话，在主持人"振振有词"地介绍自己所谓的"艺术"的时候，台下的老师们感受到的却是深深的欺骗，甚至连那位本来让人肃然起敬的小伙子的故事，也在大家心中变得虚假了。

为什么那位主持人如此大胆，敢于在校长培训会上公然地欺骗？且不要急着批评这位主持人，先来看看我们的教育，您或许也能找到类似的行为：为了一节公开课的好效果，有人会"设计"好回答问题的同学，大家都举手，会回答的举左手，不会的举右手；为了一个评比的好成绩，有人会"设计"好比赛的同学，让那些"不合格"的学生不要参加，在教室自习；为了迎接一次上级的检查，有学校领导会"设计"好整个校园，班级卫生、板报宣传要焕然一新，甚至在领导必经的道路上铺好红地毯；为了有一个让社会认可的好成绩，有学校会"设计"好自己的考生，千方百计地从别的城市挖几个优秀学生，来冒充自己的学生……

教育者，你是否想过：当你在挖空心思追求"设计"的艺术时，教育最基本的要求——"求真"却恰恰被你"设计"了。

二、让孩子说自己的话

说到演讲，我想起了程红兵校长曾经在一篇文章里列举过的一个关于学生发言的现象：

案例一：

一次，上级领导到一所小学检查工作，校方选择一位优秀学生，代表全校学生发言。这位五年级学生的发言稿是这样写的：

各位领导：

我们的学校以德育为灵魂，以教育为中心，全面贯彻党的教育方针，实施新课程改革，培育21世纪中国特色的社会主义现代化人才，全力打造××市窗口性、示范性学校……

案例二：

2008年奥巴马当选美国总统，一名美国小学生心血来潮，突发奇想地给奥巴马总统写了一封信，信是这样写的：

我想告诉你，你当选，我有多么担心。我爸爸说，奥巴马当总统，我们都得搬到贫民院去。我爸爸说，我们得买鸡，靠卖鸡蛋过日子。如果我能投票选举，我一定会投给约翰·麦凯恩。但是，你能与家人住进白宫，我还是为你们感到高兴。

案例一中的孩子，没有童言，没有童趣，满口官腔官调，而案例二里的孩子，虽然简单直白，尽管前后矛盾，但是非常真诚。为什么我们的孩子会变成这样一副腔调？我们是不是应该想一想，我们的老师在讲话时，是否也是这样的风格？我们的学校领导在讲话时，是否也是这样的套路？

既然教育的真谛是"教人求真"，那么我们能否让孩子说自己的话？

5月20日，年轻人的"表白日"，我们组织高中的同学来到操场，举行"爱要大声说出来"的活动。每一个学生都打开心扉，走上高台，对着自己最想念的那个人，说出自己的真心话。一位同学说：×××同学，你很聪明，我非常喜欢你，但是你可不可以在课堂上不要随意插话？一位同学说：我要表白我们宿舍的同学，你们让我的高一收获了可贵的友谊。还有一位男同学说：我要表白我的物理老师，我非常喜欢你，虽然我中考时不选择物理……同学们的表白中，并没有我们担心的"暗恋对象"，同学们的表白中，我们被真诚和爱深深包围。很多家长参加我们的市民开放日活动之后说：我们最欣赏的，是你们学校的学生大使，他们那样自信大方，介绍学校头头是道，你们是用什么方法培训出来的？我自豪地回答：我们根本没有培训，他们是自愿报名的。我们相信同学们，相信他们是学校的主人，相信他们对学校的爱，相信他们是学校最亮丽的名片。

我们不仅努力让孩子说自己的话，我们还努力让孩子们穿自己的衣服。我们的校服是由学生和家长们一起选定的，孩子们觉得好看的款式；每周五，是学校的自由着装日，同学们穿着自己的衣服进入校园，就好像一朵朵鲜花在校园盛开。我们不仅努力让孩子说自己的话，还努力让孩子们唱自己的歌曲。学生中有一位先天体弱多病，到了四岁才会说话的同学，他唱歌的时候，声音像电锯切割材料一样，可是每次唱校歌，同学们都和他一起唱，丝毫不觉得"违和"，国庆会演班级表演节目，同学们手拉手把他围在中间，和他一起表演，搂着他的肩膀一起唱歌……

"千教万教，教人求真；千学万学，学做真人。"我希望自己坚守这一教育的真谛，用真诚的热情，点燃更多求真的生命。

教育就是细节的温度

人们都说："百年大计，教育为本"。这句话足以体现出教育的重要性，以及人们对教育的重视程度。人们还说："教师是人类灵魂的工程师。"在大家的心目中，学校的教师肩负着重要的使命，做着教书育人的伟大事业。这也是我当初选择教师这个职业的理由之一。屈指一算，进入教坛已近8年，对于教育的理解也随着教龄的变化而变化。但是，自从进入深圳明德实验学校担任教师以来，我所理解的教育，却变得越来越简单，越来越细微。

因为在明德，教育就是那些细节的温度。

清晨7点20分，明德的校门口"基本上"都会准时出现一个老头，头发斑白，背有点驼。说"基本上"，是因为不论刮风下雨他都会在那里；说"基本上"，还是因为他自己说："出去开会的几天不在校门口，我自己都觉得不舒服。"这个老人站在门口，面带微笑，向每一位老师问好，和每一位同学击掌握手，欢迎每一位同学入校。他就是明德实验学校的程红兵校长，他站在校门后迎接孩子的举动，成了明德的一道风景。好几次，我也忍不住去看。有一段时间，有一些人说程校长是在作秀，但是，当看到校门口的孩子们和校长击掌握手之后脸上泛起的灿烂的笑容，我就明白了这个举动背后的意义。有一次，一个长着圆圆的脸的小女孩来上学，走到校门口和程校长击掌，她使出全身的力气拍向校长，一只大手和一只小手狠狠地拍在一起，声音清脆而响亮。程校长说："你力气真大，我手都麻了。"孩子笑了，脸上绽放出自豪的笑容；程校长也笑了，脸上露出了慈爱的皱纹。

今年暑假，明德实验学校迎来了第一批高中生，8月17日，学生报到入学，然后就是紧张而有序的开学工作。很快，我就发现了几位同学"异于常人"。他们的行动要比别的同学迟缓，他们的眼神里少了几分高中生的灵动，他们往往在老师发出指令后几秒钟以后，才能做出相关反应。之后和家长的沟通证实了我的这一观察。于是在接下学校的常规管理中，我也就对这些同学"特殊对待"，同时和这几位同学的班主任和代课老师做了沟通。一个月的时间很快过去了，一天巡查学生晚餐，突然一个同学冲上来抓住我的胳膊和我说话，哦，就是那个比较"慢"的同学。他激动地说："老师，我还记得，8月17日我们开学对吧？你当时站在学校门口对吧？你让每一个来报到的同学拿出录取通知书看对吧？你还和每一个同学握手了，还说'欢迎你来到明德实验学校高中部'对吧？老师我记得！"略显稚嫩的声音，天真的脸庞，还有那双说话时闪着光彩的眼神，让我瞬间热泪盈眶。我的一个不经意的举动，却成了他生命中最美好的记忆，我该有多么幸运！我赶紧大声地跟他说："是的，你记得完全正确，谢谢你记得我！"看着他欢快离去的背影，我似乎比以前更加明白了教育的含义。

　　开学之初，学校要组织迎新晚会，合唱校歌，这是每一个班级的必选曲目。为了帮助高一的新同学更好地练习校歌，我们采取了"班级拉歌"模式，班级和班级之间进行比赛，一时间同学们情绪高涨，各个同学都想为集体争光。"巍巍莲花山，青青红树林，我们是阳光健康的明德人"，多么优美的歌词，多么动听的旋律，一开口就让人觉得朝气蓬勃，充满生机。同学们开口唱了，可是一个非常不和谐的声音从一个角落传来。那声音，就好像工地的电锯切割材料一样，不少学生皱起了眉头，有一些同学甚至发出了哄笑。唱了3句之后，歌声被哄笑声打断了，所有人的目光都投向了那个角落，所有的同学都盯着那个"破坏分子"。顺着大家的眼光看去，我发现了那个"破坏分子"——是他，我的心里一惊。开学军训时的一幕又在脑海中浮现，从开始军训第一天起，我们几乎每天都要接到他家长的短信，"孩子吃饭怎么样？""他有没有换衣服？"……这位家长对孩子太溺爱了！我这样想。可是从家长的口中，我才了解了事情的真相——这位同学先天体弱多病，到了四岁才会说话，行为和学习自然不好，所以家长一直不放心……

而此刻，所有的学生都在看着我，我看着那位同学。我应该怎么办呢？

"2班的同学，为什么不唱了，请你们再唱一遍！"

迫于我的压力，2班的同学又开始唱了，还是一样的电锯声音，还是一样的学生的哄笑声。一曲终了。我发话了：同学们，大家应该都听到了，2班同学中有一个不和谐的声音，很明显这个声音不适合唱歌。可是这个声音是故意的吗？他不是！这位同学虽然没有一副嘹亮的歌喉，但是他依然满怀着对学校的热爱，用他能发出的最大声音唱出了校歌，大家能感受到他的努力吗？同学们，我们要为他鼓掌！

在全场热烈的掌声中，那位同学的脸涨红了，眼眶湿润了。

在全场热烈的掌声中，我说：同学们，请记住，在明德，每一位同学都有资格唱这首校歌！每一位同学都有责任唱好这首明德校歌！

……

这是我在明德看到的点滴细节，但这就是我所看到的明德；

这是我所感受到的明德的细节，但这些细节让人温暖、让人感动。

这，就是教育的温度。

（本文被评为2017年福田区师德征文比赛一等奖）

警惕课堂上那些"看不见的东西"

佐藤学先生的《教育方法学》一书，在谈及教室中对话（沟通）的结构时，曾用一节的内容，介绍了弗兰德斯（N.A.Flanders）的互动分析方法。毋庸置疑，弗兰德斯是一位严谨的学者，他的研究方法是每隔3秒钟记录一次教学中师生的发言行为并将其分类，然后借助矩阵表示其数据，并按领域做出分析。这是一种对教学特征进行定量、客观分析的方法，很实在也有很强的操作性。但是，佐藤学先生却批判了这种分析方法，理由是这种方法在教学观察中仅将"看得见的东西"作为研究对象，将"看不见的东西"排除在外。

的确，课堂上除了那些"看得见的东西"，还有"看不见的东西"。

就课堂而言，看得见的是知识，是教师的授课技巧和授课时间，是学生发言的时间，但这些就是课堂的全部吗？就教学而言，看得见的是上课的时间，是学习的时间，是学生的成绩，但这些就是教学的全部吗？就学校教育而言，看得见的是中考高考的"产出"，是一个学校的上线率，但这就是学校教育的全部吗？

遗憾的是，有人的确是这样理解课堂、教学和教育的。因为我们看到，课堂上教师必须讲10分钟，学生必须讨论30分钟，这样才体现学生的主体性；我们看到：学校取消学生的艺体课程来上考试科目的课，鼓励学生参加补习班，争分夺秒延长上课的时间和学习时间；我们看到：名校以上线率为荣，社会以上名校为荣……

佐藤学先生说：高价值内容的教学效果，比起"看得见的事件"，不如说与"看不见的事件"的关系更为密切。我想，评价教育的真正标尺，恰恰应该是那些"看不见的东西"。它们到底是什么呢？

台湾著名语文教育专家李玉贵老师说："我在大陆上课很紧张，因为这里见不得冷场。"老师上课，喜欢看那些举得高高的小手；专家听课，喜欢看热热闹闹的讨论。事实上，我们的课堂恰恰需要的，就是这种"冷场"，就是一段"沉默"。教师与学生就一个问题进行分析、质疑和讨论，这种思维的交流似乎"看不见"，课堂上出现了一阵"沉默"，这种"沉默"或许是由学生或者教师提出了一个具有深度的问题而引发的，或许是由课堂流程中的一点"意外"造成的。但是我认为，这种沉默和意外才是课堂上最好的惊喜和最真实的价值。因为在这样的"沉默"和等待中，学生从老师身上学会了如何倾听，如何尊重彼此。在这种沉默中，师生的思维开始真正地流动，一种平等的学习关系开始创建。学生和老师手牵着手，一起走向了探究的幽径。所以，明德实验学校程红兵校长说："评价课堂效益如何、价值如何，首要的标准就是思维，就是看课堂当中的思维流量到底如何。"这个"思维流量"不正是那些"看不见的东西"吗？

相传古希腊雕刻家皮格马利翁深深地爱上了自己用象牙雕刻的美丽少女，并希望少女能够变成活生生的真人。他的真挚的爱感动了爱神阿芙罗狄忒，爱神赋予了少女雕像以生命，最终皮格马利翁与自己钟爱的少女结为伉俪。这仅仅是个传说吗？美国哈佛大学的罗森塔尔和雅各布森曾经做过一个实验：她们在6个年级的18个班里随机地抽取了部分学生，然后把名单提供给任课老师，并郑重地告诉他们，名单中的这些学生是学校中最有发展潜能的学生，并再三嘱托教师在不告诉学生本人的情况下注意长期观察。8个月后，当他们回到该小学时，惊喜地发现，名单上的学生不但在学习成绩和智力表现上均有明显进步，在兴趣、品行、师生关系等方面也都有了很大的变化。这就是他们发现的"皮格马利翁效应"。原来，教师正是那个痴情的"皮格马利翁"，教师还有另一个神话般的名字——"阿芙罗狄忒"。所以，在课堂上，当那个学生不小心迟到的时候，当那个学生不小心回答错误的时候，当那个学生不小心考砸的时候，教师的一句话，就可能改变他的一生。有一次，看一本畅销书，说到教师管理班级的"秘笈"，其中一条就是教师在进班之后的第一件事，就是怒目圆睁，紧闭嘴唇，环视教室里的每一个学生。试想，教师带着这种找茬儿的心情看待学生，学生又会以怎样的心情看待教师呢？有人说：教育是学生离开学校、忘却知识之后留在他心灵深处的东西。试想，很多年以后，当学生忘却了你在课堂上所教的知识，却依然记得你圆睁的怒目，他会说些什么呢？教师对学生的期待，不就是课堂上那些"看不见的东西"吗？

1560年，瑞士钟表匠塔·布克在埃及的金字塔游历时，大胆断言：金字塔的建造者，不会是奴隶，应该是一批欢快的自由人！理由是这位钟表大师曾经有一段囚徒生活，在那个失去自由的地方，他发现无论狱方采取什么高压手段，都不能使他制作出日误差低于1/10秒的钟表。可是，入狱前的情形却不是这样。那时，他在自己的作坊里，都能使钟表的误差低于1/100秒。后来，他越狱逃往日内瓦，才发现真正影响钟表准确度的，是制作钟表时的心情。因此，他说：能建造巨石之间连一根刀片都插不进去的金字塔的人，必定是一批怀有虔诚之心的自由人。可是我们的课堂上，学生的灵魂是自由的吗？很多时候，我们在课堂上的教学过程，是教师带着学生寻找标准答案的过程。老师问：雪化了，变成了什么？一个学生站起来，说：雪化了变成了春天。老师很有可能会批评他，因为答案上说：雪化了，变成了水。留声机式的教育，寻找标准答案的老师，在无形之中，扼杀了学生的学习兴趣和创造力，我们能否在课堂上留一点空间，让学生说说自己的看法？我们能否在课堂上允许另一种声音，让学生说一句"老师，我不同意"？记得有人记载了国外一位教师的一节课，教师提出了一个观点，学生奋起反击，教师被辩驳得很狼狈。下课后，老师说：这堂课大家成功地反驳了我，这堂课很成功。有时候，课堂上，教师不那么强势，学会保护学生的兴趣和激发学生的创造力，这些是看不见的东西，却是影响他们未来的东西。

一名叫作董仲蠡的英语培训师，在课堂上为学生讲述了林语堂、许渊冲、王作良等大师翻译中外名著的传神之语，但是他的学生却质问他："你

讲这个东西有什么用啊？能提分吗？"依稀记得吴非老师也曾写过一个类似的事情，不同之处在于，发问者不是学生，而是观课的老师。进入教学一线，这个问题更普遍地从家长口中发出。往大了说，这是教育观念的差异；往小了说，这是因为我们的教育太过功利。教育必须从利益出发，教育要有产出，这个产出必须看得见。可是，当我们在教育的路上走得太远，或许我们真的应该停下脚步，看一看我们出发的起点，追问一句：教育究竟是什么？正如佐藤学先生所言："学校教育不仅仅是通过有目的的、显性组织的课程来实现的。实际上，在无意识中还发挥着人格培养这一潜在功能。"教育是塑造人的，在课堂上，除了那些看得见的知识之外，还有一种"看不见"的教育，那就是让学生找到那个更好的自己，成为一个更好的人。吴非老师说：中国教育最需要的是人道精神，教育的目的是"唤醒"，所以，我们的课堂，需要做一些看似与分数无关，却和生命有关的事情。我们的教学需要开发出一些和成绩无关，但是与未来有关的课程来。记得有一年暑假，我带着60名即将面对中考的初三学生，前往贵州省黎平县铜关侗寨度过了7天的农村生活，村寨旁有一条小河，清澈的河水淙淙作响，屋舍掩映在群山绿树中间。孩子们在水中奔跑着、呼喊着、相互打着水仗，你拉我下水，我拽你入河，你来个对面迎击，我来个背后突袭……这一刻，似乎与学习成绩无关，但这一课，却与生命有关。

我们应该看见那些藏在"看得见的东西"背后的"看不见的东西"，否则，我们就很有可能承受这些"看得见的东西"所带来的恶果。

正如以前我们看不见雾霾，如今雾霾真的让我们"看不见"了。

（本文发表于《民主》杂志2019年第1期，本次出版略有修改）

课堂上，老师要学会有所不为

在中国，教师可以说是最勤劳的一类人了，不说别的，单单从人们对教师的比喻中就能看出来：园丁、春蚕、蜡烛……无一不是勤劳的典范。"我走娃未醒，我归娃已睡"，这是多少老师酸楚的心声。即使没有成家，在"朝阳"之前起床早已是教师教科书式的作息安排。老师们勤奋的精神让人感佩，受人敬畏，然而，课堂上有一些老师"勤奋"的做法，却未必能产生好的效果。观察一些课堂，我们发现，恰恰是老师在课堂上过度的"勤奋"，才导致了课堂教学问题频出。因此，我斗胆援引"君子有所为有所不为"的古训，号召老师们：课堂上，老师们要有所不为。

一、学生知道的，老师不要讲

著名语文教育专家李华平教授曾讲过一个故事：小学时，老师这样跟学生讲："同学们，我们一起来学习一篇伟大的爱国主义诗人杜甫的诗《春夜喜雨》。"到了初中，老师还是这样跟学生讲："同学们，我们一起来学习一篇伟大的爱国主义诗人杜甫的诗《望岳》。"到了高中，老师终于不讲杜甫是爱国主义诗人了，他说："同学们，我们一起学习《兵车行》。"这个故事至少给我两点思考：一是学生已经知道的，老师要不要讲；二是老师讲的是不是学生需要知道的。在常规的课堂上，我们经常能看到，老师一遍又一遍地重复已经学过的知识，不厌其烦，而学生呢，因为老师讲的知识他早就知道了，所以在课堂上很不耐烦。抑或，明明本节课学习的知识（《春夜喜雨》）与老师讲的东西（杜甫是爱国主义诗人）没有多大联系，但老师还是在课堂上滔滔不绝地讲。这两种现象产生的共同原因，不过是老师觉得自己"勤奋"地备了课，要保证课堂教学环节的完整性，所以不管学生知道不知道，老师都要固执地讲一番。殊不知，这种机械地"勤奋"，恰恰忽略了学生这个课堂的主体性存在。所以，我们的老师能否在"勤奋"地备课的时候，更勤奋地备一备学情，能否在课堂上不那么勤奋，而是有所不为，让学生来讲一讲自己知道的知识？

二、学生能做的，老师不要做

地理课，老师学养非常高，早已将气压带风带的模型图烂熟于心，他带领学生一起学习"气压带风带对气候的影响"，于是运用自己高超的绘图技巧，一边讲，一边在黑板上画了一幅地球气压带风带图；数学课，老师学养同样很高，各种数学题烂熟于心，他带领学生进行习题练习，同学还没有把题目看完，他就已经告诉学生解题的思路，指导学生该如何解题。乍一看，两位老师的水平的确很高，但是仔细想来，两位老师的确是太过"勤奋"了。有人说，这个世界上最难的职业有两类：一类是把别人的钱放到自己的口袋里，另一类是把自己脑子里的知识放进别人的脑子里。前一类的成功者叫作老板，后一类的成功者叫作老师。事实上"把自己脑子里的知识放进别人的脑子"，这本身就是一件极其复杂而困难的事情，牛不喝水强按头行不通，越俎代庖同样行不通，唯一的办法就是让学生自己来试着做一做。毛泽东同志说："梨子是什么滋味，只有亲口尝一尝才知道。"所以，在课堂上，我们老师能否有所不为，把学生能做的事情，交给学生来做？比如让学生来画一画气压带风带图，让学生先读一读题、解一解方程。教师自己会不算会，学生会了才是真会。

三、学生能讲的，让学生来讲

以学生为主体，教师为主导。这一教育思想最早是由教育家钱梦龙老师提出的，如今这两句话已经写进了课程标准，有不少老师早已滚瓜烂熟，但是"耳熟"不一定"能详"，"能详"不一定"能做"。三尺讲台，平凡而朴素，这里是教师的人生大舞台。但是，遗憾的是，有一些教师将"人生大舞台"和"课堂大舞台"这两个概念混淆了。于是，在讲台上，老师总有一种"主角光环"，总有一种抑制不住的冲动，要将自己的毕生智慧倾囊相授。但是，事实上，多讲并不一定是好事。因为课堂不是教师一个人的。程红兵校长说：课堂的本质是师生之间的即时性对话交流。在课堂这个大舞台上，主角并不是老师，至少不全是老师。那么，在课堂上，我们老师能否如叶澜教授倡导的那样，尝试"把课堂还给学生"呢？我们能否请学生走上讲台，将学生能讲的知识交给学生来讲呢？我不由得想起了台湾的李玉贵老师在一篇文章中的描述：

在日本我曾听过一节三年级的数学课：两位数乘以一位数。先出两道题，第一题是 71×8，第二题是 56×8，请用竖式把答案算出来。日本老师一开始完全让学生自己去算，大部分学生都算错了，一个班大概只有六到八个人算对。这是佐藤学老师一直强调的：课堂应该有三成的时间去挑战学习，即不教简单的内容，给学生一定的空间去伸展跳跃。课上到一半时，有个小女孩突然站起来说：我可不可以发言？大家回答她：好，请讲。她说：我用了平常的算法，可是算到中间就出问题。同学问她：你出了什么问题？她走到台上算给全班看，每算一步停下来跟全班核对一下： 6×8 是48对不对？这时候老师不见了，其他同学自己会回应她：对！

叶圣陶老先生说：教是为了不教。当课堂上，老师上着上着就不见了，这不就是我们想要的教育吗？

四、课堂静一静，胜过不停讲

同样是李玉贵老师，她说：我在大陆上课很紧张，因为只要发言的小孩说得比较慢，只要他说得磕磕绊绊、支支吾吾、断断续续，马上就有十几个尖子生争着举手。这时候，如果老师没有专业自主而又喜欢热闹的场面，就真的会去点其他举手的孩子，还会对原来发言的孩子说一句：下次想好了再说。

反思我们自己的课堂，我们是不是更喜欢那些流利的回答？我们是不是喜欢那些热闹的场面？我们的课堂是不是见不得冷场？一旦学生理解不了，老师就着急冒汗，反复地讲，不停地讲。唯恐课堂静下来，场面变得尴尬。然而，日本教育家佐藤学先生却说：

> 互相倾听是相互学习的基础，教师往往想让学生多多发言，但实际上，仔细地倾听每个学生的发言，在此基础上开展指导，远远比前者更重要……倾听这一行为，是让学习成为学习的最重要的行为。善于学习的学生通常都是擅长倾听的儿童。只爱自己说话而不倾听别人说话的儿童（人）是不可能学得好的……

我们一直要求学生在课堂上专注地"听"，可是，作为老师，我们自己有没有认真地听过学生的思考呢？所以，我们老师是不是要尝试停下自己喋喋不休的讲课，让课堂静一下，让学生想一想，老师也想一想，将我们的教室变成"用心相互倾听的教室"。或许，当学生和老师相互注视的那一刻，此时无声胜有声。

教师是伟大的，这种伟大不仅是因为教师的勤劳、教师的奉献，更是因为教师的行为关乎学生的生命成长。怀特海说：教育的目的是为了激发和引导他们的自我发展之路。叶圣陶老人说：教，是为了达到不需要教。教师有所为有所不为，正是因为眼中有学生，心中有学生。教师有所不为，正是为了让学生有所为。

阳光下的语文课

下午的第一节是语文课，上哪一课却让我倍感纠结。

按照教学进度，应该上古文，但我的课本却停在了郁达夫的《故都的秋》。

对于我这个来自西北大漠的汉子而言，我对《故都的秋》是钟情的，因为其中的每一个字都饱蘸着我京师求学的记忆。

对于我这个身处南国深圳的教师而言，我对《故都的秋》是惶惑的，因为其中的每一种情似乎都距海滨之城的少男少女们那么遥远。

我喜欢北国的秋，正如郁达夫一样，那么清、那么静、那么悲凉。

我希望我的学生能走进北国的秋，尽管南国的秋，总是那么浓艳、那么热闹，那么喜笑颜开。

所以，我总在寻找一个门，或者一扇窗，让我的学生们看看秋景，闻闻秋声，感受感受秋凉。

12月19日，晴，室外气温12℃，当然，对于深圳而言室内气温也一样。与室内阴冷萧瑟的气氛不一样的是，室外阳光甚是灿烂。虽然已是冬天，但是校园里大树依然葱茏，在阳光下摇曳生姿。当然，仔细看来，连日刮起的寒风也初显威力，一些不耐寒的灌木枝头的叶子已经凋落一地，青草也失去了绿色，替之以灰黄，即使是常绿的大树，色彩也显得有些干硬了，树叶也显得有些稀疏了，阳光透过来，也能在地上依稀勾画出一点沧桑的感觉。

这样好的温度，这样好的天气，这样好的阳光。我决定——和同学们一起读《故都的秋》，而且，是去学校楼顶的花园里！

从带领同学们走出冰冷教室的那一刻起，同学们的心情就已经开始渐渐融化了。"老师我们去哪里？"一个同学兴奋地问。我对他一笑，神秘地说，"都跟我来"……

楼顶花园里，太阳正暖，秋草已黄，天地之间便是课堂。待到同学们三三两两找到阳光充足的地方坐好，我清清嗓子：同学们，今天，咱们在这秋的气息里，一起来读郁达夫《故都的秋》。

我示意男生先读第一段。

　　"秋天，无论是在什么地方的秋天，总是好的！……"

广阔的天地似乎激发了男生们的表现欲，男生们读的声音浑厚、语调铿锵，看来男生们还沉浸在兴奋之中。于是，我向男生们提出了一个问题，来帮助他们进入文本：

　　"你从第一段读到了什么信息？"

学生说：我读出了北方的秋是清、静、悲凉的。

学生还说：他从杭州来北平，就是要"尝"一尝秋味。他把"尝"故意说得很重。

好吧，那我们一起来尝吧。于是在男女生交错的朗读中，同学们开始品尝秋味了。

"老师，为什么郁达夫要租一椽破屋呢？"

"老师，为什么他要早晨起来泡一碗浓茶呢？"

"老师，为什么他要花这么多的笔墨写牵牛花呢？"

"老师，为什么他认为牵牛花以蓝色或白色为佳呢？"

……

读完第三段，女生们一个接一个地提出了自己的阅读疑惑，我在心底暗喜，孩子们已经进入到郁达夫的那个秋的世界了。这个世界对于他们是陌生的，所以他们充满好奇。好奇是求知的开始，我要带着他们走向更深处。

但是，我以为的就是同学们以为的吗？子非鱼，安知鱼之乐。故都的秋之美不在于告诉我们美在哪里，而在体验美的过程中。

于是，我狡黠地说：哪位男生能回答这其中的问题？

令我意想不到的是，男生们纷纷举手！

"我的理解，郁达夫说租一椽破屋，其实就是说，故都的秋并不仅仅是在陶然亭、钓鱼台、西山、玉泉山和潭柘寺，它是无处不在的。"我惊讶了，南方的高楼大厦里的孩子，居然能够读出北平破旧的房屋中的秋意。

"老师，我认为他早晨起来泡一碗浓茶，这是一种闲情，有时间，且时间久，同时，也是一种普通的生活，因为能泡浓茶的一般都是普通的茶叶……"我惊喜了，南国的荔枝与白米饭滋养的孩子，城市车水马龙的喧哗声里生活的孩子，竟然能读懂北京大杂院里的闲情与逸致。

我庆幸，我没有越俎代庖，我带学生走进了原生态的故都的秋！

女生叹息着："唉，天可真凉了——"

男生为了突出歧韵的感觉，故意高低起伏地读着："可不是吗？一场秋雨一场凉啦！"

和煦的阳光暖暖地照在我们身上。我问："同学们，凉是怎么来的？"

同学们七嘴八舌地聊起来，凉在茶里，在牵牛花里，在槐树的落蕊里，在秋蝉的鸣唱里……

一个同学说：在心里。

……

就这样，同学们读着，品着，问着，思着。一阵凉风吹来，下课的时间到了。

我说，同学们，我们需要闲下来，静下来，去目睹一番北方的秋天的，因为北方的秋天是"悲凉"的，它是生命走向衰亡时最后的绚丽。当我们目睹这些生命。回味这些衰亡，有时候就会自然而然地思考，我们的生命究竟是怎样的状态，究竟应该怎样地存在。就像今天，我们在这天地之间、阳光之下一起上的这堂课一样，希望它能给我们的生命带来一点阳光，提供一分思考。

　　我喜欢，在阳光里为同学们上这节语文课。

（本文发表于《深圳新闻网》2018年4月20日"师说"栏目）

老师生病之后……

有人说，教师是不敢生病的职业，但是我终于还是不争气地中招了。

有人说，教室里不能没有老师的，但是这堂课我却因为缺席而自豪。

春光美好，春风满面，世间一切的生命都是一副生机勃勃的样子，但是，我却除外，连日来的劳累终于使自己倒下了。身体上承受着高烧的煎熬，但是内心却更加煎熬：明天孩子们的课怎么办？强忍着病痛去上课，且不说有没有可能，即使到了教室，一旦开口讲话，也有传染给学生们的风险。请同事帮忙代课，善良的同事们倒是很热心，可是他们自己也有很多的事情要忙……

或许是在高温灼烧下大脑出现了幻觉，我居然做出了一个大胆的决定：老师生病了，同学们就组织起来自己学习！

我找到了课代表："很抱歉，老师发烧了，明天的课没法给大家上了，周末同学们一起做了写作练习《人性善恶》，能不能由你们俩帮老师组织一次辩论会？"

"老师，您放心地交给我们，您安心养病吧！"课代表爽快地答应了，让我安心养病。但是，没有了教师组织的课堂，又会变成什么样子？出于教师的那份爱和责任，我还是安不下心来啊！

于是，我又絮絮叨叨地给课代表叮嘱了一番辩论会的各个环节和注意事项，并让他们担任主持人，提前做好准备，课代表认真地听完，回去准备了。

第二天下午的时候，病情稍稍好转，我便马不停蹄地赶到了教室。没有老师，这帮学生会不会在课堂上大闹天宫呢？

上课铃声已经响过，同学们也坐到位置上安静了下来，预想中学生大闹天宫的场景并未出现。我看到讲台上站着的课代表，稍稍舒了一口气，人站在后门，准备静观其变。

"各位同学，大家好，今天老师生病了，这节课我们一起来组织一场班级辩论会——人性善恶！首先，请同学们按照指定区域，选择正方的坐在左边，选择反方的坐在右边！"课代表在台上指挥若定，很快就将辩论赛选手安排到位。"组织能力很强，不愧是我的课代表！"我心里暗暗夸奖他们。

"同学们好，我是正方一辩，我的观点是人性本善……"辩论赛正式开始了，辩手们慷慨陈词，同学们认真聆听。还有一些同学略显紧张，遇到中断之处，同学们也积极鼓励；也有个别同学眼睁睁看着本方辩手而着急，不禁摩拳擦掌，跃跃欲试。到了自由辩论环节，主持人课代表巧妙地将其变成了一场"大辩论"，正反双方的每一名同学都可以发言，但需要先举手，双方轮流发言。同学们的激情犹如山洪暴发，一个个争先恐后，竞相发出攻击，一时间，竟然连主持人也有点插不上话了。最令我吃惊的，是那个坐在角落、平时上课从来不主动发言的小思，居然主动举手站起来反驳对方，而且居然句句切中对方要害！一时间，课堂上唇枪舌剑，同学们争先恐后……

不知不觉中，一节课结束了。在双方总结陈词之后，主持人宣布辩论赛结束。课代表也早已发现了我，她向我抛来一个自信的眼色，意味着他们圆满地完成了任务。我向他们竖起大拇指，他们脸上露出了得意的笑容。

走出教室，我的脑海里闪现出了很多人。我想到了杜威，他说："不断改进教学方法唯一直接的途径，就是把学生置于必须思考、促进思考和考验思考的情境之中。"我想到了叶圣陶，他说："凡为教，目的在达到不需要教。"我还想到了自己，我曾经因为在课堂上滔滔不绝地演讲而自豪，我曾经为本学科课时不够讲课时太少而埋怨，我曾经因为自己生病而不能上课而担心……但是，我却忽略了，在学习这条路上，真正的探索者是学生，而我们老师，只不过是他们通往知识深处的向导。当有一天，他们不需要向导也能够自己前进时，我们不是应该感到自豪吗？

反过来说，那些我们引以为豪的滔滔不绝的讲授，那些我们自以为有效的号称只有"一分钟"的拖堂，那些我们出于好心而布置得过多的练习，真的对学生的学习起了积极的作用吗?

我们经常说一个孩子听不懂课是"对牛弹琴",其实,愚蠢的不是牛,而是那个不懂得牛的琴师啊!

于是,接下来的日子里,我虽然身体逐渐健康,却经常在课堂上玩消失。当然,在消失之前,我总会给同学们打好招呼:

同学们,下周一我们学习李商隐的《锦瑟》,哪些同学想替老师讲这节课呢?

出乎意料的是,竟然有好几组同学都想讲,好吧,都给机会,但是——限定时间,而且讲课形式不能重复。

于是,有同学抱着厚厚的书本来了,他们将李商隐的祖宗八代和生平历史查了一个底朝天;有同学带着现代的音乐来了,他们用流行歌的方式,演绎古典的乐章;还有同学抱着古筝来了,他们在古筝的伴奏下深情朗诵"一弦一柱思华年"。当琴声响起,当羽衣蹁跹,诗歌朦胧的意境在同学们面前逐渐清晰,同学们与诗人的时空隔阂逐渐缩短。

我想这节课我是上不了的,因为奏乐唱曲的事情我实在做不来,但我想这节课应该是同学们印象最深的,因为他们会永远记得,弹着古筝,一起吟唱的那个画面,那种声音,那节课堂。

李玉贵说:好的课堂,是教师上着上着就不见了!我想说:我们老师能不能创造一点机会,在课堂上玩一下"消失"?

我希望我的以教育为梦想的老师同仁们,能拥有一个好的身体,因为我们可以用自己的健康来引导和塑造一个健康的未来。

我也希望我的在教育战线上奋斗的兄弟姐妹们,不用再担心自己生病,因为我们应该用自己的智慧来教会学生在求知的道路上放手前行、自主探索。

当骏马学会了奔驰,它才会真正拥有草原;

当雄鹰学会了飞翔,它才会真正拥有天空。

安全责任与学生活动冲突吗？

又到一年开学季，带着浓郁的年味，同学们重新返回校园，开始了新学期的学习。对于任何一所学校而言，安全工作是开学工作中必不可少的一环。"校园安全无小事！""守住安全底线！"这几句话已经成了教师耳边的高频热词。的确，学生的安全牵动着千家万户，生命为天，安全第一，守护学生的安全是学校和教师的职责所在，正因为如此，安全警钟需要始终长鸣。

然而，走进某些校园，我们却发现，不少学校的安全禁令多了，操场上孩子们身影却少了；孩子们在教室的时间多了，在阳光下活动的时间却少了；学校的安全守住了，孩子们的身体素质却越来越差了。乍一看来，似乎校园安全与学生活动是不可兼得的矛盾体，要想保证安全，就只能取消学生的活动权利了。

可是，安全责任与学生活动真的冲突吗？

我不禁想起了几位教坛前辈的典故：

2011年秋，我有幸聆听了全国优秀班主任丁榕老师的报告，丁老师谈到她在北京四中做教师时，有一年利用暑假组织班级50多人骑自行车去北京周边旅游：共赏"卢沟晓月"，重温中国人民奋起抗日的历史；追寻周口店北京猿人石洞，学习恩格斯关于人类起源的学说；从云居寺到十渡，他们一路奋进，一路高歌。

2015年2月，在新春的年味里，李镇西校长做客深圳明德实验学校，他用朴素的语言讲述了自己做教师时的一件又一件趣事，其中一件令人印象深刻：一次，他领着学生出游。校长不让了，把学校的大门关死了。他竟愣愣地向前说："走开。"校长说："不行。"校长严肃地说："学生在校外出了问题，你全权负责。"而李镇西老师却说："学生在校内出了问题，你也要全权负责。"最后校长只好放行。结果是扣罚了李镇西的当月工资60元，而当时他的月工资才53元。

我想，当年丁榕老师组织学生骑行的时候，安全隐患也一定是存在的；李镇西老师当年带领学生出游受阻，也是因为有可能发生安全问题。可是，两位老师都顶着有形或无形的压力，带领学生走向了广阔的天地。为什么两位名师能具有这样的"勇气"？只因为他们明白：只要立足于学生的发展，安全责任与学生活动就不会发生冲突！

曾几何时，我们的校园里还有孩子们在云梯上攀爬的矫健身影，在单杠上摇晃的稚嫩笑声；曾几何时，我们的校园里还充满着嬉戏玩耍的欢声笑语，我们的童年里还存留着油菜花与红蜻蜓的绚丽色彩。然而，如今这一切学生时代的美好，都变成了记忆。但是要知道，安全责任与学生活动从来不会冲突，因为两者都是为了爱孩子，都是为了孩子的健康成长。正如程红兵校长所说："教育首先应该关注的是人，关注人的情感，关注人的价值，关注人性的完善。教育，本是对人而言的，并且是为人而进行的。如果教师不把美好人性塑造作为自己的最高目标，那还能做什么呢？"

反观那些认为安全责任与学生活动冲突的人，他们似乎在兢兢业业地完成"安全大事"，可是却在无形中延误了孩子身心发展这一更加重要的事，他们似乎在竭尽全力地守护"安全底线"，却因噎废食地扼杀了学生增强体质的生命线。

2015年暑假，在程红兵校长的大力支持下，我带领深圳明德实验学校的60名初三学生，踏上了去往贵州省黎平县铜关侗寨的火车，在7天的农村生活里，孩子们曾跋涉十多里的山路，顶着烈日去除草，体悟了"锄禾日当午"的艰辛；孩子们曾自己动手，生火做饭，在烟熏火燎中感受"粒粒皆辛苦"的不易；孩子们更在村寨旁的小河中欢闹嬉戏，清澈的河水淙淙作响，屋舍掩映在群山绿树中间，再配以蓝天、白云，这是何等奢华的游泳池。孩子们在水中奔跑着、呼喊着、相互打着水仗，你拉我下水，我拽你入河，你来个对面迎击，我来个背后突袭……这一刻，欢声笑语伴着溪水，飘向遥远的天边。这一刻，作为教师的我，真正感受到了生命的自由与成长的欢乐！

　　我想如果有人质问我：你们胆子真大，出了安全问题谁负责？

　　我会这样反问他：安全责任与学生活动冲突吗？

（本文发表于《教育文摘周报》2016年第11期）

开学了，包个汤圆再出发！

新学期开学的第二天，就是元宵佳节。

同学们耳畔来自社会各界的提醒依然不绝如缕：

道路千万条，学习第一条。

作业没写完，开学两行泪。

晚上，我们毅然决然地举办了元宵喜乐会。校长来了，为同学们送上节日的问候；家委会的家长们来了，为学生们准备了多种馅料，面粉，水果，生日蛋糕；同学们也挽起袖子，自己动手，一边学着家长、老师的样子包汤圆，一边欣赏舞台上同学们的表演……

晚会临近结尾，坐在我旁边近一米八的男生突然泪眼迷离，动情地跟我说：老师，这个节日过得太好了，我长这么大第一次感受到如此温暖的集体，在这样的大家庭太幸福了……

听到同学的话，我很高兴，也很自豪，因为明德作为一所学校，并没有让同学们产生厌恶感和惧怕感。

但，也是这位同学的话，让我这个做教师的百感交集。

从幼儿园到高中，从3岁到18岁，近15年的时光，孩子们都在校园里度过，这是他们生命中最富有朝气、最有想象力、最青春活泼的15年。可是这15年中，我们的校园究竟能在学生生命中留下怎样的风景呢？

曾经目睹有学生对老师非常抵触，一问之下，才知道从前有学校因为他犯了错误而将他赶走；曾经看到有学生对老师处处怀疑，了解之后，才知道从前有"老师"因为他的成绩差而百般刁难；曾经看到有学生对学习没有热情，追根溯源，才明白从前有"老师"因为他考试失误而当众羞辱……

但偏偏就有人热情鼓励把学校变成这个样子：××学校用金属探测仪检查学生手机了，这个学校好！××学校的学生一旦犯错，毫不姑息，直接退学，这个学校好！××学校每天组织学生考试，高考成绩也提升快，这个学校好……

我只想说：作为学生，我不想在这样的学校读书；作为教师，我更不想在这样的学校教书。

同学们，新的一年，愿校园能成为你温馨的家园。教育家杜威说：教育即生活，教育即生长。但只有校园中遍布爱的土壤，生命才有可能生长，只有校园中洒满爱的阳光，同学们的生活才能开出斑斓的花朵。所以，元宵佳节，我们要像一家人一样，围坐在一起，包汤圆，包饺子，老师们不仅上得讲堂，还下得厨房，和同学们和面、拌馅儿，给同学们示范包汤圆，欢声笑语，其乐融融。所以，元宵晚会，我们要像一家人一样，给春季生日的同学过集体生日，由同学弹奏钢琴，全场同学、家长和老师们一起为他（她）们唱生日歌，一起见证新一年的成长。

同学们，新的一年，愿校园能成为你文化的源泉。元宵晚会，老师们同学们准备了有趣的灯谜游戏和飞花令，这不仅是对知识的巩固，更多的是对我们中国的传统文化的理解和传承；飞花令的游戏中，同学们在欢乐的气氛中重温"春"的诗句，歌咏春天的美好。在浓浓的夜色中，同学们猜灯谜和飞花令的欢声笑语弥漫了整个校园……或许，在遥远的古代，我们的祖先们在元宵之夜，也正是用这样的方式开启新的一年，寄托美好的祝福。"明月千里寄相思"，在农历新年的第一个团圆之夜，同学们还在信笺上写下了对自己亲朋师长的问候，寄给远方。这就是中国的文化，诗意而又淳朴。愿这种文化穿透千百年的历史的浓雾，感动我们现代的心灵，愿这种文化给予我们力量，让我们在生命的征途中每次抬头仰望星空，总能看到思念和希望。

同学们，新的一年，愿校园能成为你梦想的试验田。春生夏长，秋收冬藏，春天是属于梦想的季节，一年之计在于春，在欢聚的美好时刻，同学们畅想未来，制定自己的新一年的心愿与梦想，将它种在明德这个试验田，就像在校园里种下一颗种子，让我们用勇气去培育它，用努力去灌溉它，用爱去呵护它，用坚持去守卫它，当我们走过山河大海，当我们经历风霜雨雪，蓦然回首，我们一定会为自己当初的梦想而感动，感动的并不一定是收获成功，而是曾经拥有的梦想和不懈努力的姿态。

新友与故交们：春风又绿江南岸，让我们告别今宵，踏上新的征程，明年春来再相邀，只愿青山在，人未老。

班级管理的三个层次

班主任，这是一个让人五味杂陈的名词，她是学生眼中的"灭绝师太"，他是家长心中的救命稻草；她是对别人家的孩子比对自己家孩子用心的"别人家的妈妈"，他是学校工作的万能超人。然而，他们也是学生在学校最亲密的人，是同学们毕业后最牵挂的老师。一方面，教师不仅承担着教书的责任，更肩负着育人的使命，每一位班主任都应该被温柔对待。另一方面，正如李镇西老师所说，我们的班级生活应该为孩子们留下温馨的记忆。作为学校最重要的管理者，教师的班级管理能力非常关键。

程红兵校长曾经写过一篇关于课堂教学有三个层次的文章，笔者认为，班级管理也有三个层次。

一、规范即优秀

众所周知，无规矩不成方圆，班级是学校的基本组织单位，规范是班级的"压舱石"。因此，各个班级、各个学校都会有一系列的"班规""校规"。但是规范有了，并不见得班级就能优秀。最关键的，是班主任需要思考这样几个问题。

1.规范是谁的规范

我们惯常的做法，是让学生学习学校规范，或者由班主任制定班级规范，这样的规范是学校的规范，是老师的规范，学生是规范的被动接受者。但是，如果能尝试让学生成为自我规范的制定者，效果就不一样了。请看，美国的班规是如何产生的：在美国的中学里，学生一般都会积极参与建立班规。经过同学们讨论，制定出大家最认可的几条班规，将其张贴在公告栏上。正因为规则是由同学们民主讨论制定的，是从学生内心生长出来的，是学生们自己首先接受的规范，因此这样的规范是学生的规范，在实际执行过程中，也会有比较好的效果。

2. 规范怎样实现

这个问题实际上要追溯到第一个问题那里去，由于大多数的班规是学校、教师套在学生身上的，学生是班规的接受者，教师是监督者和惩罚者。这样，就无形中将老师放在了学生的对立面。其实，如果班级规则真正建立在民主的基石之上，那么，班规应该对班级中所有的人都有约束力，包括老师。在李镇西老师的班级，同学们制定的班规中，有一部分内容就是专门关于班主任的约束，如果老师没有做到，同样要接受惩罚。当班规变成了整个班级的"根本大法"，教师在实现规范过程中的作用就简单而明确了。首先，教师要做一名捍卫者，自觉遵守班级规范，同时捍卫班级的管理规范，其次，教师应该是班级管理的示范者，班级中的事务老师要率先带头来做（在明德，经常能看到程红兵校长在走廊里捡起偶尔掉在地上的纸屑，校长率先垂范的身影让人非常感动）。最后，教师要做班级管理的"问题发现者"，通过观察和巡视，在执行班级规范的过程中，不断提醒班级管理覆盖到更加广阔的领域，更加深入到微小的细节。天下难事必作于易，天下大事必作于细。细节决定成败，只要做到每一个细节都能落实，班级怎能不规范，班级怎能不优秀？

二、高效即优秀

改革开放的经验告诉我们一个道理，只有解放生产力，发挥人民的创造积极性，我们才能富强。作为班主任，我们要知道：有一种爱叫作放手，我们要发挥学生在管理中的主体能动性，恰到好处地把学生放到班级管理的前台，老师自己则从"走在前面"变为"跟在后面"。

当然，学会放手并不是放任不管，如何实现既激发班级学生的积极性，又能做到高效管理，需要做好"分工"和"合作"两个方面的事情。

1. 分工

班级管理要高效，科学分工很关键。魏书生老师班级管理的法宝，正在于科学分工。在魏老师的班上，不仅有常规的班长、团支书等班干部，甚至养鱼有鱼长，养花有花长，火炉有火炉长，一个班集体，人人有事做，事事有人做，管理班级成为了每一个同学的责任，这是分工的第一步；班级的班干部通过民主竞选产生，接受同学们监督，如果工作不积极，班委有权撤职更换，极大地激发了同学们的工作积极性，这是分工的第二步；班委一个月召开一次班干部会议，在会上讨论、决定一些重大问题，做到时时有事做，事事有时做。俗话说：众人拾柴火焰高，一个班级的管理，如果仅仅依靠班主任一个人的力量，一定是一件极其劳累的事务；如果没有让学生感受到班集体的主人翁地位，那一定是一件不讨好的事务。但是，当老师科学分工、集智聚力，让学生以主人翁的姿态参与班级管理，那就一定是一件轻松且充满惊喜的事情。"班级是我家，建设靠大家"，这个"我"，一定是每一个学生。

2. 合作

管理学大师韦伯有一句名言：人们在一起可以做出单独一个人所不能做出的事业；智慧+双手+力量结合在一起，几乎是万能的。未来社会，越来越强调合作的重要性，这种品质应该在班级里进行培养。当然，有了合作，就意味着会有竞争，而正面积极地利用好竞争，不仅能促进合作更好地开展，而且能激发群体的动力。在班级管理中，注重实现小组合作和小组竞争，就一定能实现管理的高效。在明德高一年级，各个班级都实行了小组合作和竞争的机制。班主任按照"组内异质，组间同质"的原则、结合学生的意愿，将班级划分为若干个小组，由每个小组制定小组的名称、口号、目标、规则等，然后各小组实行"区域自治"，老师则每周对于各小组的学习等工作进行量化评比。结果，小组内的同学为了维护集体荣誉，有时候自己积重难返的问题，老师屡次强调知错不改的问题，在组内同学的帮助和共同约束下，竟然纷纷解决了。更为可贵的是，在这个过程中，锻炼了一大批学生的合作能力、领导组织能力，增进了同学之间的友谊。

三、智慧即优秀

苏霍姆林斯基说："教育的终极目的应该是向人传送生命的气息。"教育是面向人的事业，一切教育行为都应该紧紧围绕"人"这个核心展开。我们始终认为，规范、高效是管理之"器"，而呵护学生生命的成长才是真正的教育之"道"。学校管理尤其是班级管理的目的和出发点，本来是促进学生的社会化成长，然而，对于规范和高效的片面强调，经常会让管理者忽视或者忘记管理的真正目的。在班级管理的过程中，要将教育之道放在心中，就要学会智慧管理。

智慧的管理是目中有人的管理。目中有人，就要求我们以尊重的眼光面对学生。我们要向陶行知先生学习：

> 陶行知先生看到一位男生用砖头砸同学，便将其制止并叫他到校长办公室去。当陶校长回到办公室时，男孩已经等在那里了。陶行知掏出一颗糖给这位同学："这是奖励你的，因为你比我先到办公室。"接着他又掏出一颗糖，说："这也是给你的，我不让你打同学，你立即住手了，说明你尊重我。"男孩将信将疑地接过第二颗糖，陶先生又说道："据我了解，你打同学是因为他欺负女生，说明你很有正义感，我再奖励你一颗糖。"这时，男孩感动得哭了，说："校长，我错了，同学再不对，我也不能采取这种方式。"陶先生于是又掏出一颗糖："你已认错了，我再奖励你一块。我的糖发完了，我们的谈话也结束了。"

智慧的管理是目中有人的管理。目中有人，就要求我们以信任的姿态面对学生。我们要向李希贵先生学习，"没有信任就没有教育"，他在《为了自由呼吸的教育》中如是说。在他的学校，学校召开招标会，由中标的班级学生全权承办学校队列比赛，学生自己组织全权负责，结果，班上同学有的当裁判，有的做记录，有的供开水，只有班主任坐在空荡荡的凳子后面无所事事。学校举办大型活动，学生邀请校长"去打工"（李希贵语），"他们希望校长能出面讲几句，就拿着已经起草好的讲话稿，找到校长，向校长比画一番，甚至连校长的站姿、神态也要提些要求。"李希贵老师自豪地说，"我是多么愿意接受孩子们的这些指教和训练呐！这应该是一个校长最大的幸福了。"不越俎代庖，不揠苗助长，做好学生的"首席服务官"，让学生自由生长，这就是智慧的管理，这就是教育的幸福。

智慧的管理是目中有人的管理。目中有人，就要求我们用善良之心点亮善良之心。我们要向苏霍姆林斯基学习：

> 校园里的玫瑰花开了，一个五六岁的小女孩摘下了花园中最大的玫瑰花，抓在手中，从容地向外走去。同学们惊讶了，有的非常气愤，有的甚至要上前制止那个小女孩。正在旁边散步的苏霍姆林斯基校长看到了，走过去，弯下腰，亲切地问小女孩："孩子，你摘这朵花是送给谁的？能告诉我吗？""妈妈病得很重，我告诉她学校里有这样一朵大玫瑰花，妈妈有点不相信。我现在摘下来送给她看，看过我再把花送回来。"女孩害羞地说。苏霍姆林斯基校长牵着小女孩，从花房里又摘下了两朵大玫瑰花，对她说："这朵是奖给你的，你是一个懂得爱的孩子；这一朵是送给你妈妈的，感谢她养育了你这样好的孩子。"

复旦大学陈果教授说："如果我们想让自己永葆美丽，永葆内心的一种健康，一种清澈，一种清新，一种和谐，我们就要在自己的有生之年，永不停歇地、不断地向上成长！你会慢慢地活成一束光！谁若接近你，就是接近光。"作为教师，我们的生命中能始终和这么多年轻而美丽的生命相伴、成长，这是一件多么幸福的事情啊，让我们用自己清澈的云呼唤那些青春的云，用自己茂盛的树摇动那些年轻的树，用一束明亮的光照亮那些闪亮的星辰吧。因为在学生心中——

班主任

你是电

你是光

你是唯一的神话！

（补记：希贵校长有言，教师第一，学生第二。不管第几，人最重要。班级管理如是，学校管理亦如是。安安静静办学，自由健康生长。）

没穿礼服的学生

又是一个新的周一。

初升的朝阳为整个校园披上了金黄的外衣，校园里浓郁的树叶上洒满阳光，似乎风一吹就会抖落一地。经过了一个周末的休息，似乎整个校园都充满了生机，迎接新的一周的到来。

我漫步在校园，看见三三两两的学生走进来，身上整洁的蓝礼服与整个校园相得益彰，他们向我走来，礼貌地跟我打招呼，又从我身边走过，一切是那样美好。然而，一个"不和谐"的身影出现了，一个没有穿礼服的学生向我缓缓走来，头发蓬乱，仔细一看，那不是我班上的L同学吗？她虽然穿着运动校服，但是跟其他同学的礼服比起来，是那样暗淡。她局促地向我走来，我注意到她双眼通红，是不是周末又在通宵玩手机？我猜测到。

没有等我开口，她就满脸通红地向我解释：

"老师，我想跟您说明一下，我今天所有的作业都没有带……"

"这家伙肯定是周末在家里玩手机，连作业都没有做，初三了还是这样的状态！"我继续猜测。

不过，我强压住心里的怒火，问她："你怎么没有穿礼服？不知道今天是周一吗？"

她迟疑到："我忘记了……"

"我会给你家长打电话，让他们给你送过来！"

我转身就走，为自己的机智和果断而自豪：我倒要打电话给家长，问问看你是不是在说谎！

电话那头，传来一个疲惫的声音，那是她的奶奶，这孩子缺少母爱，主要是奶奶在家里照顾她。不久之前，奶奶还打电话过来，向我投诉她在假期里如何整天玩电脑，不帮她做家务。想到这里，我缓和了一些语气，对奶奶说："孩子今天来学校，没有穿礼服，也没有带作业，不知道您能不能送衣服和作业过来？"奶奶马上充满歉意地跟我说："对不起，我在外出差，孩子和她爸爸来机场接我，我们昨晚12点才回到家，她早上急急忙忙就上学了，所以忘记带作业和礼服，我马上联系她爸爸把东西送来……"

电话这头的我已经惊愕得不知所措：我在这个早晨做了一件什么事？一个孩子为了去接她的奶奶，忘记穿礼服上学，而我却自作聪明地认为自己发现了她懒惰的证据，竟然要求她的家人送衣服来学校……在初升的阳光下，我的内心是那样阴暗。我不应该怀着那样不良的用心来猜测一个孩子。

升旗仪式的时候，同学自觉地站在队伍的最后，身子不是特别地直，或许是前一晚没睡好的缘故。阳光洒在她的身上，泛起一圈温和的光晕，那一刻，我觉得她和其他穿礼服的同学一样，是那样美好。

升旗仪式结束后，我站在讲台上，向所有的同学读起了这一篇文章，并且为文章加了一个最有力的结尾：

让阳光洒满整个校园，洒满我们的心田。

对不起！

大江大河，因为有你

时光荏苒，岁月如梭……

当这样的词语再次映入眼帘时，就又到了年终述职的时节了。

上一周，按照学校安排，高中部全体教师如期进行了年终述职，听着各位同事的介绍，过去一年的点滴时光再次浮现出来，原本模糊的记忆又再次清晰起来。

2018年，明德这艘改革的巨轮越驶越远，明德这条教育的江河浩浩汤汤。一年来学校取得了很大的进步，收获了很多的成绩，得到了社会的赞誉。但是，当细数这成绩的点点滴滴，才更加明白，这巨轮离不开每一位水手的奋斗，这江河离不开每一滴水的汇聚，明德这一条大江大河中，离不开每一位老师的努力。

2018年，感谢成功的你。仅仅一个学期，高中部老师们就取得了辉煌的成果。在老师的指导下，共有50人次的学生获奖，不仅有学科类的竞赛，还有啦啦操、美术比赛等，高中学生打高尔夫获奖了，高中学生设计的作品获得了国家知识产权……我认为，这些在孩子成长的历程中和成绩一样重要，甚至更重要。20多位老师在本学期获奖，接近高中教师的50%，其中不乏国家级的大奖，高中的老师被评为全国全民健身操舞"优秀教练员""鹏城最美教师""教育先进工作者"等。不少老师在省级、国家级核心期刊发表论文，还有老师参与了省市区的课题研究并取得了优秀的成果……幸福是奋斗出来的，我们明德老师的幸福就来源于这不断的奋斗与进步。在明德，教师的事业就是学校的事业，教师的成长就是学校的成长，教师的成功就是学校的成功。2018年，感谢你们！

2018年，感谢奉献的你。在述职时，有一位生活老师回忆了自己独自一人来到大鹏校区的复杂心理斗争。其实，每一位来到大鹏校区的老师，都经历过这样的思想斗争，但是，每一位老师用一颗无私奉献的爱心，为自己做出了选择。在明德，高中部的孩子们有两位"父母"，一位是老师，他们是学生思想上的引路人，是人生中的导师。还有一位，就是生活老师，她们在学校承担着父母照顾孩子的使命，孩子不会叠被，生活老师手把手教；孩子起床晚了，生活老师提醒督促；孩子生病了，生活老师送水送药；孩子的蚊帐破了，生活老师给他们补好；孩子心理抑郁了，生活老师陪伴开导……老师们，清晨，孩子们还睡眼蒙眬时，你们已经起床；深夜，孩子们进入梦乡时，你们还在工作。课堂上，你们带领孩子们遨游知识的海洋；宿舍里，你们关照孩子们自立自强。盛夏，你们和孩子们一起"挥汗如雨"；严冬，你们和孩子们一起"抱团取暖"。正是你们无私的奉献，让同学们熟悉并适应了大鹏校区的生活，是你们的爱心和责任心，让孩子们感受到了家的温暖和导师的关爱。

2018年，感谢感恩的你。最让我感动的，是数学老教师熊老师在述职时，手里握着的厚厚的述职报告在微微颤抖，他的声音也因激动而有点颤抖，他深情地说："2018年，我如愿以偿，来到了我梦寐以求的学校……"熊老师之前就已在其他地市的中学教书，教学经验非常丰富，教学成绩非常突出，但是，来到明德，在述职的时候，却依旧紧张激动；还有2018年刚从名校毕业的新教师唐老师，在谈到本学期在同事朋友的帮助下，顶住压力实现了从大学生到学校教师的成功转变时，她难掩内心的激动，禁不住热泪盈眶……我们都说不忘初心，什么是初心？我觉得对于教师而言，面对这份事业时不能自已的激动和感动，这就是初心。从我亲爱的同事身上，我看到了这份初心，看到了纯粹的你，看到了懂得感恩的你，希望我们能永远守护好我们内心深处那一块最柔软的园地。2018，感谢你们！

2018年，感谢学习的你。在明德，述职的会议还是一次难得的学习会议，不少老师非常慷慨地分享了自己在教学和班级管理等方面的经验，其他的同事认真聆听，并时不时做记录。对于一个个体而言，离你最近的人，将决定你的高度；对于一个团队而言，只有相互学习，我们才能携手进步，并肩成长。述职时，同事们说得最多的，除了感谢，竟然是对自己工作的反思，每一位老师都仔细对照自己的教学和管理，提出了问题和改进方向。经验丰富的熊老师说："过去一个学期，我还有很多地方学习得不够。"政治郭老师甚至在她的述职报告中罗列了自己工作中不满意的德育、教学等几个方面的问题，并详细地提出了改进的方案，与大家交流。这一份坦诚让人感动，这一份反思让人敬佩。教育家于漪老师说："一辈子做教师，一辈子学做教师。"于漪老师之所以能成长为一代教育家，就是因为她从没有停止过对自己的反思，而这一份反思的精神，在明德高中的教师身上，是那样熠熠生辉，由"自省"而到"自强自立"，这是我们生命中最可贵的向上的力量！

岁月不居，时节如流。三百六十五个日夜年年度过，三百六十五里道路风景不同。愿我们的大河海纳百川，愿我们的家园稻香两岸。

2018年，感谢有你。2019年，爱你依旧。

教师应该怎样面对学生的错误（上）

郑愁予老师有一首很美的诗：

> 我打江南走过
>
> 那等在季节里的容颜如莲花的开落
>
> 东风不来，三月的柳絮不飞
>
> 你的心是小小的寂寞的城
>
> 恰若青石的街道向晚
>
> 蛩音不响，三月的春帷不揭
>
> 你的心是小小的窗扉紧掩
>
> 我哒哒的马蹄声是美丽的错误……

诗句那样美，江南那样美，连错误都是那样美丽。但是，作为老师，我每每看到"错误"这个词语的时候，总不免会"条件反射"似的从心底升起一丝紧张。

在很多教师（也包括我）心中，错误是不那么美的。

"如好好色，如恶恶臭"。作为教师，也不例外，我们带着一份"为孩子生命成长奠基"的光荣使命感，总是希望孩子们能够"茁壮"地成长。课堂学习，我们更喜欢看到孩子们高高举起的小手，因为那证明着他们已经掌握了知识；课间活动，我们总喜欢看到学生规规矩矩，因为那标志着他们知书达礼；批改作业，我们总喜欢看到学生全部正确，因为那是学生进步的体现；各种考试，我们更喜欢那些考得好的学生，因为那是学生成功的标志……于是，当课堂上有学生没有回答出老师想要的答案时，当校园里有学生做出了并不符合礼仪规范的事情时，当我们发现作业本上学生出现的错误或留下的空白时，当学生在考试中考出惨不忍睹的成绩时，任何一个负责任的老师，都会皱眉，都会担忧。这些都是学生的错误，面对这些错误，我们老师能感受到它们的美丽吗？

苏霍姆林斯基说：作为老师，请时时刻刻不要忘记，自己也曾经是一个孩子。让我们回忆一下我们的孩提时代吧！我们在学会走路时，有没有摔过跤？我们在学会写字前，有没有失败的作品？我们在朋友交往时有没有过伤心的经历？我们有没有犯过让自己后悔莫及的错误？站在孩子的立场上，我们应该明白：任何一次成长，都不可避免地会遇到这样那样的错误，甚至说如果没有错误，生命就不可能成长。

那么，我们能不能在学生的错误中发现那关乎成长的"美丽"胚芽呢？

（一）

烈日骄阳，红炉炼钢，新学期开始前，学校组织的军训活动正式开始。按照国家相关要求，我们选择了非常专业的军事基地，对军事训练课程的落实也非常到位。其中一项，就是抓仪容仪表。既然是军训，就应该有个军人的样子！从军队纪律上来讲，依据《中国人民解放军内务条令（试行）》（军令〔2018〕58号）第八十三条规定：军人头发应当整洁。军人发型应当在规定的发型示例中选择，不得蓄留怪异发型。虽然军训前让学生自行理发，但是还是有几位同学抱着侥幸心理，所以军事基地组织不合格的学生进行统一理发。有一位同学的抗拒情绪非常强烈："我的头发是父母给我的，是我自己长的，为什么要给我理发！"那位同学站在场地中央，向教官和老师吼着，遮住眼睛的长发也没能挡住他愤怒的目光。

年级组长是一个彪形大汉，做起工作来却非常细致，他把孩子带到旁边的阴凉处，和他并肩坐下来，看着其他同学理发。

一个接一个同学理完都走了，发怒的同学情绪也平稳了很多。教官和我们老师一起来到他面前，你一言我一语地说开了：

"你看，其他同学都理完走了，这是管理规定，大家都一样的……"年级组长说。

　　"你看我手艺怎么样？我保证给你好好，你绝对满意，行不行？"教官拍着自己的胸脯说。

　　"你看人家教官是军人，男子汉说到做到，你放心吧！"我在旁边添油加醋。

　　孩子半信半疑地坐在理发的位置，教官马上开始理发。

　　40分钟过去了，孩子的长头发变短了，一个帅气小伙子的脸庞出现了；教官的脸上流汗了，为了防止滴到孩子身上，每理两下都要用衣服擦一下。很明显，这一点孩子也感受到了。我一边夸赞他理完发之后的英俊帅气，一边给他拍了一张照片。他看完之后表情明显放松了——教官和老师真的没有骗他，理完发真的帅多了！

　　看着他放松的表情，我趁机说："孩子你看，你爱你的头发，但是教官也爱护你的头发，你看他给你理发的时候这么细致，理得满头大汗，你要相信大家，真的比之前更有男子气概了；第二，我要祝贺你，因为你战胜了自己，在规矩面前每个人都是一样的，但是它可能在你心中，就是一道非常艰难的坎，你今天迈过去了，为你的勇敢和成长点赞。今天你一开始很激动，我们不会计较你是谁，但是面对这一刻优秀的你，我想知道你的名字，你能告诉我吗？"他迟疑了1秒，但还是告诉了我他的名字，他选择了相信我。我开心地说："孩子，记住你优秀的时刻吧，去吧，快去洗洗！"

　　他睁大眼睛立在原地，5秒钟之后，这个小伙子向教官和老师鞠了一个100度的躬，声嘶力竭地喊出了一句话：

　　"对不起！"

　　孩子快速地跑回了宿舍，他的声音在楼房间回荡，在天地间回荡，在我的心里久久回荡。

　　那个声音，那个身影，很美！

（二）

来到艺术化的大鹏校区，来到一个新的天地，孩子们很喜欢，也很激动，尤其是具有国际范儿的教室，分层相隔，教室后门有直通的走廊，推门便是青山绿水。教室5米高的前门颇具哥特式艺术风格，外面的走廊直通山海广场，站在走廊尽头，一览无余，孩子们都很喜欢那个用钢丝保护的直接接通自然的走廊尽头。课余的时间，都愿意在那里看满目的青山，吹凉爽的海风，感受和煦的阳光。

但是，开学不久的一个傍晚，我们发现，走廊落地窗前用于保护大家安全的钢丝绳有两根变形了。

是谁干的？

当时学生都已经离开教学区去吃饭，并没有学生在场。不过，走廊上安装了监控摄像，要查出真凶，并不是一件难事。由于负责监控的老师已经下班，我们决定明天一早来处理，为了保证同学们安全，我们首先申请报修，并请人将该地点围上了警戒线。

晚上8点，夜幕中的大鹏校区一片宁静，没有了都市车水马龙的喧嚣，校园里只留下了同学们写字翻书的声音。同学们正在教室里安静晚自习，教室外面秋虫的独唱和明亮的月色一样，分外清晰。

一阵敲门声打破了这一片宁静。我打开办公室门，两个少年站在门口，表情略显紧张。

"什么事？"我一边让他们进来，一边询问。

"老师……我们来道歉……"

"怎么了？"

男孩子迟疑了几秒后，开始说话："我们很喜欢到走廊尽头的窗口去看风景，今天玩的时候，把脚踩在钢丝上，结果没想到就踩弯了……"

"我们今天晚上回来上晚修，看见已经围上了警戒线，才明白这样对同学们的安全带来了隐患，在晚修的时候还是决定来向您承认错误……"

声音渐渐小了，两个大男孩静静地站在原地，低着头不敢看我，他们正在准备接受我的批评。

如此严重的错误，我该怎么处理呢？突然间，我想起了一位老前辈，他叫陶行知……

"我要表扬你们两位！"我决定模仿陶老，虽然我口袋里并没有糖。

两位同学不约而同地抬起了头，睁大了眼睛看着我。我想，当年站在陶老先生门口接受批评却得到一颗糖的学生，应该也是这样的表情。

"因为你们两位同学是诚实的学生！做错了事情能够主动承认，而且意识到事情的严重性，这一点是值得表扬的。人非圣贤，孰能无过，自己敢于承认错误，善莫大焉。"

听了我的表扬，两位学生显然很激动，但也很愧疚："老师，我们错了，请您处罚我们！"

"处罚肯定是要的！"我毕竟没有陶行知老先生的功力，马上就黔驴技穷了，"因为这件事情的确对同学们的安全有较大的影响，而且大家都看到这个钢丝网损坏了，同学们要是知道我找到谁损坏的，却不惩罚他们，要是人人模仿起来，那就麻烦了……"

但是，看着两位同学诚恳的眼神，我真心不愿意去处罚他们，于是我说："但是我不想惩罚你们两位诚实的学生，这样，我就假装不知道，你们找到年级组长，承认自己的错误，然后申请去做'走廊护卫员'，每天课间交替守护走廊尽头的窗户，保证同学们安全，直到修好为止，可以吗？"

"嗯！"两位同学感激地离去了。

翌日，走廊尽头的风景依然美丽，更重要的是，窗口多了两位"走廊护卫员"，他们时不时地提醒同学们，不要把脚放在钢丝上，以免发生危险。

在阳光下，两位同学的身影，真的很美！

教师应该怎样面对学生的错误（下）

　　教育的事业是人的事业。教育事业的独特之处，在于教师所面对的是鲜活的生命个体。对于教师而言，面对学生应当具备两种视角：一种是"显微镜"的视角，即关注每一个生命的个体，关注每一个生命成长的瞬间，无微不至；另一种视角则是"望远镜"视角，即教师需要从生命的整个长度和社会的整个宽度乃至从未来的深度来关照学生的成长，并予以帮助和指导。而且，这两种视角都须具备，不可偏废。

　　事实上，许多大教育家都同时在强调教师的以上两种视角，比如苏霍姆林斯基，他一方面让老师们不要忘记"我们自己曾经也是一个孩子"，另一方面却说"鉴于同事们和我本人的痛苦经验，鉴于所犯的大量错误，我深信，学校教育工作中最大的问题之一是忘记了这一点：现在是儿童，将来就不是儿童了"（《苏霍姆林斯基选集》），其目的正是强调教师的引路人的作用，即引领孩子从儿童世界走向成人世界。杜威先生更是提出了"学校即社会"的著名思想，让学校成为一个小型社会，希望儿童能在学校中习得社会所需要的各项技能，以引导和训练儿童成为"社会人"。

　　学校要面向社会，学校要对接社会，但是，杜威先生在其《民主主义与教育》中，却特别强调了学校环境的"过滤"作用："学校环境的职责，在于尽量排除现存环境中无价值的特征，不使其影响儿童的心理习惯"，甚至说学校环境要"清除糟粕"。站在成人世界的十字路口，当我们看到层出不穷的毒奶粉、假馒头时，作为教师，我们要保持一种原则和底线，让孩子们不要或者至少少受社会不良风气的影响，至于孩子们做出的某些错误，就不能一味地宽容了。

　　小时偷针，大时偷金。这是老人们面对和处理错误的最生动阐释。故事中一个看起来很小的错误，一个"宽容"的母亲，却毁掉了孩子的一生。

作为教育者，我们要"善待错误"。要做到"善待"，至少要做到两点：一是以善良之心对待孩子们的错误，二是要基于学生生命成长的角度，谨慎地判断和分析学生的错误。如果孩子的错误是因为受到了来自社会的邪恶风气的影响，或者这一错误将来极有可能会恶化为一种邪恶的"戾气"，那么，我们就有责任为孩子清除荒芜他们心灵的野草，应该以正确的方式教导学生，防止他误入歧途。就好像看到一棵树苗长了虫子，就必须捉虫除害一样。就好像"教"的甲骨文字形中，用手拿起的教鞭一样。

所以，亲爱的同学，希望你准备成为一名优秀的社会人，但是请不要变得"社会"；希望你在社会中能鲲鹏展翅，但是更希望你能坚守准则和良知，立德立言，无问西东。

最后，附上多年前自己写的几件小事，来提醒多年后依然做教师的自己。

孩子，这一步棋你不能下

你跟我说：在阳光体育的时候我走完全场，能不能算我体育合格？

我说：孩子，阳光体育，全部同学都要以跑步的姿态运动，这是规则。柏拉图说：为了让人类有成功的生活，神提供了两种管道——教育与运动、事实上，教育和运动有很多相似之处，比如遵守规则。有多少体育健儿在比赛场上取得了优异的成绩，但因为违反规则而功败垂成？同样，教育也是一项容不得做假的事业。你今天没有跑步，我为了照顾你的"面子"，给了你合格；明天，你考试不及格，我是不是还要再给你一个体面的分数？事实上，人生就是一场马拉松，有的人选择抄近道、走邪路，在生命的某一阶段取得了让别人羡慕的成就，然而天网恢恢疏而不漏，在生命的后半段，他所经历的将不仅是来自外界的惩罚，更有来自内心的拷问。

所以，孩子，当你向我提出这个问题，我会对你说：我来陪你跑，但只要走了，就是不合格。我不能弄虚作假。

你跟我说：我有紧急情况，可不可以不拿放行条就自行出校？门卫为什么还要拦着我？

我说：孩子，对于你的紧急情况我很理解，但是卫兵神圣，不可侵犯。我们小时候学过一篇课文，讲的是列宁进克里姆林宫时，卫兵洛班诺夫不认识他，一定要他按规定出示证件。与列宁一起来的那名随从上前说出列宁的身份，让卫兵予以放行。知道眼前这人就是列宁时，卫兵脸红了，连声说"对不起"。列宁亲切地对他说：你做得很对，任何人都要坚守制度！在中国这样一个泱泱大国，只有坚守规则，才能让我们的民族文明昌盛；在明德这样一个小小校园，只有坚守规则，才能让你们成长为真正"明德"的人。请记住：规则是明德自由之塔的坚实底座。

所以，孩子，如果你有需要，可以找导师、主任导师、年级组长甚至我为你开通行证明，如果你忘记了，那就辛苦你等候拿一下证明。

你跟我说：我是你最爱的孩子，能不能这一步棋让我这么走？

我说：孩子，你是我最爱的宝贝，这没有任何问题，我愿意和你一起玩飞行棋。然而，一旦我们坐下来开始游戏，每一个人就都要遵守游戏的规则。当你在行棋的过程中挤掉别人的棋子时，你开心地笑了，因为你享受到了战斗的快乐。可是，当你遭受到类似的境遇时，你却忍不住哭了，说老实话，作为父亲，我也很同情你，但这就是游戏，必须讲规则。你说，我这一步棋要从线这里飞过去，然而，你的棋子并不具备飞行的条件。其实，游戏正如人生，每一个人都会遇到一帆风顺的时候，也会遇到挫折和坎坷。然而，如果你想继续这个游戏，就必须遵守游戏的规则。

所以，孩子，你可以选择结束游戏或者继续游戏，然而当你想继续玩这个游戏，我一定会跟你说：这一步棋不能下！

让课堂充满生命力（上）

——明德学校高中部2019-2020教师起跑行动汇报课评课总结

　　课堂应该是有生命力的，因为教课的老师是鲜活的生命个体，听课的同学同样是一个又一个鲜活的生命个体，课堂上师生之间的"思维流量"更是生命与生命之间的对话。在明德学校高中部，我们一直这样坚信。

　　本学期，高中部开展了卓越教师培养计划，旨在以"教学能手、课程专家、学生益友"为目标，打造一支师德高尚、业务精通、创新能力强的教师队伍，有17位年轻的教师加入起跑计划进行专业提升。汇报课从9月份开始，一直持续到12月中旬，每一个年轻教师都认真准备，每一个教研组都团结助力，每一节汇报课都是老师们积极学习的平台，每一次评课都是老师们思维碰撞的"战场"。在这三个月的汇报课比赛中，涌现出了很多充满生命力的课堂样态，现就我参与学习的课堂，简要总结如下：

一、让知识鲜活起来

　　知识是什么？有人说知识是理性思考科学研究的产物，但是尼采却批判这种"自然科学的研究方法"，因为"理性成就冷冰冰的客观科学知识，让人失去了人文精神"。高中教师尤其是自然科学类的教师，在课堂上要不可避免地教授经过理性思考总结出来的知识，但是，如果能从知识产生的思想源头或其时代背景来开启知识的发现之旅，那么原本冷冰冰的知识就会鲜活起来。地理刘老师讲授荒漠化的知识时，带领同学们观看荒漠化的视频图片，然后组织同学们深入探究荒漠化的概念、分布、表现、成因，让同学们站在知识的源头溯流而上，开展基于项目的研究，对于生于南国鹏城的同学们而言，"荒漠化"便不再遥远了。化学张老师讲授盐溶液的知识，准备了八种不同的盐溶液，让学生依次测试其酸碱性，然后带领学生探究盐溶液显

268

温情的呵护——深圳明德实验学校教学札记

丹心一片赤子情

现不同的酸碱性的原因，最终总结出盐溶液"有弱才水解，无弱不水解；谁弱谁水解，谁强显谁性"的规律。在张老师的这节课上，溶液的酸碱性不是生硬的化学符号，更不是一道又一道枯燥的题目，而是在同学们掌中散发出探究温度的神奇液体。只有教师加入了人文的温度，课堂上同学们所学的知识才能真正鲜活起来。

二、让语言鲜活起来

语言是什么？语言是文化的载体，是文明的结晶。世界各地喷薄的文化，就凝聚在世界的语言当中，当我们运用这种语言的时候，我们就在和世界相接，和世界对话。但是遗憾的是，我们的基础教育中的语言教学，尤其是外语教学，却常常是以教考试代替的教语言。在明德高中的课堂上，我们倡导并探索用语言的方式教语言。李老师的课是音乐，她将英语歌曲带进了课堂，通过让同学们欣赏不同风格的歌曲，来了解音乐的特征，一曲Lukas Graham的《7 years》让同学感受人生如歌，她还让同学们仿写歌词，来展示自己对于岁月的理解，体会如歌的人生；唐老师将学生的表情包带进课堂，让学生看着生活在自己周围的同学的表情，阐述他们当时的行为，猜测他会说什么话，评价他当时的感受。英语是什么？英语不是学生在课堂上学到的ABC，也不是在试卷上得到的那个分数，而是一种思维方式，一种鲜活的表达方式，只有教师加入了时代的脉动，同学们所学的语言才会真正鲜活起来。

三、让思维鲜活起来

课堂是什么？程红兵校长认为课堂就是师生之间即时性的思维对话，真正优质的课堂，一定要让学生"置于必须思考、促进思考和考验思考的情境之中"（杜威语）。要让课堂充满思维流量，明德高中的老师一直在积极尝试。数学课讲授的是等差数列的前n项和的计算，吴老师让学生从1+2+3

+…+100中寻找一种能够计算前n项和的简便方法，学生总结后理解了将首末倒置后再相加的"倒序相加法"的思想实质。紧接着老师给学生出了一道现实生活中的"理财题"：为了给奶奶买一份100元的新年礼物，小德从7月开始存钱，第一个月存10元，每月比上一月多5元，到12月底的时候是否有足够的钱？现实的情境下，理财的背景下，同学们的思维瞬间被调动了起来。语文课章老师讲作文，同样的高铁事件，一个是为了等迟到的丈夫，另一个是为了挽救生病的儿童，为何会有不同的结果？这其中有哪些对立的方面，又有哪些统一的方面？在老师的引导下，同学们展开思维的激荡，社会需要规则，但是规则是为谁服务的？人间最宝贵的是人情，但是当人情与规则冲突时，又该如何抉择？只有当学生的思维在场，并且积极地运转时，教学才会正常进行，课堂才会真正鲜活。

四、让文化鲜活起来

进入新时代，我们一直倡导要坚持文化自信。文化在哪里？北师大李山老师说："只要教师有一双文化的眼睛，则处处皆文化。"要坚定文化自信，就需要老师在课堂上让学生走进文化的历史现场，浸润在文化的河流里。语文课，张老师讲授《项羽之死》，在评价项羽之前，他让学生分组，站在虞姬、士兵、乌骓、渔夫的立场上，进入历史的现场，在乌江边给项王说几句话，虞姬说的是"如果有来生，还要与项王相爱"，乌骓说的是"如果有来生，还要跟随项王"，士兵说的是"项王，精神在一起做兄弟，如果有来生，我们还做兄弟"。走进历史的现场，我们看到的项羽不仅仅是那个"天亡我非战之罪也"的莽夫，更是一个有血有肉的汉子。冯老师讲《兰亭集序》，引领着学生走进兰亭，走进王羲之的内心，天朗气清、惠风和畅的聚会，王羲之为何会经历"乐——痛——悲"的情感起伏？当作者感受到生命的有限，究竟应该用怎样的方式面对？在生与死有限的区间内，如何追求一种精神的超越和永生？我想，当学生在课堂上走进了文化的现场，他就能感受到中华文明汩汩流淌的文化波浪，他才能真正触摸到一种鲜活的生命精神。

五、让考试鲜活起来

考试是什么？有人认为考试是通向未来的敲门砖，有人认为考试是选拔人才的试金石，我们认为，考试其实就是一种思维游戏。正如游戏而言，真正的玩家并不是玩的次数越多的人，而是找到游戏的"密码箱"的人，当有一天，你能洞悉考试这个游戏的设计原理，你就掌握了它的通关密码。语文课上，陈老师带领学生寻找小说中景物描写的"考查密码"，将学生的代表性答案投影上来，让学生站在评卷老师的角度给学生打分，并说明理由。学生知道了怎么评分，就在某种程度上知道了答题的路径。数学课上，赵老师为学生复习了圆的方程，并通过代数法和几何法的例题让学生进行了练习巩固。紧接着，老师带着学生玩起了"命题游戏"，让学生在基本的代数法和几何法的思路引导下，命制新题，明确讲解命制思路，学生知道了如何命题，在哪里给条件，在哪里"挖坑"，便熟练掌握了考试的解题思路，也就掌握了高考的"通关密码"。

当然，课堂永远走在趋于完美的路上，本次汇报课也有不少的遗憾，比如因为客观因素，个别老师的课没有机会去学习；比如作为年轻教师，我们的课堂还有很多需要改进的地方，留待下篇进行集中分析。

让课堂充满生命力（下）
——明德学校高中部2019−2020教师起跑行动汇报课思考

邓小平同志说："教育要面向现代化、面向世界、面向未来。"习近平同志说：教育要"培养德智体美劳全面发展的社会主义建设者和接班人"。两位国家领导人对于教育的指引指向了一个共同的方向——国家和民族的未来。

未来是什么样子的？有很多人或许有很多的答案，也有很多人或许从来都没有想过。管理大师德鲁克说："预测未来最可靠的办法，就是去创造她。"未来的创造者，正是今天坐在教室里的同学们。那么，作为今天的教育者，我们的课堂能否为学生创造机会，让他们拥有创造未来的能力呢？从本次高中部教师起跑行动汇报课来看，我们依然任重道远。

一、面向未来，学生要站在课堂的中心

早在1632年，捷克教育学家夸美纽斯就在《大教学论》中提出："教育的主要目的在于，寻求并找出一种教学的方法，使教员因此可以少教，学生可以多学。"叶圣陶先生也说："教师教任何功课，'讲'都是为了达到用不着'讲'，换个说法，'教'都是为了达到用不着'教'。"很多年过去了，我们的教育在"教师少教、学生多学"上做了很多的尝试，但是一不小心，教师的讲授就多了，学生学得依然很少。从本次起跑行动来看，教师教得过多的情况依然存在，窃以为，面向未来的课堂，一定要让学生站在课堂的中心。要让学生站在课堂的中心，教师就一定要耐住性子，归还权利，做好引导。所谓耐住性子，就是做到几个"不"——学生已经学会的不讲，学生通过自学或小组学习可以学会的不讲，学生不管如何努力都学不会的不讲，在学生思考时不要打岔，在学生探究时不要急于给答案，在学生提问时

不要粗暴打断，等等。所谓归还权利，就是把学生原本应该拥有的权利还给学生——课本研读的权利、花时间自主学习的权利，拥有空间进行学习的权利，提问的权利，学习体验的权利等。所谓做好引导，就是把教师"教"的主导作用充分发挥好——在重点处出手（重难点、规律、方法），在易错处出手（易混点、易错点、遗漏点），在素养处出手（立德树人、关键能力、必备品格）。这其中的每一点，都值得我们认真研究，对照课堂仔细琢磨。

二、面向未来，课堂要符合学生的需求

"我不要你觉得，我要我觉得"，这句充满霸道总裁范儿的流行语，成了今年的年度热词。从本次汇报课来看，我们有不少的课堂同样是存在这种"霸道范儿"的。老师在一节课的时间中进行了精心的教学设计，别出心裁，内容丰富，但是在课堂的实际操作中效果却没有体现出来，表面的原因是时间不够，但是深层的原因，其实是教师设计的出发点的问题。很多教师进行教学设计，更多的是站在"我觉得"的角度，而不是站在"你觉得"的角度。老师认为这5项内容同学们应该都可以做到，于是就设计5项内容；老师认为让学生扮演老师命题学生会喜欢，于是就加入现场命题的环节；老师认为这个环节可以更好地展示教师的教学风采，于是就加入这个环节。我们应该牢记人民教育家于漪老师的话："教学，教学，教要在学生身上起作用。"所以，面向未来的课堂，教师一定要进行"目中有人"的教学，在备课时，先了解清楚学生已经具备了哪些知识，在课堂上能走多远，需要老师搭建哪些台阶。在教学时，先让学生充分地学，然后再进行差异化的指导和教学。真正好的课堂，并不是教师教得越深越好，也不是学生玩得越开心越好，而是学生在课堂上能够自愿而愉悦地进行思考。

三、面向未来，教学要注重规范的落实

如今，国家倡导"五育并举"，于是各个学校都会张贴相关的条幅画

报；国家要求"核心素养"，于是各个学科的老师都将"核心素养"挂在嘴边。但是要知道，"五育并举"的理念并不是贴得满校园都是，就表示全面发展了；核心素养也不是天天挂在嘴边就表示落实了。千里之行，始于足下，这一切是要在学校的每一个细节中体现、每一个课堂上落实的。具体到教学中来，如何落实学科素养，窃以为，落实好教学"常识"，就是在落实学科素养，至少在很大程度上落实了学科素养。如果此言不差，那我们的课堂，就首先应该将学生应该掌握的基本技能落实到位。实验课堂，学生应该如何使用玻璃棒、玻璃皿，如何使用试纸，实验结束后的溶液和未实验的溶液如何放置，这些算不算核心素养呢？我认为这些一定是核心素养，而且在课堂上必须落实，否则，进入大学，就会酿成实验室爆炸的悲剧。文史类课堂，同学们如何准确而自信地表达自己的观点，在和别人进行辩论时，如何懂得尊重他人说话的权利；英语课，如何使用规范的书面语言；数学课，如何规范地思考问题、分析问题、解答问题……今天的课堂教学，我们教会学生把细小而简单的事情做好，将来他们才有可能有扎实的基础和良好的习惯去飞向太空、驶向大海，成为合格的社会主义建设者和接班人。

四、面向未来，教育要铸造伟岸的人格

《新课程评论》总编辑彭兆平在2019年中学校长公益论坛上讲了一段动情的话语："良好的教育，会让受教育者心中一寸寸生长出人性和理性，一寸寸生长出对生命的悲悯和对他人的关爱。在绵密的人性中，在有爱和悲悯的心田上，在有坚实理性的思维里，不会滋生冷漠和恶，不会滋生是非不分、蝇营狗苟。教育的神奇，就在于从一无所有中发掘无限的可能，而教育的责任，就在于将那无限的可能开掘为基于人性和常识的思考、选择和行动的能力，而不仅仅是追功逐利的技能。"教育是神圣的，因为教育是一项铸造灵魂和精神大厦的工程；课堂是神圣的，因为课堂是教师用思想和灵魂点燃另一个灵魂的圣坛；教师是神圣的，因为教师"一个肩膀挑着学生的现

温情的呵护——深圳明德实验学校教学札记

丹心一片赤子情

在，一个肩膀担负着民族的未来"（于漪先生语）。作为老师，我们要时刻反思，我们的课堂有没有给予学生生命的滋养，还是仅仅停留在堆砌知识的碎片？我们的教学有没有培养学生走向未来的核心素养以及成为一名合格公民的必备品格，还是仅仅在传递已经进入博物馆里的过时的知识？我们自己有没有成为学生通向人类美好文明的一名合格的摆渡人，还是仅仅在做一名庸庸碌碌的教书匠？

相由心生，境随心转。你心中的课堂是什么样子，你足下的讲坛便是什么风景；你心中的教学是什么样子，你眼前的学生便是什么风貌；你心中的教育是什么样子，祖国和民族的未来便是什么风光。

老师朋友们，假期快乐！

亲爱的同事们：

爆竹声中一岁除，春风送暖入屠苏。一转眼，一个学期的工作已经结束，愉快的寒假马上就要到来了。经过了一个学期的奋斗，疲惫的您应该已经规划好了假期放松计划了吧？在这里，首先向一个学期以来辛勤工作的老师们道一声：您辛苦啦！

假期，对于老师来说，是放松调整的好时期，也是进步提升的好机会。在这里，向高中部全体教师发出寒假教师发展倡议，内容如下：

1. 开心放松。寒假时节正值我国传统的新春佳节，千万要记得放松心情，调整自己。带着孩子们回家看看老人，为他们刷刷筷子洗洗碗，和他们讲讲故事聊聊天；陪伴孩子开心过年，弥补弥补平时早出晚归而亏欠的父爱和母爱。利用假期，我们还可以强身健体，拥有强壮体魄和完美身材，可以出去走走，寻找诗和远方！

2. 静心阅读。上海市物理特级教师常生龙老师写过一本书，叫作《读书是教师最好的修行》。他说：坚持不懈地阅读，就是与最美景致一次次的邂逅。老师们平时工作都很忙，闲暇的假期，正是静心读书好时光：我们可以"啃"一些大部头的经典名著，针对自己工作中遇到的困惑，选择一个专题，选择一位专家深入地学习研究；也可以读一些自己喜欢的作品，为自己的思想充电，为自己的灵魂灌溉，为自己的童心保鲜。腹有诗书气自华，相信，阅读不仅会让你更帅更美，还会让你的视野更开阔，思路更清晰，工作更优秀。

3. 诚心反思。大学之道，在明明德。明德之要，离不开正心。而正心的关键，就在于自我反省。曾子说：吾日三省吾身；荀子说：君子博学而日参省乎己，则知名而行无过矣。利用假期的时间，如果能好好反思一下自己一个学期以来上过的课、谈过的心、管过的学生，回顾一下自己走过的路，是否和我们的"初心"有所背离，然后用文字记录下来，相信这些东西，都将会成为你生命中最美好的瞬间。

4.潜心钻研。学然后知不足，教然后知困；知不足，然后能自反也；知困，然后能自强也。利用假期的时间，我们可以好好研究一下近几年的考试，可以研究几位名师的课堂，还可以研究一些专业领域最新教学思想（比如程红兵校长的课堂模型建构理论），打造智慧课堂，开展智慧教学。我们也可以为自己定好一个下学期的研究方向，为自己准备好下学期开学一个月的班级管理和教学计划，让自己从容不迫，气定神闲。

5.关心学生。我始终相信，能和学生相遇，陪他们共同走过一段美好的时光，这是教师的缘分。我更加相信，教育可能不仅仅是发生在课堂上的知识传递，而是一种心与心的沟通。寒假期间，孩子们离开了老师，但我们也可以用微信、QQ的方式和他们联系，或者打个电话，见个面，了解了解他们的假期生活，叮嘱叮嘱他们注意安全，解答解答他们心中的困惑。

最后，怀着激动而无比留恋的心情，提前祝大家：新春快乐，万事如意！

用一个灵魂召唤另一个灵魂

　　每一年的春夏之交，各个学校都会进入招生季，明德是一所新办的学校，为了让更多的市民了解明德，我们也自然不能免俗。每一年，都有很多让我感动的热心家长为学校无私奉献，今年，有一位热心家长在结束招生的前几天对我说，他因为要去手术，所以不能继续为学校出力了。我说：您已经为学校出了这么多力，非常感谢您，期待您康复归来。然而，几个月后的九月，我居然收到了他的噩耗。

　　我至今还记得他在QQ上给我的最后一句留言：

　　我最牵挂的，就是我的孩子。希望学校越来越好。

　　招生是一件繁重的事情，每天面对同样的问题、重复性的回答，有时候也会有烦躁涌上心头。但是我坚信，在我心中始终有一种力量，支持着我为所有的家长做好服务。

　　这种力量来自我们的家长义工。他（她）们的孩子已经在明德就读高中了，他们每天也有很多繁忙的事务，但是为了让更多的家长了解一个高中刚刚开办两年、没有高考成绩的学校，让更多的家长少走自己当年在中考志愿填报时的弯路，他（她）们放弃了休息时间，无怨无悔地投入到了宣传明德的行列，而且冲在最前列。家长开放日，地铁口穿着马甲的家长义工给初三家长们送上属于明德的第一份笑容，烈日下的路上，家长义工在每一个重要的路口都热心地指引。招生咨询会，家长义工们耐心而自豪地向其他家长们介绍明德，QQ群里，直到深夜，还在回答初三家长们的疑惑……我们的家长为什么会对明德做出这么多让人感动的付出？就是因为他（她）们从孩子身上看到了明德的优秀，他（她）们也期待从明德这里让孩子变得更加优秀。

　　这种力量来自我们的学生。他（她）们是学校最大的骄傲，是明德最亮丽的名片。我之所以骄傲，不仅是因为他（她）们用优秀的成绩和巨大的进步回报着明德的培养，向社会展示着明德的实力，更是因为他（她）们用自信阳光的生命姿态，向所有的初三家长展示着明德。当看到孩子们穿起礼服回校宣传，当看到开放日孩子们热情地向家长们介绍热爱的母校，当看到电视机前，孩子们自信大方地介绍自己，当看到来参加开放日的家长对孩子们竖起大拇指、拉起手拍照，那一刻，我确切地知道——你们就是明德的主人，你们就是明德！有一位家长好奇地问我：你们的学生大使是怎么培训的？我说，我们的学生大使没有培训过，如果说学校做了什么，那就是让他们从进入这所学校开始，感受到阳光和信心，领悟到"明德正心、自由人格"的精神。

　　这种力量还来自我亲爱的同事、领导、朋友和我的家人。回首漫长的招生工作，我的同事们不仅要坚守课堂，为学生传授知识、提升能力，还要奔赴各个学校，参加各种招生会。夜晚的晚自习，他们坚守教室，双休日加班，他们无怨无悔。学校的领导们对高中部也是关怀备至，开放日现场，一讲就讲两个多小时的，是敬爱的校长；带领大家跑学校、送资料、做宣讲、摆地摊的，是各部的领导。还有我的朋友，包括熟识的以及只在QQ上结识的，比如来自报社、广播电台、电视台等朋友对明德的大力宣传，比如衡大为我们提供了深圳最大的宣传平台，比如各个学校为我们帮忙助力……当然，还有我的家人，我亲爱的儿子，多少次，上小学的他等我一直到夜幕降临，多少次，他在回家的路上沉沉睡去……

　　这种力量更来自各位热心的初三家长。每一份家长的咨询，都是一份对学校的期望；每一份期望，都是对学校的一份信任；每一份信任，都是学校沉甸甸的责任；每一份责任，都将是学校不断发展的动力。家长把孩子们交给了我们，就是把万千家庭的希望交给了我们。正是对明德关注的每一个人，帮助着明德，越来越好！

我想，明德之所以能都得到这么多的帮助，关键还在自身。招生的过程其实就是家长们用脚投票的过程，一所学校只有能够真正培养学生进入现代社会的核心能力，只有真正对学生的未来发展负责任、做贡献，才能被大家认可。记得今年的宣讲会，我去某一所学校，本来应该是在前面宣讲的，后来因为别的学校要赶场子去别的学校宣讲，所以我们做出礼让，在最后讲。我对家长们说：前面宣讲了很多学校，都是好学校，但是听完之后，请大家想一想，学校宣讲在您脑海中留下的是哪些？是分数、是升学率、是加工率……但是，我想提醒家长们的是，你们的孩子是——人！教育不是工业生产，教育家叶圣陶先生说，教育更像农业。好的学校一定要把人当作人来培养。所以，明德实行小班化教学；所以，明德有了5年的分层、选课走班……

　　有一句名言说：教育就是一棵树摇动一棵树，一朵云推动一朵云，一个灵魂唤醒另一个灵魂。我认为，招生，其实是用一个灵魂召唤另一个灵魂。如今，中考报名已经结束了，经过中考，孩子们马上就要进入新的高中了，不管是否能够和明德结缘，我们都感谢家长们对明德的关注，感谢所有人的无私奉献。不论孩子进入哪一所高中，我们都希望他能健康成长，我们都希望家长们能把人性的善良、等待的耐心和对教育的信心交给学校、交给老师。当然，不论今年的结果如何，我们都会张开双臂，热情迎接新一批的学生。

　　最开心的是，九月，美丽的校园将会迎来又一批主人翁！

三年求学路 一生同窗情

——记深圳明德实验学校第一届高中生毕业留念

2019年5月15日，这个日子对于明德高中部而言，值得永远铭记。因为在这一天早晨，迎着朝阳，明德高中部第一届高三学生将拍摄毕业纪念照。对于每一个高三学生而言，他们在明德奋斗的记忆都将定格在这一刻，这是一个多么难忘的时刻！对于老师而言，我们见证了孩子们的奋斗和成绩，这是一件多么荣幸的事情！对于明德高中部而言，明德的教育热土上终于培育出了第一批生机勃勃的果实，他们将以自信的姿态永远载入明德的历史，这是一件多么令人自豪的事情！

看着同学们灿烂的笑脸，我仿佛回到了三年前。

依然记得2016年8月17日，我站在校门口和每一位同学握手，大声告诉他：明德欢迎你！从那天起，同学们有了一个共同的名字——明德高中学生。看着老师们欣慰的笑容，我仿佛看到了三年中的每一天。依然记得在每一个白天的课堂上，明德同学们认真专注的表情；记得在每一个夜晚的教室里，明德老师们答疑解惑的身影。依然记得在开学之初的校徽授予仪式上，程校长深情地告诉同学们：做一个理想的明德人，因为你们是明德的第一届高中生，你们的青春奋斗的足迹将载入明德的史册。如今蓦然回首，这一切似乎随着快门化成永恒的记忆，但这一切的记忆都无愧于"明德"二字。

回首三年，值得欣慰的是，同学们用最美好的时光让明德高中与你们一起成长，你们建立起了明德高中部第一个学生会、成立了高中部第一批学生社团，你们创建了明德的广播站，在每一个美好的黄昏发出明德学子的声音，你们创造了明德第一个机器人，带着它走进了国际赛场……

值得欣慰的是，我们的老师并没有让同学们的青春淹没在题海和分数之中，我们一起学习中国文化原典、西方思想名著，我们一起研究海绵城市、红树林湿地，我们一起用腾讯App完成假期作业，我们一起和大学教授交流讨论。我们一直在努力，为同学们打开一个更加丰富多彩的世界。

回首三年，我们期待同学们学会感恩、诚信、友善生活和担负责任。忘不了教师节，明德的学生"颂师德、感师恩"，回到初中母校，向培养自己的老师表达诚挚的感谢，从那一刻，你们学会了感恩。忘不了在"无哗战士衔枚勇，下笔春蚕食叶声"的考场上，没有一名监考老师，我们用诚信考试就创造了一个自我教育、自我管理、自我约束的实践平台，让同学们在实践中理解诚信，捍卫诚信，发扬诚信。忘不了紧张的期末考试结束后，老师和同学们围坐在食堂，大家像一家人一样包饺子共度新年，程校长像一位慈祥的老父亲，为同学们手把手教授生活的技艺，在那一刻，同学们之间，没有因分数而激发的敌对与你死我活的竞争，而是朋友、是相亲相爱的一家人。更忘不了同学们日行千里，来到陕北，在黄河边感悟中国情怀，在枣园的窑洞前理解民族的责任，在行走中国中理解世界和思考世界，当明德高中学子在黄河边齐声歌唱《保卫黄河》，那一刻，明德学子的心中升腾起了一种中国青年的责任与担当。

回首三年，我们期待同学们学会合作、自立、仰望星空和风雨兼程。犹记得心理老师组织的团队建设课，同学们手拉手围成一圈极速传递呼啦圈，或者抬着前面同学的腿，整体跳跃前进，在那一刻，你们学会了合作。犹记得月度之星和星级宿舍的评选，同学们离开了温暖舒适的家，在明德练就了良好的生活技能，将宿舍整理得井井有条。端午节，同学们用话剧思考屈原，理解了有一种人生叫作为理想而献出生命。进入大学，同学们和诺贝尔奖得主对话；进入社会，你们和工程师、科学家、作家对话，看到了在人类文明的星空上那些璀璨的明星，看到了在社会前沿领域的人们的探索和坚守。高一，同学们思考：什么是自由，同学们懂得了，当有一天你的学习不再需要监督，你就真正学会了学习；当有一天你的人生不再需要监督，你就拥有了真正的自由。高三，同学们追问：青春不就是拿来拼搏的吗？同学们明白了为了实现理想就必须负重前行，精彩的人生必须在高三的道路上留下拼搏的身影。

三年前，在很多市民不知道明德的情况下，在众多怀疑的眼光中，第一届高中学生选择了明德，你们义无反顾地走进了明德的校园。三年后，你们用自己优异的成绩为社会交出了一份满意的答卷。那么，作为学校，我们是否能给各位同学们交出一份满意的答卷呢？

爱因斯坦说：所谓教育，就是当一个人把自己在学校所学全部忘记之后剩下来的东西。我想，这个答案，在每一个同学心中。

三年前，我有幸和明德第一届初三学生一起毕业；如今，我再次荣幸地和明德第一届高三学生一起毕业，不由得想起三年前用同学们的名字组成的毕业赠诗，或许依然适用于今天，而且，永不改变：

> 相聚有缘今生幸，
> 临别勿忘同窗情。
> 隆师尊教当铭记，
> 明德二字值千金。

后记：为理想的一线教育而来
——深圳新闻网专题采访实录

2018年，由深圳新闻网主办的首届"寻找鹏城最美教师"人物风采展示大型公益活动中，我有幸被评为"鹏城最美教师""最具人气奖最美教师"。

深圳新闻网讯 （寻找鹏城最美教师系列采访 记者 曹园芳） 深圳明德实验学校校长程红兵曾写了一本名叫《为一所理想的学校而来》的书，作为一线高中教师的深圳明德实验学校高中部副主任马彦明，却被其中的《中国的教育会好吗？》一文深深触动。中国的教育会好吗？如何改变如今的教育现状？教育改革如何执行？作为教育者，马老师告诉记者，程红兵校长在其人生取得巨大成就之时，却选择来深圳建一所理想学校的勇气榜样，让一线的教师们多了一份勇气，也更加坚信中国的教育是会好的。

反思：理想的教育是怎样的？

2009年，这位出生于西北农村，拼搏于黄土高原，成长在京师木铎的优秀青年，南下深圳，执教讲坛。2013年，在带过两届高中毕业班之后，在学生考取了不错的大学后，马老师陷入了深深的思考：在传统教育的道路上，一切教育行为都是围绕分数来展开的，这些有幸进入名校的学生能在名校过得好吗？在高中三年的教学中，老师为学生进入大学都做了哪些努力和探索？

"我很惶恐，在这三年中，我除了教他们做题，似乎并无其他了。他们进入名校学习是一件本应引以为豪的事，而我却对他们的大学生活产生了深深的忧虑。"马老师表示，在其忧虑的过程中他也开始反思，反思高中的教育究竟出了什么问题，反思该如何进行接下来的教育教学。以唯分数论为目的的教学行为，不适合学生的终身发展，而教师职业的幸福感和存在感也无法体现。

也是在那一年，马老师遇见了深圳明德实验学校校长程红兵，从此，带着深度的有关于教育的思考，怀着马老师口中所谓的"教育情结"，开始了理想的一线教育的探索，开始了"远离传统教育模式，回归到教育的真实中来"的幸福教育。

箴言：有想法，还要有行动

"不是所有人都可以像你一样幸运，遇见程校长，遇见'理想'的教育和自己。"笔者很是疑惑，然而马老师却告诉笔者，"幸运不是平白无故来的，就像天上不会掉馅饼一样，可以说，是前期的自我思考、探索和努力，才使得我有了现在的'幸运'。"是啊，是谁说"越努力，越幸运"？是谁说"幸运并非没有丝毫的恐惧与烦恼"？是谁说"真正的幸运在等待着有资格享受的人"？

说到底，是马老师的认真思考和行动，才带来了改变，带来了"幸运"的机遇。在加入罗灿等深圳名师主持的名师工作室后，他开始意识到，教育观的形成是不断矫正的。而正是在名师们的鼓励和帮助下，马老师对于教育的理解和探索，才逐渐登堂入室。在不同的名师工作室里，有相同教育理想的老师们相聚一堂，相互学习，相互"较量"。也正是名师工作室里不同老师之间的相互切磋和交流，才使得他在理想的教育路上，"走得相对从容"。

坚信中国的教育是会更好的

当记者问及为何他教授的学生会如此优秀时，马老师笑笑，说道："我们所看到的特等奖、一等奖的背后，有更多的二等奖、三等奖。在所有的比赛中，我都是让他们自己准备的，因为自己准备的是自己内心的，在他未来有类似或规格更高的比赛时，他自己会知道怎么做。"

说到未来的教育，马老师认为深圳明德实验学校高中部即将开办的未来班，"教育的意义，并不在于教给学生多少知识，而是帮助他们发现自我，发现属于自己的那条道路；教育者最开心的事情，莫过于给学生相应的指导，并发掘孩子的长处和闪光点，更多地关注品德的浸透、培养，让老师成为他的人生导师，让学校打破围墙，与大学、社会紧密相连，让学生知道现在学习的东西会在未来产生多大的价值"。

教育会不会改变，能不能改变？作为一名普通的一线教师，马老师认为应始终坚信中国的教育是会好的。因为，每一名普通的一线教师尝试一点点力所能及的改变，就会有一点点改变。改变一点点，就能一点点改变。